薪水奴財務自由之路

股素人（何宗岳）、卡小孜————著

Contents

目錄

目錄

Preface

前言

「一步一腳印，儲蓄為投資之本」

《Your Money or Your Life》是 1992 年於美國首次出版，並有 20 餘種譯文版的全球性暢銷書（作者曾應邀到多國演講）；2016 年 12 月，日本出版的《1 億円貯まったので、会社を辞めました》（存了一億圓，所以我辭職了），是當時在日本暢銷逾 100 萬本的日文書，這兩本算是上班族的理財（非投資）勵志書籍，其共通點是「不談投資獲利，而是談如何過低物慾、高儲蓄率的辛苦生活」，這種好像是上一代人的儉約生活方式，已脫離現實的投資獲利需求，當年的台灣出版社，可能認為這是沒有市場的冷門書，所以，當時在台灣沒有發行中譯本。

近 2 年來，財經媒體報導常出現的 2 個名詞是「財務自由」與「少年股神」，快速致富是許多投資者的目標，以「Financial Freedom」上網搜尋，除了查到一本書名《Financial Freedom》的暢銷書（台灣中譯本為「財務自由」），尚有許多的網路文章，描述許多在 30 歲左右就達到「財務自由、提早退休（FIRE）」的成功實例，再往前追溯，FIRE（Financial Independent Retire Early）運動的始祖，就是名為「Your Money or Your Life」的這本暢銷全球的書籍。

出乎意料之外的是，FIRE 運動雖然是以在 40 歲以前達到「財務自由、提早退休」為目標，但是，卻認為投資應由「儉約生活」做

起，再加上適當的副業與投資，來增加被動收入，這與台灣財經媒體報導的「少年股神」、「財務自由」，是靠著「權證」、「期貨」、「當沖」等投資工具與方式，而獲利千萬元的內容大相逕庭，相差甚遠！

自從 2021 年 12 月金管會將「當沖證交稅減半政策再延長至 2024 年」之後，財經雜誌、媒體陸續出現了不少「少年股神」，在短期間內賺百萬元、千萬元的報導，「當沖」確實是缺資本又可能短期致富的投機工具，然而，把投機當投資工具者，不會只賭一次而已，必然是愈玩愈大，投機玩久了，難免遇上大賠的時候，第一次賺 10 萬元、第二次賺 20 萬元、…，到最後，第 N 次賠千萬元，就血本無歸了。

上網搜尋「少年股神」，可看到不少財經媒體報導的「少年股神」短期投資獲利的實績，但是，也看到一位署名「眠月」的 24 歲少年股神，在「Dcard 社群平台股票板」上，PO 文「一次當沖輸掉大學 4 年存下的所有積蓄」，自述玩當沖，曾經日賺 5 萬、10 萬元，最後卻將 50 多萬元的積蓄全部虧空，只剩下 113 元的親身經歷；另一則最近的相關新聞報導是：「台中 29 歲男深夜失足墜樓，疑似投資失利…」，不知昔日的少年股神依然安在否？。

不同於上一本以退休理財為主題的拙作《拒當下流老人的退休理財計劃》，本書是基於「用對投資工具、獲利事半功倍」的理念，探討常見的 10 種投資工具中，哪些是適合以「本金會增值、獲利夠開銷」為目標的上班族之通用投資工具。

「投資」就是為了「致富」，但是，讓某人致富的投資工具與方式，並不見得適用於其他人，專業投資者的投資工具與方法，均需要每日／每時地注意股市行情的變化，隨時準備獲利了結或停損賣出，尤其是「當沖」，其輸贏多僅在±2%之內，故絕對不適用於上班族，唯一可確定的是，愈快速獲利的投資工具，必然是伴隨著較高的風險！

本書共分為七章，第一章「躺平族：FIRE 了！」，由一本日文書《1 億円貯まったので、会社を辞めました。》（存了一億圓，所以我辭職了）談起，敘述一位 18 歲高中畢業生，從未做任何投資，僅靠儉約生活，在 51 歲時共存了一億日圓，就辭職不幹了，偶爾當義工隨性過活；到底一位僅高中學歷，工作 33 年，是過怎樣的儉約生活，而存下一億日圓，可能嗎？2021 年日本≧65 歲夫妻之存款中位數為 1,588 萬日圓（≒365 萬元台幣）。

　　接著是探討被中共當局下令封鎖言論的「躺平族」，以及在 1990 年代末期興起的「財務自由、提早退休」運動（FIRE 運動），存一億日圓、躺平族及 FIRE 運動的共通點，並非投資理財，而是以力行儉約生活為第一優先，以「4%法則」為生活準則，就可能在 40 歲前達到「被動收入高於生活支出」的境界，那麼，「FIRE 運動」在台灣行得通嗎？

　　第二章「儉約生活三步曲：斷捨錢坑、改變習慣、儲存 3 成薪」，參考美、日達到「財務自由」的生活方式，歸納出 36 招的儉約生活方法，我們本身也是「儉約生活族」，「儲存 3 成薪」是基本門檻，事實上，「FIRE 運動」成功者的儲蓄率多高達六成以上，他們是如何做到的？在通膨率高於薪資成長率的年代，上班族要如何自救？

　　第三章「財務自由：7 分儉約行為＋3 分投資方法」，「上班 40 年，可存多少錢？」，這是大多數薪水奴（上班族）的疑問，若以勞保局之勞工個人退休金試算表試算，30 歲起薪 3 萬元的勞工，工作 40 年在 65 歲退休時，總薪資大概是 2,420 萬元，若以 20%的儲蓄率（2020 年台灣家庭之平均儲蓄率 24.5%）計算，40 年的存款總額可達 885 萬元；若是起薪 4 萬元／月的上班族，工作 40 年約可存下 1,180 萬元。

　　本章談實務上如何一步一腳印，靠著「7 分儉約行為＋3 分投資方法」，達到「財務自由」的目標，我們不懂一夕致富的方法，僅依自

己的「儲蓄、投資」經歷，說明「財務自由」的方向，上班族不宜以成為「億萬富翁」為投資的終極目標，而宜以「本金會增值、獲利夠開銷」為目標，飼養金雞母、細水長流。

第四章「投資前先了解投資的工具與方式」是分析探討投資工具與風險，說明「投資、投機與賭博」的差異；財經媒體之投資理財調查報告中，常見的投資工具有 10 種：（1）銀行存款、（2）保險、（3）基金、（4）ETF、（5）股票、（6）不動產、（7）債券、（8）外幣、（9）黃金及（10）期貨、權證、選擇權等（非資產型）衍生性金融商品。

其中，常被認為投資工具的「保險」，其實是有風險性的錢坑；台灣的保險滲透率，在 2019 年之前，曾蟬聯 12 年的「世界第一」，但是，台灣的人均 GDP 全球排行僅為第 37 名（2021 年），台灣近 3 年的九項家庭支出項目中，「保險」均排名第 2（30 年前則是排名第 8），「保險」似乎真的買太多了。

第五章「基金投資的 3 選 3 買 2 賣法則」，分析有 14 年投資基金經歷之上班族的基金組合，從「單筆投資」轉為「定期定額」投資方式，其累積的投資績效也僅略高於銀行定存利率而已。「定期定額」的績效真的優於「單筆投資」嗎？本章共分析了 14 檔人氣基金，「定期定額」的勝率是「13 敗、1 和、1 勝」，想以「定期定額」（傻瓜投資術）買基金的人，宜三思。

網路上可找到台積電、台塑等股票的建議價／合理價，但是，為何沒有任何基金專家，可以告訴你任何一檔人氣基金的建議價／合理價？這就是投資基金的最大盲點，基金專家可以告訴你如何挑選基金，卻說不出基金的合理買價。有人買進人氣排名第 5 且獲獎連連的基金，卻套牢近 2 年，不知是否該認賠贖回？或是持續「定期定額」買入？本章提出基金投資的「3 選 3 買 2 賣法則」，當你不知何時買、何時賣基金時，可參考此基金投資法則。

第六章「ETF 投資的 3 選 3 買 2 賣法則」，談的是約在 2021 年下半年起，投資人數（受益人數）持續上升的 ETF，尤其是以「高股息」為名的 ETF，令上班族為之瘋狂，造成一股「定期定額」買 ETF 的熱潮，2022 年 5 月出現首檔「雙月配息」（每年配息 6 次）的新 ETF（00907），上市一個月就吸引 12,000 位投資人，是否沖昏了頭？要如何選擇 ETF？

此外，元大台灣 50（0050）公開說明書之報酬率有 2 種，何種為真？累積報酬率與殖利率，孰重？4 檔資產規模逾 300 億元之 ETF（0050、0052、0056 及 006208）大 PK，孰勝？高配息瘋，每年配息 6 次 OK 嗎？配息可能來自收益平準金是啥？買 ETF「定期定額」比「單筆投資」划算嗎？股市指數由 2022 年初 18,500 點的高點開始下跌至 10 月的 12,500 點以來，股市愈跌，買 ETF 的人卻愈多，ETF 宛如成為散戶資金的避風港，ETF 真的是低風險的投資萬靈丹嗎？

第七章「收租型 ETF：30 檔成分股 DIY」，是以常識邏輯思考，仿「高股息 ETF」由 30 檔成份股組成的方式，以追求每年穩定股息收入為目標，將資產分別配置在 14 檔安穩獲利的「官方安穩配息股」和 16 檔連續「10 年殖利率≧6% 之收租股」，少了市售 ETF 的管理費、經理費等費用，可有較高的殖利率；本章訂定「收租型 ETF 222 法則」，並提供 30 檔成份股之近 10 年的股利、股價、殖利率及配息率等資料，供以安穩獲利為目標的存股族參考。

相信大多數上班族的投資理財目的，不是短期致富（賭博、投機），成為暴發戶而退休，而是希望找出一種能夠細水長流、安穩累積資產之道；因此，引發了我們寫此本與前 4 本理財書不同內容之投資理財書籍，選對工具，用對方法，遵守紀律與原則，每年僅需在 1/1 及 7/1 前後 30 天，買賣 2 次股票，小富即可安穩得。

本書內容沒有深奧難懂的理論，而是以邏輯思考，比較分析網路上的公開資料，歸納出上班族的投資四原則：「①風險最小化、②報

酬最穩化（非最大化）、③費用最少化及④方法最簡化」，以基金及
ETF 作為比較基準，創出「收租型 ETF」，希望本書對於想以「本金
會增值、股利夠開銷」為投資目標的務實（薪水奴）上班族，有所助
益。

最後，以股神巴菲特的三句名言，作為詮釋本書的結語：

（1）買進股票之後，要假設明日起，股市將休市 5 年。
（2）如果你在乎明天股市是否開盤，是「投機」，反之則是「投
　　　資」。
（3）買股票的最愚蠢理由（dumbest reason），是因為股價正在上
　　　漲中。

誠懇叮嚀：投資必有風險，務必量力為之，本書之觀點與做法僅
供參考，讀者需自負虧損風險之責！

Chapter 1

躺平族
FIRE 了！

01

存了一億圓，
所以我辭職了！

　　日本的自由国民社於 2016 年 12 月出版了《1 億円貯まったので、会社を辞めました。》（《存了一億圓，所以我辭職了。》），此書共分為九章，再細分為 77 個小單元，敘述作者（坂口一真）之 77 種超儉約風生活的省錢方法，書中並未提到「我存了一億圓…」的語詞，應是出版社的噱頭，訂定吸睛的書名，促進讀者的購買慾。

　　網友的正反評價相當，有人佩服作者「極儉約、低物慾」的省錢方式，有人質疑「高中學歷、上班 33 年，存款 1 億圓的可能性」。

　　當時，台灣的媒體、雜誌及出版社多未注意到此書，所以，沒有理財雜誌／電視節目報導此「省錢術」，或許此書的「省錢術」太辛苦，也沒有出版社願意發行中譯本。

　　2020 年 9 月 24 日，當年 57 歲，家住神奈川的作者，接受朝日電視台「ハナタカ優越館」綜藝節目的「日本人の3 割しか知らないこと」（僅 30%日本人知道的事）專訪時，談他退休後的生活，反而引起更多人的迴響。

　　節目訪談中，談及他 18 歲（1981 年）高中畢業後就開始上班，51 歲（2014 年，此時日本法定退休年齡 60 歲）提前退休時的職稱是「主

任」，是日本企業的最低管理階層（一般員工→主任→係長→課長→次長→部長→…），平均年薪約 450 萬圓日幣，憑藉著書中所說的 77 種省錢方法存了一億圓日幣，他認為有了一億圓日幣，足夠未來 30 年（活到 80 歲）的生活費，所以就決定退休了。

此節目播出約 10 分鐘的「跟拍」錄影，包括住宅內的簡單舊傢俱、冰箱內僅放少量的即期食品、使用十多年（2007 年出廠）的 Nokia 手機，穿夾腳拖／短褲及 10 幾年的舊 T 恤，到 1,000 圓日幣理髮店（即台灣的 100 元理髮店），並在附近公園獨自一人悠閒地烤肉、喝啤酒等日常生活狀況，確實讓人佩服這種極儉約的隨性生活。他說他並未刻意節儉省錢，只是「能用就繼續用，不買多餘的東西」，且捨棄應酬、虛榮心以及沒有不安感的個性使然，不知不覺中，就存了一億圓日幣。

坂口先生約在退休後第 5 年離婚（2019 年，56 歲），沒有小孩，於 43 歲（2006 年）在神奈川縣買了 4,000 萬圓日幣之 90m² （約 27.8 坪）的 3LDK（3 房 2 廳）的電梯公寓，已還清貸款，每個月生活費約 10 萬圓日幣；他說存款一億圓日幣，內含退休金 2,000 萬圓和定期存款，但不包含 4,000 萬圓日幣的公寓（マンション）。

被問及 2019 年離婚時，是否付「慰謝料」（精神賠償金），他說夫妻是個別財產制（讓節目中的來賓很驚訝），所以，離婚時未支付精神賠償金；至於何時結婚、太太是否有工作，坂口先生並未提及。他沒有小孩，沒有從事任何投資，也沒有買商業保險，這對保險滲透度連續 12 年蟬聯全球第一的台灣人而言（見拙作《買對保險了嗎？》），簡直是匪夷所思。2020 年日本的保險滲透度僅為全球排名第 16。

節目製作單位依據「每月 10 萬圓生活費和平均年薪約 450 萬圓」，推算出他如何省下 1 億圓日幣。其中節目中揭示的年薪約 450 萬元，是指「手取り平均」，這並非平均年薪 450 萬日幣。「手取り平

均」是指平均年薪扣除勞保、健保及退休年金等自付額（約占 20%）後的實拿年薪。所以，我倒算坂口先生上班時的平均年薪，應約為 562.5 萬圓日幣（=450 萬÷0.8）。

因為在日本（書評 review）網站中，有不少人懷疑「高中學歷，上班 33 年，51 歲退休就存了一億圓日幣」的可能性，我好奇地繼續查了相關資料，在 2008 年至 2020 年之間，神奈川縣（坂口先生住處）的平均年薪變化不大，13 年的男性平均年薪為 592.4 萬圓日幣，比坂口先生平均年薪 562.5 萬圓高出 5.3%。

坂口先生居住／上班的神奈川縣，位於日本首都圈內（以東京（皇居）為中心之 50～100km 圈內），人口 920 萬人，為全國第二，僅次於東京都，也是平均年薪僅次於東京都的一級行政區（第 3 名為大阪府）。

依表 1-1 的 2020 年數據，大學畢業工作 38 年（22～59 歲）的神奈川縣男性上班族，38 年的總年薪收入是 2.23 億圓日幣來看，單身之日本大學畢業的男性上班族，如果省吃儉用，確實有可能存下一億圓。若依表 1-1 之年薪數據計算，由 18 歲到 50 歲的（33 年）總年薪是 1.686 億圓，高中畢業的坂口先生，上班 33 年，沒有投資、也未曾中過彩券，但是，依他的極儉約方式，應該有可能存下一億圓，只是難度相當高。

所以，有日本網友推斷坂口太太應是正職的上班族，有網友貼文酸說：「太太必然是長年的正職員工，夫妻兩人共同存錢才有可能，坂口先生應該是有一位好妻子；我由坂口先生學到如何存到一億日幣的作法，就是娶個正職上班的好妻子」！2000 年以前日本女性，結婚後多為純家庭主婦或僅利用白天打工貼補家庭收入而已。

確實，如果坂口夫婦是頂客族（DINKS，雙薪收入無小孩），而且坂口太太跟坂口先生一樣是極儉約族的話，坂口夫婦職場 33 年的收

表 1-1. 神奈川縣之大學畢業男性的平均年薪（2020 年）

年齡	年薪 （萬圓）	年齡	年薪 （萬圓）	年齡	年薪 （萬圓）	年齡	年薪 （萬圓）
18 歲	157.0*1	31 歲	486.1823	44 歲	658.2910	57 歲	721.9272
19 歲	157.0*1	32 歲	495.4996	45 歲	663.0850	58 歲	696.7804
20 歲	290.5525	33 歲	508.2500	46 歲	667.8790	59 歲	654.3478
21 歲	314.5850	34 歲	526.1500	47 歲	672.6730	60 歲	611.9151
22 歲	338.6175	35 歲	544.0500	48 歲	679.4843	61 歲	569.4824
23 歲	362.6500	36 歲	561.9500	49 歲	688.3129	62 歲	527.0498
24 歲	383.1023	37 歲	579.8500	50 歲	697.1414	63 歲	499.7457
25 歲	403.5545	38 歲	595.0300	51 歲	705.9700	64 歲	478.9253
26 歲	424.0068	39 歲	607.4900	52 歲	714.7986	65 歲	458.1049
27 歲	444.4591	40 歲	619.9500	53 歲	718.7992	66 歲	437.2845
28 歲	458.2304	41 歲	632.4100	54 歲	719.5812	67 歲	416.4641
29 歲	467.5477	42 歲	644.8700	55 歲	720.3632	68 歲	407.8761
30 歲	476.8650	43 歲	653.4970	56 歲	721.1452	69 歲	402.3463

註：（22～59 歲）男性之 38 年薪資總收入為 2 億 2,315 萬圓（日幣）。
資料來源：年收ガイド「神奈川県の平均年収」（本書製圖）
*1：18～19 歲年薪出處：日本国 「民間給与実態統計調査（2014 年）」

入就可能儲存 1 億圓日幣，加上 4,000 萬日圓的公寓。本書作者並未提及結婚幾年、太太的工作收入、是否繼承（部分）家產等，不過，書中的 77 種存錢方法很令人佩服，並非每個讀者均做得到，或者，誠如作者所說的「貯まる"体質"た」！（儲蓄的天性吧！）。

　　上日本網站瀏覽一下，目前多數的日本上班族，在「定年退職」（法定年齡退休）時的存款目標為 3,000～5,000 萬圓日幣，但是，依日本總務省「2021 年家計調查報告（貯蓄・負債編）」資料，日本 65 歲夫妻家庭的平均存款為 2,376 萬日幣，存款中位數為 1,598 萬日幣（約 400 萬元台幣）；再依 2020 年日本野村總合研究所的調查報告，淨金融資產一億圓日幣以上的家庭約 133 萬戶，占全國總家庭戶

（5,572 萬戶）的 2.4%，也就是說，每 100 人之中，僅 2～3 人擁有一億圓以上的資產。所以，51 歲退休就存了一億圓的坂口先生，可算是相當特殊的個案。

看了此書，不由得想起數年前台灣之緯來日本台的超人氣節目「黃金傳說／一個月 1 萬圓日幣（約 2,500 元台幣）的生活」，由 2～3 位藝人想盡花招、進行超節儉生活的競賽，很多藝人達到每月僅花 9,000 日幣以下的超辛苦生活，不過，這畢竟是搞笑的綜藝節目，並非真正的生活方式。坂口先生說他並沒有刻意省錢過苦日子，而是習慣於過這種低物慾的生活，並不覺得辛苦。

我問了幾位（40～60 歲）日本人：「上班 33 年，51 歲提前退休，可能存到 1 億日幣嗎？」，得到的回答是：「無理（不可能）」或「うそ（謊話）」。儘管如此，就把「存了一億日幣，所以我辭職了」當成激勵上班族養成儲蓄習慣的勵志書籍吧！畢竟書中所列的 77 種儲蓄方法，我現在就在做，或者可能做得到的事，大概不到 20 種，就連節儉成性的家父（我 9 年前結婚時，他穿 22 年前的舊西裝牽我走紅毯），大概也只能做到 30 多種而已。

此書共分為以下 9 章：
第 1 章：與周圍的人有相同的感覺或（生活）模式的話，存不了錢
　　　　（※含 13 種做法）
　　　　（原文：まわりと同じ感覚やスタイルじゃ貯まらなかった）
第 2 章：老是到海外做短期旅行的話，存不了錢（※含 12 種做法）
　　　　（原文：短期間の海外旅行ばっかりしていたら貯まらなかった）
第 3 章：被（商品）吸引而大量購物的話，存不了錢（※含 6 種做法）
　　　　（原文：気を引かれたまま大きな買い物をしていたら貯まらなかった）
第 4 章：不健康的話，存不了錢（※含 6 種做法）
　　　　（原文：不健康だったら貯まらなかった）
第 5 章：不把（商品）DM 當成相片書看待的話，存不了錢（※含 6 種

做法）

　　（原文：パンフレットを写真集と思わなかったら貯まらなかった）

第 6 章：不滿意日常生活的話，存不了錢（※含 12 種做法）（原文：
　　　　日常を満足して生活していなかったら貯まらなかった）

第 7 章：填寫問卷調查的話，存不了錢（※含 9 種做法）
　　　　（原文：アンケートを書いていたら貯まらなかった）

第 8 章：不致力於享受人生的話，存不了錢（※含 8 種做法）
　　　　（原文：人生を楽しむことに集中しなければ貯まらなかった）

第 9 章：沒有老師（指導）的話，存不了錢（※含 5 種做法）
　　　　（原文：師匠がいなければ貯まらなかった）

　　坦白說，此書所列之作者 77 種做法，如果是已有子女的家庭，應
該多做不到如此隨性的生活方式，引用此書第一章的標題「與周圍的
人有相同的感覺或（生活）模式的話，存不了錢」；因此，需要有安
穩、低風險的投資工具來加速累積財富。閱讀此書後，節儉致富的結
論是：「能用則續用、不亂買，能省則省、減半用」。

02

/

躺平族時代的來臨

　　2022 年 3 月 21 日，賴副總統應母校之邀，對成大研究生協會舉辦的「未來、南方、青年」講座演講，現場有 200 多位學生，賴副總統首先以 APP 掃描 QR Code 方式，詢問學生「您未來想要成為什麼樣的人物？」時，有 42%的學生選擇當「躺平族」，比第 2 名（35%）的「專業職業」高 7%。

　　圖 1-1 是問卷調查的內容與結果，由其問卷題目，不由得佩服賴副總統幕僚的用心，懂得年輕人的哏，因為問卷項目可複選，所以，大多數的男生多會勾選「躺平族：阿姨我不想努力了」，這種有哏的雙關語選項，必然會成為第 1 名，調查結果應在賴副總統的預料之中，因而幽默的以雙關語回答：「不想再努力，也要先找到可以訴苦的阿姨才行」。

圖 1-1. 想當「躺平族」為成大研究生的第 1 目標？

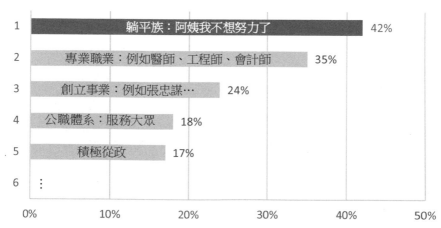

資料來源：世界新聞網（2022／3／21 18:45 報導）

成大畢業生一直是台灣企業最想聘用的員工，所以，可推論名列選項第 2 名的「專業職業」（35%）才是真正的答案，成大畢業生算是人生勝利組，只需稍努力就能有所成就，誰會想躺平？否則，就是現場學生真的是對高房價、低薪資、長工時及人口老化等沉重負擔的未來感到不安，而好想放下重擔，當躺平族，如此一來，台灣社會也真的躺平了！

「躺平族」是 2021 年在中國開始流行網路用語，是指 90 後年輕人（台灣的 8 年級生）在中國國內經濟下滑、社會問題嚴重化的大環境之下，對現實生活的失望，而產生「與其跟隨社會期望、堅持奮鬥，而淪為資本家的賺錢機具，不如選擇無慾求的躺平生活方式」，其具體的行為包括「不買房、不買車、不結婚、不生娃、低水平消費」的最低生活水準。

2021 年 4 月 17 日，中國百度貼吧出現了一篇題為「躺平即是正義」不到 300 字的貼文而引起熱議，署名「好心的旅行家」的作者說：「既然這片土地，從未真實存在高舉人主體性的思潮，那我可以自己製造給自己，『躺平』就是我的智者運動，只有躺平，人才是萬物的尺度」，他說：「自己已失業 2 年，但還是過得很開心，一天可以只吃兩餐，一年僅有臨時工作 1～2 個月，每個月只花 200 塊人民幣（約 900 元台幣）…」。

這種被中共政府視為挑戰黨國意識形態的躺平主義，是一種「低慾望、低社會參與度，不迎合世俗期望的無為狀態，明顯地與中國政府的現行體制（小康社會、脫貧成功、三胎政策、擼起袖子加油幹）唱反調，由於在網路引起年輕人的廣大迴響，產生了強烈的共鳴，因此，在淘寶等購物網站，出現了許多印有「躺平」字樣的貼紙、T 恤、背包、茶杯及手機殼等商品。

中共當局似乎被嚇到了，而引發官方的嚴重關切，「躺平」被官方批判為「是一種消極、悲觀、畏縮及不負責任的態度，有礙國家經

濟發展、挑戰政府體制」，導致最後，躺平（主義）文章全被封殺，以及所有的躺平商品全部被下架。但是，2021 年 12 月，「躺平」依舊入選中國「國家語言資源監測與研究中心」發佈的「2021 年度十大網路用語」。

躺平主義的興起，應與內捲脫不了關係，躺平與內捲競爭的白熱化，甚至引發民間與官方網路論戰，在中國房價不斷高漲、社會貧富差距逐漸拉大的情況，網路平台出現許多的「拒絕被剝削、認命低水平生活，捲不過就躺平吧！」的抗議聲量，中共總書記習近平在 2021 年 8 月 17 日的「中央經濟委員會議」上，特別強調「要防止社會階層固化，暢通向上流動通道，給更多人創造致富的機會，形成人人參與的發展環境，避免內捲與躺平」。

「內捲」，可說是中國共產主義轉變為資本主義的產物，是一種為了脫貧的社會競爭，捲得過的人，就成為人人羨慕之平步青雲的「飛龍族」，捲不過的人，就乾脆退出競爭，以免過度自我消耗（搞壞健康、過度付出，而得不到應有的回報或成就），就認命的當低物慾躺平族，不偷不搶、不拿救濟金，有何不可？顯然，中共領導習大人過慮了，「躺平即是正義」的作者，不認同於世俗眼光的「朝八晚五」工作，只是千禧世代之零工經濟（Gig Economy）的生活方式而已，如果回到從前的從前，「共產主義」年代不就是「樸實、簡單與自我滿足」的社會嗎？

90 世代的低物慾青年，已不再認同父母時代之「為了爭取社會的認同而努力工作，從而晉升為中產階級的小康家庭」的價值觀；然而，想當躺平族也並非人人做得到，大多數人僅嘴巴說說而已，2021 年 5 月 28 日《環球時報》的「環球銳評」，標題〈聲稱要躺平的年輕人，總是在黎明時被自己設定的鬧鐘叫醒〉，就是最好的寫照。

對中共當局而言，「躺平主義」代表著與主流社會（世俗社會）的對抗，「躺平主義」是「毒雞湯」、「精神鴉片」，「躺平可恥，

哪來正義感？」，但是，現實生活確實有壓力，家家有本難唸經，當為現實生活感到疲憊時，短時間的躺平，只是為了再度站起來，工作本身就是一種幸福，為了自己和家人更好的生活，對未來充滿期待，就是工作的原動力。

躺平族可恥嗎？那也未必完全如此，躺平族並非社會最底層的貧窮族群，而是出現於中產階層，多受過高等教育、有發展潛力的青年族群；躺平族，與父母時代的價值觀完全相反，可分為三型，第一型就是被中共視為「毒雞湯」的全躺型躺平族，是源自英國的尼特族（NEET 族）及日本的繭居族（引きこもり），自己不上班，整天宅在家裡，經濟來源由父母供應，全躺型躺平族或許是中高家庭的「畸形」子女（想不到更適當的用語），他們不需努力工作即可舒適過活，在社會職場稍有逆境挫折，就退縮繭居在家。

繭居族被日本厚生勞働省認為是一種需要治癒的心理疾病，在全日本設有繭居族支援中心或諮詢窗口，依內閣府的調查報告，在 2018 年 12 月，15～39 歲的繭居族約有 54.1 萬人，40 歲以上的中壯年繭居族約有 61.3 萬人，反而高於青年族，一旦走不出繭居的陰影，全躺型躺平族就成為病態的啃老族；比起青少年繭居族，中壯年繭居族的問題反而更棘手，日本官方稱之為「8050 問題」，係指 50 歲繭居族與 80 歲父母同住，由父母供養，進而對父母暴力虐待的社會問題。

繭居族／啃老族為了要錢而毆打父母的新聞時有所聞，然而，日本發生一件震驚社會、聳人聽聞的「繭居族被殺」事件，是一位 76 歲老父「不得不」殺死 44 歲繭居族（啃老族）兒子的慘案；父親是曾擔任日本農林水產省事務次官，以及日本駐捷克大使而退休的熊擇英昭，兒子是在大學一年中輟之後，短暫上班半年便因與主管吵架，而繭居在家的 44 歲網遊者，多年來不時毆打父母，造成母親自殺未遂而憂鬱症、妹妹則因被退婚而自殺身亡；但是，年邁的父親依舊未放棄這位大逆不道的孽子，時時想幫助他踏出家門，也曾介紹他到友人公司上班，結果因暴力恐嚇主管而被辭退。

直到 2019 年 6 月 1 日下午，兒子嫌附近小學運動會太吵而失控，狂砸家中物品，還大嚷要去學校殺人，不聽父親勸阻並毆打、謾罵父親，因為 4 天前剛發生一件造成 2 死 20 多傷之 51 歲繭居族的隨機殺人事件，父親認為兒子並非說說而已，可能立即行動，「為了不給別人添麻煩、危害社會」，便自己拿菜刀砍死兒子後再打電話報警。

死者的行為相當囂張跋扈，是一款名為「勇者鬥惡龍 X」網遊的紅人，同好多知道此位狂妄自大的啃老族人物，例如，他曾在 Twitter 上說：「在國中二年級就把母親打趴在地，那種快感迄今仍記憶猶新」（中 2 の時、初めて愚母を殴り倒した時の快感は今でも覚えている）；並公開自己花費在網遊的信用卡帳單明細表（323,729 日圓），還向玩家嘲諷說：「比他們父母拼命工作賺的薪水還多」（君達の両親が必死で働いて稼ぐ給料より多いんだよ），而且毫不避諱地公開自己家的地址、歡迎來挑釁，結果真有人上門找碴，被父親報警驅離，事後還發文炫耀說：「不管我幹什麼事，父親總會替我擦屁股」（私のやらかしの後始末は父親がしてくれます）。

此案曾有多達 2,000 人在網路平台上貼文陳情，希望法官從輕量刑，也有人說：「如果是我兒子，我也會這樣做」，令人不勝唏噓！最後，於 2019 年 12 月，可憐的年邁父親被法院判刑 6 年。虎毒不食子，父親為何會殺死兒子？事件始末請上網搜尋「熊擇英昭」查看中文／日文的報導。

2022 年 5 月，台灣網路平台上出現了一篇「每月零用金 7 萬元的 35 歲躺平族」文章，說自己從未正式上班超過半年，覺得工作沒有意義，加上父母每個月給 6、7 萬的零用金，讓他可以舒適的過活，還貼出他的每日生活作息表，「08：30 上健身房……20：00 追劇、玩電玩，24：00 上床睡覺」，這種炫富的啃老族，應歸咎於父母的溺愛吧？將來也可能變成台灣版的「啃老族被殺事件」，可憐天下父母心，造就了「啃老族」的哀歌，啃人與被啃的子女與父母，都將成為無可奈何的現實受害者了。

　　「躺平族」原本應只算是自食其力的儉約生活主義者，卻演變成各種形式的上班族群，也在台灣默默地擴展開來，包括不斷延畢的學生，靠父母給錢而活，不知受教育學習的目標何在，讀的是看系名就知道「畢業即失業」的科系，這不也是教育部在廣設大學之後應設法改善的責任嗎？

　　第二型為半躺型躺平族，上班態度不積極，對目前的工作沒有興趣，只是找不到更好的工作，只好繼續待下去，或許也有潛在的企圖心，只是在等機會而已，一旦找到符合自己興趣的工作，就會晉升為微躺型的躺平族，等到自認為財務自由時，就離職過自己想要的生活。

　　第三型是處於全躺型與半躺型之間的微躺型躺平族，是認命的上班族，過著傳統的生活方式，20～30歲的上班族，對三、四十年後的未來感到迷惘，卻不得不一步一腳印，為了讓家人有更好的生活水平而努力，但是，三不五時得「微躺」一下，以免累壞了而永遠躺平；因此，微躺型是屬於維持社會動力的中堅份子，雖然缺乏追求物慾的企圖心，但並不為過、也不可恥，多數的上班族不就是為了賺取生活費而平凡過一生嗎？當然，微躺型也可能有強烈的企圖心，平步青雲而成為人生的勝利組。

您屬於哪一型的躺平族？

全躺型：完全仰賴父母金援的啃老族／繭居族。

半躺型：「休息是為了走更長遠的路」，隨時準備為自己而活。

微躺型：生平無大志，只為傳統生活而工作的社會中堅份子。

　　仔細回想一下，不管任何時代，上班族有人目標明確，追求高所得與高成就，平步青雲，享受在自己經濟能力範圍內的物質生活。因此，上班族不就是由全躺族、半躺族和微躺族所組成的嗎？坂口先生應算是半躺型躺平族吧，他僅是極儉約的上班族，上班33年存了一億

日圓，身為節能減碳的具體實踐者，不也值得鼓勵效仿嗎？

　　於 2016 年，全球知名的日本管理學家大前研一，出版了一本《低慾望社會》（有中譯本），探討在日本高壓社會工作的年輕人，因為抵抗不了工作壓力而喪失物慾和成就慾，所衍生的經濟社會問題，甚至認為普及化的超商，是形成低物慾社會的原因之一（每天不到 1,000 日圓就可以解決三餐問題），因而產生了社畜、飛特族（Freeter）及繭居族等族群的社會問題，他直言「全民努力打拼的時代已經過去」，進而提出政府應有的對策。

　　在低物慾社會中，台灣政府也一直在刺激消費、拼經濟，導致物價漲不停，國家負債也逐步升高，依財政部的「國債鐘」統計，迄 2022 年 6 月 30 日，總債務已高達 5 兆 8,098 億元，國人平均負債為 26.6 萬元。新世代的自我意識已覺醒，不再為父母／社會的期待而付出，因為現實生活不開心，而喪失成就感的企圖心，不再套用上一代的生活模式而領悟出另一套的生活模式，只想做自己想做的事，在社會價值觀已改變的大前提之下，躺平族時代已經來臨了；全躺族不可取，只有半躺族與微躺族，尚有機會可以改變自己，過自己想要的生活。

03

「FIRE 運動」的興起

　　相對於中國之消極的「躺平主義」，美國的「FIRE 運動」是激進的「提早退休計劃」，FIRE（Financial Independence, Retire Early）Movement，「財務獨立、提早退休」運動的發展可分為三階段，第一階段的啟蒙期，啟蒙於 1992 年，在美國一出版就逾 60 萬本的暢銷書《Your Money or Your Life》。

　　此後 25 年間又出了 1998、2008 年及 2018 年的三次更新版，中譯本有《富足人生：要錢還是要命？》及《跟錢好好相處》兩種版本，此書提出 9 大步驟來實踐「財務獨立（FI）」的具體做法，提倡「以最少的支出，過有價值的人生」，依自己的步調，過著低物慾的儉約生活，尚未提到「提早退休（RE）」的目標。

　　作者之一 Joe Dominguez，沒有大學學歷，原是在華爾街上班的股票分析師，在 31 歲（1969 年）時共存了 10 萬美元（約 2021 年之 738,929 美元）之後，有了每年 6,000 美元（6%）的利息收入，就退休了，不再工作而轉當全職志工，但在第一版書出版之後 5 年的 1997 年（59 歲），就因淋巴腺癌而病逝。不過，透過他的有聲課程「改變你與金錢的關係達到財務獨立」（Transforming Your Relationship with Money and Achieving Financial Independence），使得他的理念得以繼續流傳。

　　另一位作者是 Vicki Robin，是目前已退休之知名的創新者、作

家、演說家及環保人士,有多本著作,曾受邀上過台灣熟悉的「歐普拉秀」、「早安美國」等節目,「紐約時報」及「華爾街日報」等知名媒體稱她為「消費減量先驅者」。

兩人創辦了「New Road Map Foundation(新路徑基金會)」,是一非營利、為促進地球人類永續未來的組織,提倡上班時過著極端儉約的生活,節省 50%～70% 的收入,儘早達到財務自由的目標,再以累積財富所產生的被動收入(利息、股利、租金……),作為日常生活的開銷費用,過自己喜歡的樸素生活。

《Your Money or Your Life》並非一般的投資理財書籍,而是在探討金錢與生命的關係,說明「有錢(Rich)≠足夠(Enough)」,以 9個步驟來實踐儉約生活,將日常支出最小化、改變既有的生活型式、改變對金錢的價值觀及探討幸福與金錢的關係。

該書建議製作月收入支出細目表(Monthly Tabulation),鉅細靡遺地逐項記錄每個月的收入與支出,了解每一分錢的來龍去脈,將各項支出轉以工時/週薪表示,將會發現原本是時薪 30 美元的工作,扣掉交通、食物、保險及服飾等,轉換為工時的成本之後,實際上只是時薪 12 美元而已,等於是以生命換取金錢,想一想「要錢?還是要命?(Your Money? or Your Life?)」,上班到底是在「謀生」(make a living)還是在「找死」(burn out)?

「FIRE 運動」的第二階段是量化期,是源自 Mr. William P. Bengen於 1994 年 10 月發表於《Journal of Financial Planning》的(10 頁)論文〈Determining Withdrawal Rates Using Historical Data〉(以歷史數據決定(退休費用)提領率),他依過去 67 年(1926～1992 年),歷經如表 1-2 所示的 3 次持續 1 年以上的經濟蕭條事件:經濟恐慌(1929～1931)、罷工運動(1937～1941)及石油危機(1973～1974)的實際經濟狀況(股票及債券的投報率以及通膨率)作分析,提出具體的「4% 法則」,說明「提領率與資本可用年限」之關係(Withdrawal Rate vs. Years Portfolio Assets Last)。

表 1-2. 美國（1926～1976）3 次重大金融危機的影響

TABLE 1 Characteristics or 3 Major Financial Events			
Period	Total return common stocks （股票投報率）	Total return int-tern bonds （債券投報率）	Change in inflation （通膨率變化）
「Little Dipper」 （1929-1931） （經濟恐慌）	-61.0%	+10.5%	-15.8%
「Big Dipper」 （1937-1941） （罷工運動）	-33.3%	+16.7%	+10.5%
「Big Bang」 （1973-1974） （石油危機）	-37.2%	+10.6%	+22.1%

資料來源：Determining Withdrawal Rates Using Historical Data（1994／10）
本書加註：作者說他喜歡天文學，故命名為 Little Dipper（小熊座）、Big Dipper（北斗星）及
　　　　　Big Bang（創世大爆炸）。

　　他的論文指出，如果投資於美國的股票及債券各 50%，且在退休
第 1 年提領 4%的存款作為生活費用的話，如圖 1-2a 所示，自退休日起
至少可用 33 年（在 1966 年退休），而且有 80%的機率可夠用 50 年，
作者指出，如果改為提領率 3.5%的話，則可絕對安全（Absolute Safe）
地夠用 50 年；如果改為提領率 6%的話，依圖 1-2b 所示，則只有 40%
的機率可用 30 年。

圖 1-2a. 第 1 年提領 4%之投資資產的可用年數

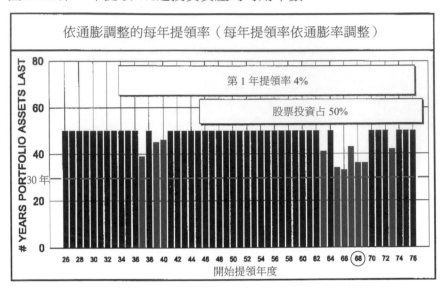

資料來源：Determining Withdrawal Rates Using Historical Data（1994／10）

圖 1-2b. 第 1 年提領 6%之投資資產的可用年數

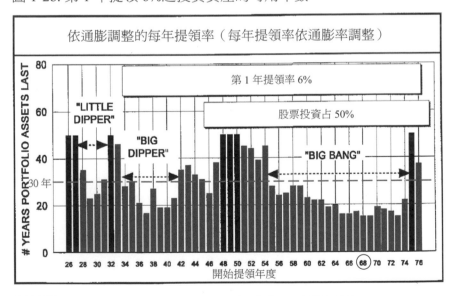

資料來源：Determining Withdrawal Rates Using Historical Data（1994／10）

　　此篇論文發表時，美國上班族的退休年齡多在 60～65 歲之間，若以「60 歲退休、90 歲死亡」為考量，則「平均餘命 30 歲」被視為退休準備金「夠用」的基準，依圖 1-2a 來看，「4%提領率」是絕對「夠用」30 年。Bengen 先生的「4%法則」是指退休後第 1 年的提領率，亦即，如果第 1 年提領率 4%，而隔年的通膨率是 2%的話，則第 2 年的（生活費）提領率調高為 4.08%（＝4%×（1＋2%）），如果第 3 年的通膨率是 2.5%，則提領率為 4.182%（＝4.08%×（1+2.5%）），依此類推。

　　作者 Bengen 是財務顧問，他建議客戶投資資本的股票占比不宜低於 50%，而最佳股票占比是 75%，他模擬投資資本在不同的股票及債券比例組合時，以及在第一年提領率為 3%、4%、5%、6%時之投資資本的可用年限，讓客戶了解各種不同條件下的投資結果。後來的理財專家多依不同的研究基礎，提出介於 3%～5%之間的修正法則。

　　「FIRE 運動」的第三階段是啟動期，除了追求「財務獨立（FI）」的目標之外，開啟了「35±5 歲以前提早退休（RE）」新目標，主要的靈魂人物有 3 人，一是 2010 年出版的《Early Retirement Extreme（ERE）》，是一本以二、三十歲年輕人為對象的書，作者 Jacob Lund Fisker（1975 年生），同樣提倡儉約生活，並說明「存款占比與退休時間」之關係，理念是「花的少、存的多、退的早」，他擁有物理學博士學位，工作專長是天文學家，本身是儉約生活的實踐家。

　　ERE 提出「儲蓄／收入占比」與「儲存 1 年支出」之所需時間的觀點，假設年收入與年支出不變，且不計儲蓄額的投資報酬率的話，則

（1）「儲蓄／收入占比」15%時，則需工作（1－0.15）÷0.15＝5.7 年，來儲存 1 年所需的支出費用。

（2）「儲蓄／收入占比」25%時，則需工作（1－0.25）÷0.25＝3 年，來儲存 1 年所需的支出費用。

（3）「儲蓄／收入占比」50%時，則需工作（1－0.50）÷0.50＝1年，來儲存 1 年所需的支出費用。

（4）「儲蓄／收入占比」75%時，則需工作（1－0.75）÷0.75＝0.33 年，來儲存 1 年所需的支出費用。

儲蓄（／收入）占比 15%，是指 100 萬元的收入中，85 萬元是當生活費用，15 萬元是儲蓄存款，當儲蓄占比為 50%，只需 1 年時間，就可存足 1 年所需的支出費用，可以「工作 1 年、休息 1 年」，或者，需要 25 年時間來儲蓄平均年支出 25 倍的金額，如果不做任何投資，而只放在銀行定存的話，以每年提領 4%的儲蓄金額當生活費用的話，大概可用 30 年。

Fisker 博士有極佳的常識邏輯觀，他認為最大的支出是房貸和交通費，所以，他以一台 30 呎長的露營車（Motor Home，RV）為家，住在公司附近，每天騎腳踏車上下班，以節省開支。在（2008 年）33 歲退休時，每年平均支出僅 7,000 美元，他每月存下 80%以上的月薪，僅花了 5 年的時間，存足 25 倍以上的年支出金額後，就提前退休了。其實，他早在退休前（2007 年）就成立「Early Retirement Extreme（ERE）」部落格，公開他的儉約生活方式，直到 2010 年才出版了「Early Retirement Extreme」書籍，讓更多人分享他的理念。

2011 年他搬到芝加哥市郊，買了一間 1,000ft²（28 坪）的待修房（fixer-upper home），看教學錄影帶自學木工，自己做傢俱，花了一年時間整修一房一廳一衛的房子，結婚 14 年，夫妻 2 人各有獨立的儲蓄存款帳戶，14 年來，2 人的年支出，每人均不超過 7,000 美元，Mr. Fisker 迄今已累積了 114 年的生活費，而太太也累積了 62 年的生活費。

夫妻 2 人均是極為成功的「FIRE 運動」者，亦會 DIY 做許多家俱、修理腳踏車（當義工），在家後院種植有機蔬菜，Fisker 玩過如日本劍道、曲棍球、腳踏車競賽、划船競賽、帆船旅遊等多種運動，且

積極學習多種新技能，並公佈在部落格中，確實是做到「儉約生活、提早退休、樂活不無聊」的境界，他的理念是「花較少的錢、減少物質享受，便能創造出財務自由及快樂人生，並減少環境足跡（破壞生態）」，所以，擁有很多的粉絲。

幾乎在同一時期，另一知名的部落客（Mr. Money Mustache 錢鬍子先生）亦親身力行與大力推行「FIRE 運動」（他為 2018 年更新版的 FIRE 書寫「前言」（Forward））。錢鬍子先生（1975 年生），在 22 歲（1998 年）時，第一個工作為軟體工程師，起薪為年薪 45,000 美元，自認為做的第一件蠢事，是向姐姐借 16,000 美元，買一輛 Ford Probe GT 的二手跑車。他在部落格中，詳細說明了在大學畢業後，10 年內的工作及理財資訊，相當有說服力。

他的存款多投資於 401（k）退休計劃（後敘）及 S&P 500 Fund（標普 500 基金），在（2005 年）30 歲時結婚，已累積了 60 萬美元的資產及一棟已繳清貸款的房子（20 萬美元），他甚至向公司要求減薪 20%而只上班 4 天。在 2006 年（31 歲）時，累積資產達 72 萬美元，有了小孩之後就宣佈退休，不再做全職工作，專注於經營部落格（MMM Blog），每年的股利、利息等被動收入，就足以供全家 3 人每年約 35,000 美元的生活費用。

錢鬍子先生成為成功的 FIRE 族之後，經常到處演講，宣傳「FIRE 運動」，並接受如 CBS News、Market Watch 及 The New Yorker 等知名媒體／雜誌的採訪，對於推廣「FIRE 運動」不遺餘力。Fisker 博士與錢鬍子先生 2 人均享有高知名度，可算是「FIRE 運動」的代表性人物。

第三位「FIRE 運動」的靈魂人物，是後來居上的 Grant Sabatier（1984 年生），他比前兩位靈魂人物晚了一個世代，在工作 3 年之後的 24 歲時，被報社開除，銀行存款僅有 2.6 美元，只得回父母家「借住」，在看了許多的理財書籍，又找到新工作之後，領悟到儲蓄的重

要性，由每月存下 25% 月薪開始，到最高存了 80% 的月薪，再加上副業的收入，僅花了 5 年 3 個月時間，於 2015 年（31 歲）就擁有超過 100 萬美元的淨資產，就成立了 Millennial Money（千禧世代財富）網站，並主持兩個播客（Podcast）節目，分享自己快速累積財富的經驗。

他算是「FIRE 運動」的後起之秀，並於 2019 年出版了一本《Financial Freedom：A Proven Path to All the Money You Will Ever Need》的（12 國語言）暢銷書，由《Your Money or Your Life》之作者 Vicki Robin 寫前言（Forward）。靠著經營部落格、出書版稅、媒體專訪及演講的收入，而賺取更多的「被動收入」。

「FIRE 運動」追隨者，是以每年儲存（min）50%～80%（max）年收入為目標，力行「以較小的消費，減少浪費地球資源，擁有更豐富的生活」，經常在「FIRE 運動」的網路平台發表心得與分享經驗，經由媒體、社群網站、部落格以及之後許多以「FIRE Movement」為主題的書籍出版，使得 FIRE 運動的概念，自 2011 年起逐漸被推廣，不再被視為反經濟發展的消極主義者，反而成為備受讚賞的環保主義先行者。

以「FIRE Movement」上網搜尋，除了上百遍的「FIRE 運動」文章外，尚有許多的 Facebook、YouTube、Blog、新聞報導的影片，分享「FIRE 運動」的經驗、心得，全是 40 歲以前就退休而逍遙自在生活的 FIRE 族，令人羨慕不已。

★「FIRE 運動」追隨者，不想將錢花在房子的貸款與維護上，這或許是自 2010 年以來，（200～450ft²）拖車屋（Trailer House）及露營屋（Motor Home）盛行的原因，目前的價格多在 4 萬美元～7 萬美元之間，主要客戶多為年輕人（夫妻）以及子女已長大離家的 50 歲以上夫妻；台灣的 TLC 電視台，就有一「迷你屋獵人」「Tiny House Hunter」的節目，專門介紹各種可移動小屋的買賣與生活方式。

全球首富的特斯拉（Tesla）執行長馬斯克（Elon Musk），於 2021 年賣掉加州的數間豪宅，而改住在德州「Space X」基地附近租來的一間 375 ft²（10.5 坪）、價值 5 萬美元之可用皮卡貨車（Pick-up）拖運的可摺式組合屋。

　　馬斯克太有錢，亦未退休，不算是 FIRE 族，否則電動車就不會有今日蓬勃發展的局面了，他不開自家 Tesla 電動車，而是開 Toyota 的 Prius 小車，簡樸的生活令人相當意外，連小他 17 歲的歌手女友都受不了，認為馬斯克的生活水平是在貧窮線之下而離去（2021 年美國貧窮線為 12,880 美元／人／年）；馬斯克曾在 Twitter 上說：「我要賣掉所有的物質財產，不再擁有房產，要為火星和地球奉獻」，馬斯克的所有財產，幾乎都花在「登陸火星、造福人類」的研究計劃上。

「4%法則」vs. 「25×法則」

前述的 Bengen 的「4%法則（4% Rule）」，原意是指「退休後第 1 年的提領率 4%」，以後每一年的提領率，則依通膨率的漲跌幅而調整，然而，後來引用「4%法則」的理財專家，多解讀成「每年提領率均為 4%」。

過去 10 多年來，「FIRE 運動」的實踐家，以「每年提領率 4%法則」作為參考基準值，具體的做法是：「（提早）退休後的每年生活費，以所存之退休準備金的 4%為上限，例如，退休時若已存了 75 萬美元淨資產，則每年的生活費上限（4%）為 3 萬美元」，但是，成功的 FIRE 運動者，退休後每年的提領率多不到 4%，也就是，所儲存的投資本利和，一輩子也花不完。

如圖 1-3 所示，當提領率（wr）及投報率（i）為 4%時，投資資產可用 83.2 年，若投報率（i）維持 4%，而每年固定提領率（wr）為 5%，則投資資產可用 37.5 年，若提領率（wr）為 3.3%（即投資資產（Po）為提領額（w）的 30 倍），即使投報率（i）僅為 3%，投資資產亦可用 70 年。在美國的網站上，可看到一些投資顧問公司所提供的「4% Rule Calculator」（4%法則計算器），依使用步驟輸入參數，即可算出退休後每年可用的（4%）生活費。

圖 1-3. 提領率、投報率與可用年數之關係

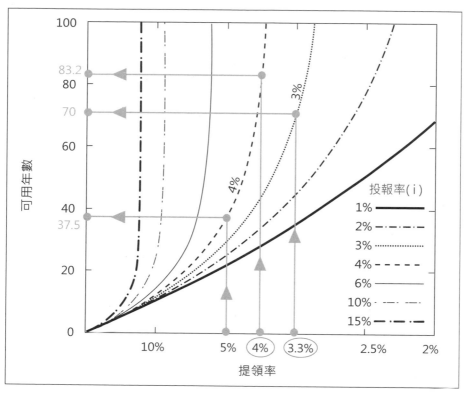

資料來源：Early Retirement Extreme （Upfront Books）

　　《Early Retirement Extreme（ERE）》的作者，本身是成功的「FIRE 運動」靈魂人物，Fisker 博士以 7 頁的篇幅，導出數條公式及圖表，此書雖然是 2011 年出版，股素人依其方式，驗證了以下的一條公式，確定此公式仍適用於目前台灣的投資環境；

$$M = log \left(1 + \frac{Po}{w} \cdot \frac{1-r}{r} \cdot i\right) \div log (1+i) \quad \cdots\cdots (1\text{-}1)$$

M：上班（工作）年數　　Po：投資資本（元）　　w：每年提領額（元）
r：儲蓄率（％）　　　　i：投報率（％）　　　　w／Po：提領率 wr（％）

Po 是退休時的投資資本（元）、w 是退休後的每年提領額（元），所以，依個人（家庭）不同的每年支出金額（w），Po／w＝30 可能是：900 萬元／30 萬元、1,200 萬元／40 萬元、1,500 萬元／50 萬元，或者 3,000 萬元／100 萬元，所以，適用於不同收入的上班族。

圖 1-4 是以 Po／w＝30 為基準所繪製的「上班年數、儲蓄率與投報率」的關係圖，例如，退休時的投資資本 1,500 萬元，每年年底提領生活費 50 萬元（即 Po／w＝30），Po／w＝30 引申而出的意思是，在不考慮通膨率（CPI）及投報率（i＝0）的情形下，儲存的資本至少可用 30 年。圖 1-3 及圖 1-4 均未計入通膨率，若計入美國聯準會的通膨率（CPI）基準 2%，則可由原先預估的（合理）投報率 7%，扣掉 2% 通膨率紅色警戒線後的 5%投報率（i）計算。

圖 1-4. 儲蓄率、投報率與上班年數之關係

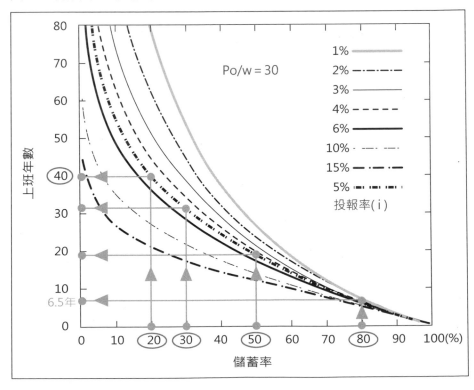

資料來源：Early Retirement Extreme（Upfront Books）

由圖 1-4 可知，如果是激進的 FIRE 族，每年儲存 80%的年收入（r＝80%），則在投報率（i）＝5%時，6.5 年即可存下至少夠用 30 年的資本，可見前述 3 位「FIRE 運動」的代表性人物，在 31 歲退休的可信度相當高。如果在投報率 5%以及儲蓄率分別為 20%、30%及 50%時，其累積夠用 30 年之所需的上班年數，分別為 39.9 年（≒25 歲上班，65 歲退休）、30.8 年及 18.8 年（≒25 歲上班，44 歲退休）。

　　「4%法則」是基於歷史（1926 年～1992 年）經驗條件，可用 30 年以上的提領率，但並未告訴你退休前應存多少資本，因為「4%法則」的「第一年提領 4%」，被誤解為「每年固定提領 4%」，而衍生出「25× Rule（25 倍法則）」（＝100÷4＝25），亦即「退休資金＝預計退休時生活費×25 倍」法則，也就是，如果預期退休時的每月生活費為 50 萬元，則在退休時須存足 1,250 萬元（＝50 萬元×25）。

　　「25×法則」並未說明「夠用多少年」，對於響應「FIRE 運動」而提早至 40 歲以前退休的人，有人因到處（出國）旅遊，退休後的生活費，反而高於上班時的生活費，因而覺得到在儲蓄資本額不變的情況下，提領率 4%可能需降為 3%～3.5%，原因在於「4%法則」是「保證夠用 30 年」，適合於 60 歲以後退休，再活 30 年到 90 歲。

　　如果在 40 歲就退休，就得考慮「4%法則」是否夠用 50 年或 55 年；因此，後來又有「30 倍法則」的修正版（≒提領率 3.33%），存更多的錢或者延後退休。如圖 1-2a 之說明，在第一年提領率 3.5%時，則「絕對安全」夠用 50 年。

　　因為「25 倍法則」是由「4%法則」反推而來，所以，「4%法則」及「25 倍法則」，每年的提領金額是一樣的，但是，如果由「30 倍法則」反推出「3.33%法則」，意思卻不一樣；假設「4%法則」的退休準備金是 1,000 萬元，則每年提領金額為 40 萬元，若依「30 倍法則」，則退休準備金成為 1,200 萬元（＝40 萬元×30），在提領 3.33%時，提領金額仍為 40 萬元（＝1,200 萬美元×3.33%），每年的生活費

40 萬元仍然不變，退休準備金存更多，由 1,000 萬元增為 1,200 萬元，提領率卻由 4%降為 3.33%，似乎不合常識邏輯。

所以，「30 倍法則」和「4%法則」應該分開使用，也就是，「30 倍法則」作為儲存退休準備金的參考值，而「4%法則」作為每年提領率的參考值，亦即，如果退休準備金為 1,200 萬元時，每年提領金額應為 48 萬元（＝1,200 萬元×4%），比原預定的每年提領 40 萬元多了 8 萬元，以因應通膨率提高時用。

Bengen 的歷史經驗（1926～1992 年）的數據，如果仍可適用於現在及未來的經濟趨勢的話，則依「每年提領 4%法則」，應該仍夠用 50 年，因為在 1926～1992 年之間，美國的通膨率（CPI）多在 3%～5% 之間，所以，依 Bengen 的「第一年提領 4%」，以後每年的提領率，會隨 CPI 而增加，20 年後的提領率可能增為原提領率的 1.2 倍（4.8%），如果依舊維持提領率 4%的話，則可延長儲蓄資本的使用年限。

圖 1-5 是 Bengen 以投資資本 100 萬美元、股市投資占比 75%為例，所繪製的「自第一年開始提領 4%」（以後每年隨通膨率調整）後的第 20 年，原 100 萬美元的資本額變化，此圖可對照圖 1-2b，可看出在表 1-2 的三個經濟蕭條期退休後的第 20 年，原資本額（100 萬美元）多呈虧損狀態，不過，在 1938～1954 年間持續 17 年的 20 年後，資本額均漲了 1～2 倍。

在 1980～2010 年之間，美國之長期公債的投報率多在 7%～15% 之間，但是，自 2010 年以後，美國長期公債的投報率，逐年下降到 2021 年的 2%以下，到 2022 年 4 月才又回到 3%以上。由此可知，任何的退休理財計劃，應該因地制宜、與時俱進，才能符合現實生活的需求。因此，「4%法則」只是一個概略的參考值（Rule of Thumb），可由個人做為調整修正的基準，重點是「退休前要存多少錢」？

圖 1-5. 開始提領後第 20 年的資本額變化

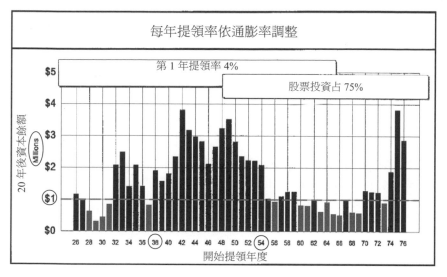

資料來源：Determining Withdrawal Rates Using Historical Data（1994／10）

　　Bengen 提出「4%法則」論文中，僅論證「第一年提領率 4%時，投資資本可足夠用 30 年」，並沒有明確告知退休時的「投資資本」需要多少錢，這個「投資資本」可能是 25 萬美元、50 萬美元，也可能是 100 萬美元不等，如果是 25 萬美元，則第一年提領率 4%時，提領金額是 1 萬美元，如果是 100 萬美元，則第一年的提領金額為 4 萬美元。因為在 60～65 歲退休時，已有政府版的社會保險及養老金可領，有人尚有企業提供的 401（k）退休計劃及自己的 IRA 退休帳戶（後敘），所以，每位退休者希望的「補強退休金」，由 1 萬美元到 4 萬美元不等。

　　依台灣理財媒體所做的民調，上班族期待的退休準備金，多為 1,200 萬元、1,500 萬元、1,800 萬元或 2,000 萬元，當然，也有少數期待 2,000 萬元以上的上班族，只是期待的退休準備金訂得太高，會增加挫敗感，不切實際。表 1-3a～1-3c 是依公式（1-1）計算，分為 Po／w ＝20、25 及 30，反過來說，即是提領率（wr＝w／Po）為 5%、4%及

3.33%，所整理的退休前工作年數表，上班族可了解在退休前所需要的打拼年數。

　　因為一般 65 歲退休的上班族，工作年數多在 40 年以下，我們以保守的投報率（i）5% 及儲蓄率（r）25% 為例（2020 年台灣每戶家庭的儲蓄率為 24.5%），在提領率（wr）為 5%、4% 及 3.33% 的條件下，所需的工作年數分別為 28.41 年、31.94 年及 34.94 年。「FIRE 運動」族的儲蓄率 80%，難度太高，但是，只要稍微儉約一下，儲蓄率 40% 並不困難，儲蓄率 50% 也不無可能；以美國長期投資之存股理財的合理投報率 7% 計算，在儲蓄率 40% 時，所需的工作年數，可分別下降為 16.72 年、19.03 年及 21.03 年，算是相當務實的推估，依此類推。決定退休時需儲存多少退休準備金，別忘了自己已有軍公教保及勞保、勞退年金等基本生活保障的養老金。

表 1-3a. 儲蓄率（r）、提領率（wr）、投報率（i）與工作年數之關係（1／3）

@提領率（wr）=5%（假設 Po／w=20=1,200 萬／60 萬=2,000 萬／100 萬）												
儲蓄率（r）	2%(i)	3%(i)	4%(i)	5%(i)	6%(i)	7%(i)	8%(i)	9%(i)	10%(i)	12%(i)	15%(i)	18%(i)	20%(i)
10%	77.06	62.80	53.65	47.19	42.36	38.58	35.53	33.01	30.89	27.51	23.84	21.20	19.81
15%	59.78	50.12	43.62	38.88	35.25	32.37	30.01	28.03	26.36	23.66	20.68	18.51	17.35
20%	48.25	41.40	36.59	32.99	30.17	27.89	26.01	24.42	23.05	20.83	18.35	16.52	15.54
25%	39.82	34.83	31.20	28.41	26.19	24.37	22.84	21.54	20.42	18.57	16.48	14.91	14.07
30%	33.29	29.62	26.85	24.68	22.91	21.44	20.20	19.13	18.20	16.65	14.88	13.54	12.81
35%	28.05	25.33	23.22	21.52	20.11	18.93	17.92	17.04	16.27	14.97	13.47	12.32	11.69
40%	23.73	21.71	20.10	18.78	17.67	16.72	15.90	15.18	14.55	13.47	12.20	11.22	10.67
45%	20.10	18.61	17.39	16.37	15.49	14.74	14.08	13.50	12.98	12.08	11.02	10.19	9.72
50%	16.99	15.90	14.99	14.21	13.53	12.94	12.42	11.95	11.53	10.80	9.92	9.22	8.83

表 1-3b. 儲蓄率（r）、提領率（wr）、投報率（i）與工作年數之關係（2／3）

儲蓄率（r）	@提領率（wr）=4% （假設 Po／w=25=1,500 萬／60 萬=2,000 萬／80 萬）												
儲蓄率（r）	2%（i）	3%（i）	4%（i）	5%（i）	6%（i）	7%（i）	8%（i）	9%（i）	10%（i）	12%（i）	15%（i）	18%（i）	20%（i）
10%	86.09	69.28	58.71	51.35	45.89	41.66	38.26	35.47	33.12	29.40	25.39	22.51	21.00
15%	67.86	56.10	48.37	42.83	38.64	35.33	32.64	30.41	28.53	25.50	22.20	19.80	18.53
20%	55.48	46.90	41.04	36.72	33.40	30.73	28.55	26.72	25.16	22.63	19.84	17.79	16.70
25%	46.27	39.87	35.35	31.94	29.26	27.09	25.28	23.76	22.45	20.32	17.93	16.16	15.21
30%	39.04	34.22	30.70	27.98	25.81	24.03	22.54	21.27	20.16	18.35	16.29	14.76	13.93
35%	33.17	29.52	26.77	24.60	22.85	21.39	20.15	19.08	18.16	16.61	14.85	13.51	12.78
40%	28.26	25.50	23.36	21.64	20.23	19.03	18.01	17.13	16.35	15.04	13.53	12.37	11.74
45%	24.08	22.01	20.36	19.01	17.87	16.91	16.07	15.34	14.69	13.59	12.31	11.31	10.76
50%	20.48	18.93	17.67	16.62	15.73	14.95	14.27	13.68	13.14	12.23	11.15	10.30	9.83

表 1-3c. 儲蓄率（r）、提領率（wr）、投報率（i）與工作年數之關係（3／3）

儲蓄率（r）	@提領率（wr）=3.33% （假設 Po／w=30=1,800 萬／60 萬=2,000 萬／66.6 萬）												
儲蓄率（r）	2%（i）	3%（i）	4%（i）	5%（i）	6%（i）	7%（i）	8%（i）	9%（i）	10%（i）	12%（i）	15%（i）	18%（i）	20%（i）
10%	93.74	74.71	62.93	54.81	48.82	44.20	40.51	37.49	34.96	30.96	26.66	23.59	21.98
15%	74.82	61.18	52.37	46.14	41.46	37.80	34.84	32.39	30.33	27.03	23.45	20.86	19.50
20%	61.80	51.63	44.82	39.88	36.11	33.12	30.68	28.64	26.91	24.13	21.07	18.84	17.65
25%	51.99	44.26	38.91	34.94	31.86	29.38	27.34	25.62	24.16	21.78	19.13	17.19	16.15
30%	44.21	38.28	34.04	30.83	28.29	26.23	24.52	23.07	21.82	19.77	17.48	15.77	14.85
35%	37.81	33.24	29.88	27.28	25.20	23.49	22.05	20.82	19.75	18.00	16.00	14.50	13.69
40%	32.41	28.91	26.25	24.16	22.45	21.03	19.83	18.79	17.89	16.38	14.65	13.34	12.63
45%	27.78	25.10	23.02	21.35	19.96	18.79	17.79	16.93	16.16	14.88	13.39	12.25	11.63
50%	23.73	21.71	20.10	18.78	17.67	16.72	15.90	15.18	14.55	13.47	12.20	11.22	10.67

美國「FIRE 族」
的致富之道

　　為了掌握「錢到底花到哪裡去了？」，《Your Money or Your Life》作者，建議除了將支出分為食物、房屋、交通、衣服、娛樂、教育及保險等大項外，每一大項之下還要細分為許多小項，以食物為例，可細分為外食（早、午、晚餐）、自炊（米、菜、肉、牛奶、水果…）、朋友聚餐、家人外食、保健食品、零食、咖啡、冷飲…。

　　保險的支出，細分為意外險、定期壽險、投資型保險、耳鼻喉科門診、皮膚科門診…，每天記錄每筆支出、收入（月薪、年終獎金、期中獎金、父母贈予 50 萬元、發票中獎 2,000 元…）的流水帳，然後每月底再將日報表整理成月報表，以便準確地反應支出的去處，再檢討哪些費用是奢侈性或衝動性的支出，做為下個月改進的依據。

　　此外，作者建議以 A2（42×60cm²）或 A3（30×42cm²）的方格紙，繪製如圖 1-6 的收入線、支出線及投資獲利線趨勢圖，當每月之支出線與投資獲利金線達到交叉點（Crossover Point）時，就是財務獨立（Financial Independence, RI）的起始點」。

　　所以，致富之道無他，節儉生活第一優先，再談穩健投資，從「現在」到「N 年後」的財務獨立，只是遲早的問題而已。圖 1-6 只是示意圖例，尤其是投資獲利線，除非是按月領息，否則可能是半年或

是一年才會知道結果。

圖 1-6. 每月（收入、支出）趨勢圖&財務獨立交叉點

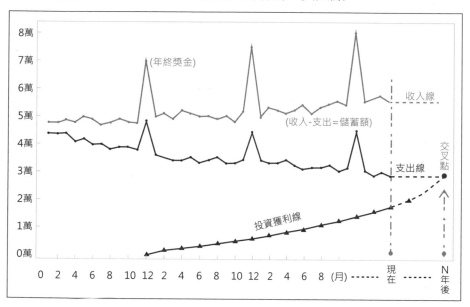

曾經有「FIRE 族」表示，在達到交叉點時，雖然高興，卻對突如其來的「財務獨立」感到不知所措，真的要辭職嗎？卻又不知道如何面對不上班後的自由時間，退休後，會不會又面臨經濟衰退期，導致被動收入減少？例如，銀行的定期存款利率，由 1990 年的 9%逐年下降至 2021 年的 0.9%。因此，宜再經過一年的「沉澱期」，確定支出額及獲利額穩定之後，並與配偶／家人擬定退休生活規則，確定未來的生活目標後再下決定。

《Your Money or Your Life》作者，書中不時的提醒「儉約生活、環保愛地球」的理念，僅在最後一章（第九章）談到投資，把存下的錢當成資本（Capital：Money that makes more money.），做為代替你「工作賺錢」的「非上班」工具，然而，不宜存有中樂透、玩當沖等一夕致富的貪念，永遠要以「獲利安穩睡、資本不虧損」為優先考量。

作者之一 Joe 退休前是股票分析師，他雖然靠股票賺了錢，但令人意外的是，他在書中並未鼓勵投資股票，反而僅建議安穩的做法，把資本投資在「（資本）絕對安全，（利息）收入穩定」的中長期政府公債（每半年領息一次），而不建議把資本交給只想賺你巨額佣金的理財顧問去操作，強調個人的資產管理，別假理財專員之手，自我學習長期投資理財的技能，即可細水長流、安穩獲利。

　　在第一版書出版前後的 1980～1995 年代，美國政府 10 年／20 年期公債的殖利率多在 9%～15%之間，靠著 9%以上的利息收入，在當時確實可以退休樂活，然而，在 2018 年版的第九章中，已修正了「只投資中長期公債」的觀念，認為作者 Joe 靠中長期公債獲利而生活的時代已經過去，因為美國政府中長期公債的殖利率，已由 2010 年的 10%，逐年降至 2021 年的 2%以下，雖然 2022 年 10 月已回升到 4%以上，但是否持續回升？何時可恢復殖利率 9%以上的榮景，無法樂觀以待。

　　因此，在 2018 年版的書中，為了加速投資獲利的速率，「中長期公債」不再是投資標的的首選，而是建議仍在上班的「FIRE 運動」追隨者，盡可能加入可安穩獲利之私人企業提供的 401（k）退休計劃和個人的 IRA 退休帳戶，再加上定期投資的平衡型共同基金、指數型基金、指數股票型基金（ETF）、不動產或合夥生意等投資方式，書中也提到，財務獨立之後，應學習（長期）投資理財知識，要多元化投資，尋找不需時時看盤的低風險投資工具，避免如權證、期貨及短線進出股市等高風險的短線投資方式。

　　2018 年版的書，強調本書僅是基於作者及財務獨立成功者的經驗談，提供基本的低風險投資原則，作者認為「財務獨立」（即支出與投資獲利達交叉點）之後，更應謹慎，把風險降至最低，並極大化投資收入，確保投資資本的被動收入要高於支出額，投資組合中，中期（5～10 年）公債仍舊不能少，只是應降低持有比例，以防萬一公債利率持續上升，在期滿時可轉買新的高利率公債，或者（標準普爾）信

用評等在 BBB 級以上的債券基金、平衡型共同基金、指數（股票）型基金等風險較低的基金（詳見第 5 章）。

有人在「財務獨立」之後，會投入一部分資金與人合夥做生意（Venture Capitalist 創投投資者），不過，成功及失敗的案例均有，也有人投資不動產，Joe 和 Vikki 也曾與友人合買辦公室兼住宅，Vikki 說她賣出持分之後，賺了 2 倍多的獲利，之後也陸續以現金買賣了 3 間房，除了自住，還可以出租。

在美國網路上也有許多「FIRE 族」分享投資理財之道，靠退休後學習的新技能（木工、修繕房屋、種植蔬果、程式設計⋯）當副業，以副業賺取更多的被動收入，畢竟，提早退休之後，必須找出消遣時間之非定期上下班的工作或娛樂。

美國的 401（k）退休計劃（Retirement Plan）與 IRA 個人退休帳戶（Individual Retirement Account）是由政府監督的勞工個人退休帳戶，雖然對於存入金額與領出時間有限制，但是，有減稅／免稅等誘因，算是低風險的投資工具，401（k）及 IRA 均是委託私人投資公司營運管理，目前平均年投報率約為 6%～8%，但是最大的缺點是 59.5 歲以後才可以提領，若提早領出，不僅有罰款，還要補稅。

由此可知，401（k）及 IRA 退休計劃的設計是長期投資使用，對於有退休理財計劃的美國勞工，多會選擇參加 401（k）或 IRA 計劃，或同時加入此兩種退休計劃。美國私人企業的 401（k）之福利政策各有不同，例如，當你自提 1,000 美元存入時，有些公司會以 1：0.5 比例，幫你存入 401（k）帳戶，有些可能只以 1：0.25 比例提撥，或者不補助（1：0），所以，勞工也會以「401（k）福利」作為去哪一家公司上班的考量因素。只是，中小企業多不提供 401（k）退休計劃，並非所有的美國勞工均有機會加入 401（k）退休計劃。

「401（k）退休計劃」類似台灣官方版之勞退新制的「自提 6%」

（第 3-4 節），是希望勞工在上班期間，養成儲蓄習慣，交由符合政府法規的專業機構執行投資，以彌補官方版退休年金制度之不足。

股素人在 1970 年代，曾在某上市的大公司工作時，即有類似 401（k）的員工福利政策，每月由薪資中扣 5%～10%薪資，公司再加 15%（利息），並在公司增資時，會以優惠價鼓勵員工認購，條件是離職時才能賣出股票；股素人在上班 9 年多之後，就靠著此存款及股票，才能毅然辭去工作，到美國攻讀碩士，事實上，有不少大企業，均有「員工福利金」的類似方案。

目前也有不少的上市大企業，如中華電、宏碁、友達、台積電、台灣大等，推出更有保障的「員工持股信託方案」，一方面留住人才，一方面鼓勵員工儲存退休金。在此建議有幸在此種大企業上班的勞工，宜參加此種優惠的「員工持股信託方案」，利多於弊，即使將來離職時，股價處於低價期，耐心等待股價回升再賣出，可獲利 2 倍以上，或者年年領股利，提早「財務自由」。

然而，美國人多不愛儲蓄，依聯邦準備理事會（Federal Reserve System Board of Governors）於 2021 年 5 月公佈的 2020 年調查報告，約 25%的人完全沒有任何退休存款，因為他們認為政府的社會保險（Social Security）及養老年金（Pension）即可過活，美國勞工在 65 歲退休時，年金收入大概約 15,000～25,000 美元之間，2021 年美國的貧窮基準線為 12,880 美元／人／年，約有 13%的美國人生活在貧窮基準線以下，依賴政府的津貼及食物券過活。

依美國的統計資料，在 2021 年時，401（k）帳戶餘額達 100 萬美元的勞工有 41.2 萬人，IRA 有 34.2 萬人，是屬於等待退休的有錢人（淨資產≧100 萬美元），以平均年化報酬率 7%、平均年薪 60,000 美元及提撥上限 15%計算，參加 401（k）退休計劃的人，約在三十年後就能成為百萬富翁。依「瑞士信貸年全球財富報告」，2021 年全球百萬富豪人數為 5,610 萬人，2021 年美國百萬富豪約 2,200 萬人，約占美

國總人口 3.34 億人的 6.6%，台灣有 60.9 萬人，占總人口（2,326 萬人）的 2.6%。

401（k）退休計劃是自願性選項，只是選項設計是「如果不勾選「不參加」的話，就視同「自願參加退休計劃」，所以，可參加 401（k）退休計劃的美國勞工，高達 90%以上的人會加入 401（k）退休計劃；台灣的（新制）勞退年金，其中的「自提 6%」選項，如果勞工不勾選的話，則視同放棄，這應是已實施了 17 年的「勞退年金自提 6%」計劃，僅約 82 萬人（12%）的勞工選擇「自提 6%」的主因。

依行政院主計總處的公告，2022 年 7 月時，美國及台灣的通膨率（CPI）分別為 8.5%和 3.4%，「CPI 2%」是國際公認的「紅色警戒線」，若受到高通膨率的影響，則晚年可能有退休生活費用不足的壓力，所以，想要「財務自由、提早退休」，必須儘早將儲蓄金額做適當的穩健投資（6%～8%投資報酬率），「提早退休」才可能實現。

「FIRE 運動」支持者依「每年提領 4%法則」，除了保留一部分（6 個月生活費用）作為緊急備用金外，大部分則用來投資中長期的股票及債券，以期望每年有 6%～8%的投報率，其中 4%當生活費，而 2%～4%則讓資產繼續增值和抗通膨用。

2021 年美國的平均 GDP 是 68,309 美元，平均年薪 53,384 美元，年薪 75,000 美元即算是高所得者，而美國對有錢人（Richman）的定義是：「淨資產（總資產－負債、貸款等）≧100 萬美元」，所以，「FIRE 運動」追隨者的折衷做法是將「4%法則」調整為「3.5%」，或者將「25 倍法則」調整為「30 倍法則」，以家庭平均年支出 35,000 美元計算，退休準備金約相當於資產淨值 100 萬美元（有錢人）。

「FIRE 運動」最常被批評的論點是：「FIRE 運動」不適合低薪族，大概是較適合年薪 6 位數（≧10 萬美元）的上班族，不過，換個角度來看，低薪族的生活開銷多較低，只要認同「減少消費、提高儲

蓄額的理念」，改以「提早 10 年（55 歲）退休」為目標，照樣可以依「4%法則」，達到樂活目標。National Study of Millionaires 的研究報告指出，1／3 之百萬富翁的年薪低於 10 萬美元，也就是，並非只是年薪 10 萬美元以上的高所得者，才有機會成為百萬富翁。

「FIRE 運動」追隨者，是有明顯目標的實踐家，他們不僅在上班工作時，也在提早退休之後，均力行「拒絕過度消費、力行儉約生活」的理念，是反消費主義者（Anti-consumerism）的先驅，對政府而言，是促進經濟發展的障礙，但是，對於「節能減碳愛地球」的環保團體而言，絕對是應效法的典範。

消極的「躺平主義」和積極的「FIRE 運動」，看似兩極化的生活態度，卻有「低物慾」與「低消費」的共通點，「低消費」雖然是低 GDP 因素之一，但是，如果逆向思考的話，「躺平主義」和「FIRE 運動」的「低物慾」與「低消費」行為，不就是「節能減碳、愛地球」的具體作為嗎？這也是在「Your Money or Your Life」作者隨時提醒讀者，只有低消費才能真正的降低對地球生態破壞的原因。

依「4%法則」，至少在退休前要存足 25 倍的「年開銷金額」，然後再以此退休存款之 4%投報率的金額來過生活，因此，儲蓄金額不會減少，也就是說，（提早）退休理財的目標是「本金會增值，獲利夠生活」。賺夠退休老本，就不再「朝九晚九」（每天上班 12 小時），為五斗米折腰而拼命賺錢、存錢，所以，當半躺型／微躺型躺平族，有何不可？畢竟已經努力（貢獻社會）過，接下來是要過自己想要的生活、做自己有興趣的事。

若依「4%法則」來推算，第 1-1 節之坂口先生花 33 年時間存下 83.3 倍生活費（120 萬圓／年），以他的平均年收入 450 萬圓計算，其儲蓄率應高達 73.3%。不過，有不少人退休之後，頓失生活目標、無所事事，導致夫妻失和而離婚，日本社會即有一名詞「熟年離婚」，指 55 歲左右的上班男性，提早退休也不幫忙做家事，導致夫妻失和、太

太求去，因而產生「熟年離婚」的用語，顯然，坂口先生也逃不過「熟齡離婚」的魔咒。

　　賺錢的目的，不是為了累積財富，而是為了生活更美好，奢侈的生活是美好生活的象徵嗎？不是，樸實生活才是環保與永續兼顧的理想人生。買東西前先三思是「想要」還是「需要」，「想要」是奢侈，「需要」是樸實，樸實就是節儉，節儉就能積少成多、累積資產，進而執行有效的投資，才能加速達成財務自由的目標。

「FIRE 運動」
台灣行不行？

　　因為國情民俗及地域環境的不同，美國 FIRE 族的許多方法不適用於台灣環境，例如，美國有供停放露營車、拖車屋的停車場，台灣沒有；美國公司多提供免費咖啡，台灣公司沒有，頂多是投幣販賣機；美國父母有事外出時，可請鄰居的高中生當保姆，照顧留在家裡的 6 歲以下小孩；美國學生也可幫有錢人顧家、遛狗、洗車、修剪庭院花草等賺外快，台灣父母不會讓自己的小孩做此種事。

　　台灣父母在談子女教養經費時，從出生到大學（碩士）畢業隨便一算，每位小孩的教養費用多是 300 萬元起跳；但是，美國父母在考慮子女教養經費時，多只計算到高中畢業為止，美國小孩一旦上大學，多會離家外宿、自食其力，靠打工及獎學金過活，前述的作者「錢鬍子先生」說他上大學時，父母贊助他一萬美元，已算是相當幸運了。

　　美國父母養小孩是義務，台灣父母養小孩是終身責任、死而後已，美國父母退休時可僅依靠退休年金過活，而台灣子女「可能」還要給父母奉養金，依衛福部的通報，如圖 1-7 所示，台灣退休老人的生活費來源，在 2013 年以前子女奉養比例一直維持在 43.9%以上，到 2017 年已降至 24.3%，由於少子化的趨勢，加上教育思維的改變，約

在 2035 年左右，台灣的子女奉養率應也會降到 5%以下（2017 年時日本的子女奉養率為 3.3%，美國調查報告則無此選項）。所以，在 1970 年以後出生的退休者，可能領不到子女的奉養費，自己應思考如何存足退休金。

圖 1-7.（日本／台灣）老人生活費來源的**子女奉養**比例趨勢

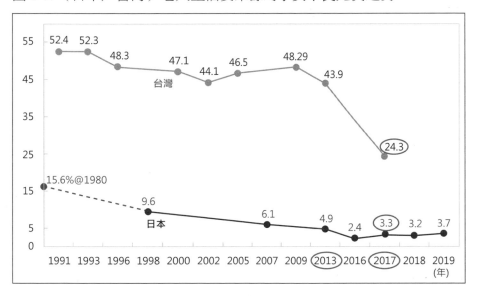

出處：1.台灣：衛生福利部／老人狀況調查報告（灰色）
　　　2.日本：a.金融広報「家計の金融行動に関する世論調査」（黑色）
　　　　　　　b.內閣府「高齡者の生活と意識調查報告」（本書製圖）

　　　在《Your Money or Your Life》的 1994 年第一版書中，作者曾列出 101 條的省錢絕招（101 Sure Ways to Save Money），但是，其中很多已不合時宜，在 2018 年的更新版時已全數刪除，僅剩下「十項省錢之道」摘要；而日本坂口先生的「77 項絕招」，有許多是個人的習性問題，並非每個人均做得到，不過，可找到這 2 本書的共通點，就是「想要省錢，必須從改變世俗的生活方式做起」。在網站上，只要搜尋「Ways to Save Money」或「省錢方法」，就可查到上百種的「省錢之道」，並不必照單全收，可挑選適合自己現況的做法。

在網路上，經常會出現不同媒體單位的「投資理財」民調報告，常見的投資工具是①銀行（定存）、②股票、③基金、④ETF、⑤不動產、⑥外幣、⑦債券及⑧保險等，每一種投資工具，均有人賺錢、有人虧損。投資必有風險，投資工具的應用因人而異，唯有銀行（定存）算是最低風險的安穩投資。

前 6 種投資工具，只要是想投資理財的人都知道，只是是否採用而已，第⑦項債券，國內的上班族比較少用，基本上，債券是僅次於銀行（定存）的低風險投資工具，台灣小額投資人可在指定的 104 家郵局，購買 10 萬～150 萬元的中長期（5～30 年）公債，利息固定，到期時至少可領回本金（不虧本）。

在 2000～2021 年間，利率長期看貶的期間，買政府公債尚可能賺到「低買高賣」的價差，但是，此時正值（停滯性）通膨率上漲期，銀行利率亦隨之看漲，想以公債當投資工具者，宜等到利率穩定後再進場。《Your Money or Your Life》作者之一的 Joe，在其提早退休之後，就幾乎全投資於（6～20 年）的中期公債，靠著當時 8～12%的利息收入就足夠生活用。

⑧「保險」，是台灣人常用的投資工具之一，然而，在「FIRE 運動」相關書籍、論壇的省錢絕招，卻看不到「保險省錢法」，在第一版的「Your Money or Your Life」書中，曾列舉了 101 條省錢絕招，其中對保險提出的建議是「檢討您的舊車及壽險的保費是否太高」，而日本的坂口先生從未買任何商業保險，足見保險費應屬於「支出」，而非投資獲利的工具。

保險業務員的經典教條是：「10%年薪買保險，10 倍年薪當保額」，買多保險 ≠ 買對保險，在拙作中就舉例說明，只要年繳保費 15,000 元，就可買到 ≧（500 萬元壽險＋日額 5,000 元住院醫療險），為何要花 10%年薪去買低保障的壽險？保險／投資分開做，保障／獲利才能加倍得，兼顧家人保障與實現提早財務自由的目標。切記「保

險三訣：錢花刀口上、保大不保小、救急不救窮」！

　　理財雜誌及電視節目，經常報導一些在股市投資而「財務自由」的案例，畢竟是少數，有些理財專家之作者、名嘴，說他們 45 歲或 50歲就「離開職場，財務自由」了，這應該是真的，很令人羨慕，但千萬別當真。

　　這些理財專家們「離開職場，財務自由」，並不表示「不再工作而享受退休生活了」，只是不再正常「朝八晚六」上下班而已，反而更忙碌；白天看盤、做分析、趕（電視台）通告、排演講、寫專欄、經營部落格，回讀者問題，深夜還得看美國股市變化，作為明天股市買賣之參考。成為專職理財者，或許時間較自由，但不會變輕鬆，而且投資理財並非穩賺不賠，生活壓力或許反而更大。

　　另一個現實問題：不管是低薪族或高薪族，當你財務自由而想提早退休時，必須先想一想，已工作 10 幾 20 年，累積下來的軍公教保、勞保及退休年金，要如何處理？以新制勞退年金為例，目前需等到 65 歲，才可足額按月提領。目前的勞退年金是以退休前最高 5 年的平均年薪計算，一旦提早退休，退休年金要如何計算？而且政府政策隨時會改變，目前已放出「要以退休前 20 年的平均年薪計算」的風向球，真當要放棄存了 10 幾 20 年的政府版的退休金嗎？

　　此外，除非是不婚族或頂客族，當在 55～60 歲時，子女要求你贊助購屋頭期款時，付得起嗎？還是當「下流老人」向子女要求奉養費？2020 年台灣的初婚年齡男 32.3 歲、女 30.3 歲，30～40 歲正是人生開始打拼的黃金期，所以，提早財務獨立（FI）或許做得到，但是，提早退休（RE）過自己想過的生活，除非國人觀念改變，否則在台灣應該仍然是行不通的。

　　減少消費就能減輕負債，存下較多的錢，不再為錢而忙碌傷身，開始為自己和家人的人生價值而活，「操勞工作，換來奢侈消費」是

快樂的泉源嗎？買了房子，堆了許多僅用一、二次的廢物，成為為了付清房貸而工作的房奴。上班（工作）的意義，不在於成為有錢人，而是在於追求達到「財務獨立、時間自由」的目標。

「朝七晚九」的上班族，早上七點出門，晚上九點才回到家，不管是熱愛工作還是打混過活，並不是「謀生」，而是在「找死」，「要錢？還是要命？」，如果兩者都要，就得開始力行樸實的儉約生活，一步一腳印，先存下半年生活費之後，再來談投資理財。

想要「財務自由、提早退休」？先想清楚「退休之後要如何打發無聊的時間」！上班忙得半死，回家往沙發躺，由「TGIF：Thank God It's Friday」及「Blue Monday」的美國俚語，就可以知道對大多數上班族而言，「工作，是為週末及假日而活」，「上班，是不得不以生命換取金錢的無奈工作」！

美國的 FIRE 族，是屬於先苦後樂的積極型早退族，希望比法定退休年齡（65 歲）提早二、三十年（40±5 歲）退休，不再為五斗米折腰，過自己喜歡的儉約生活。台灣的年輕人可以學美國「FIRE 族」的儉約生活，追求提早「財務獨立（FI）」，至於「提早退休（RE）」，則得考慮清楚！現在年輕人流行「先有房、再結婚」，60 歲左右的父母，可能至少得贊助子女買房的頭期款。

依美國聯邦儲備銀行的（U.S. Federal Reserve System）的調查報告顯示，在 2019 年美國家庭的存款中位數為 5,300 美元，如表 1-4 所示，美國 65～74 歲退休老人的存款中位數僅 8,000 美元（約新台幣 24 萬元），而（私人）退休帳戶中位數也不高，僅 164,000 美元（約新台幣 492 萬元），合計為 172,000 美元（新台幣 516 萬元）。可能原因是，美國上班族不需贊助孩子買房（付頭期款），因此，靠著政府版的社會保險（Social Insurance）及養老金（Pension），即可過個健康的退休樂活生活，如表 1-4 之自己私人的儲蓄退休金，僅做為不時之需用。

表 1-4. 2019 年美國家庭之存款餘額及退休帳戶餘額

年齡	存款中位數	退休賬戶中位數
Younger than 35	$3,240	$13,000
35 to 44	$4,710	$60,000
45 to 54	$5,620	$100,000
55 to 64	$6,400	$134,000
65 to 74	$8,000 +	$164,000 = $172,000
75 and older	$9,300	$83,000

註：中位數：**50%**的人低於此數值。
資料來源：https://www.firstrepublic.com/articles-insights/

美國有人提出「年齡×年收÷10」做為衡量儲蓄存款的標準；例如，40 歲且年薪 10 萬美元的人，至少應有 40 萬美元（40×10÷10）的存款（遠高於表 1-4 的中位數）。若轉為台灣的行情，則 40 歲且年收入 70 萬元的上班族，儲蓄存款至少應有 280 萬元（＝40×70÷10），60 歲且年收入 100 萬元的上班族，則至少應有 600 萬元（＝60×100÷10）的存款。然而，以台灣的政府版退休年金及民情狀況來看，如果沒有投資獲利的足夠被動收入，則退休時，可能活得膽顫心驚，更別談可能要贊助子女買房的頭期款。

台灣上班族約需多少退休準備金？如表 1-5 所示， 2020 年時，台灣平均之家庭年支出為 1,091,795 元（含非消費性支出 276,695 元及消費性支出 815,100 元），所以，推算出退休準備金為 2,729.5 萬元（25 倍）～3,275.4 萬元（30 倍）；2,700 萬～3,300 萬元的退休準備金可能會嚇壞許多 40 歲以下的上班族。其實，1,091,795 元是家庭之平均年支出，應再除以 2（夫妻 2 人收入）。

所以，每位上班族的退休準備金，約為 1,350 萬～1,650 萬元，若取中間值，台灣上班族可以 1,500 萬元當退休準備金目標，退休後以每年 5% 的股利收入為基準，則每月有 62,500 元（≒1,500 萬元

×5%÷12）的被動收入，來補強政府版退休年金之不足。

表 1-5. 歷年平均每戶家庭收支狀況調查表

平均每戶 每年	戶內 人口 （人）	所得 總額 A（元）	非消費性 支出 B（元）	可支配 所得（元） C=A-B	消費性 支出 D（元）	儲蓄 （元） E=C-D	儲蓄率 （%） F=E÷C	自有住宅 率（%）
2011 年	3.29	1,157,895	249,907	907,988	729,010	178,978	19.71	84.58
2012 年	3.23	1,176,877	253,293	923,584	727,693	195,891	21.21	85.77
2013 年	3.21	1,195,566	253,358	942,208	747,922	194,286	20.62	85.34
2014 年	3.15	1,213,703	256,854	956,849	755,169	201,680	21.08	84.01
2015 年	3.10	1,224,600	259,705	964,895	759,647	205,248	21.27	84.23
2016 年	3.07	1,253,389	260,274	993,115	776,811	216,304	21.78	85.36
2017 年	3.07	1,292,578	273,637	1,018,941	811,670	207,271	20.34	84.83
2018 年	3.05	1,310,447	274,143	1,036,304	811,359	224,945	21.71	84.52
2019 年	3.02	1,335,845	276,114	1,059,731	829,199	230,532	21.75	84.70
2020 年	2.92	1,356,343	276,695	1,079,648	815,100	264,548	24.50	84.68

註：非消費性支出：如稅金、社會保險、房貸利息、捐贈及其他移轉支出。
資料來源：中華民國統計資訊網／主計總處統計專區／家庭收支調查報告

Chapter 2

儉約生活三步曲：斷捨錢坑、改變習慣、儲存 3 成薪

01

「儉約生活」理念：
Save Money、Save Earth！

看了一些美國成功「FIRE 族」的臉書及網站等，發現「FIRE 族」有二種，第一種「FIRE 族」確實是從零開始的上班族，仿效「Your Money or Your Life」提倡儉約生活的做法，親身力行，再做安穩型投資，等被動收入大於支出時，在 40 歲前即提早退休。

第二種成功「FIRE 族」，多是 40 歲以上的公司老闆，受到「FIRE 運動」的啟發，突然覺得自己拼命賺錢、無時間陪家人，光是投資獲利就嫌太多，於是決定賣掉公司，停止正常上下班，開著遊艇或露營車到處旅遊，並在臉書及部落格上，公開自己的旅遊日記，供人點閱，又成為另一種被動收入。

第二種的「FIRE 族」，並未力行儉約生活，但是，被動收入高於日常支出，所以，無可厚非。一般上班族或許很羨慕第二種「FIRE 族」，又嫌第一種「FIRE 族」的儉約生活很難做得到，那就退而求其次，當微躺型／半躺型的躺平族吧！畢竟，裸退之後，可能很無聊（股素人經驗），股素人退休之後，就把生活目標轉為寫作、健行、運動及當孫子的大玩偶，以免老人痴呆症提早上身。

「儉約」曾經是傳統知足社會的指標，但是，已逐漸從目前世俗

的主流社會中消失，追求富裕物質生活已成為新的消費文化，政府除了「節約用水、隨手關燈」之外，已不提倡「節儉美德」的觀念，在經濟不景氣時，即濫發三倍券／N倍券來促進消費，由此可知「節儉不再是美德」，反而成為經濟成長的障礙、GDP的殺手，「儉約生活」只是一種自我肯定、自我修行的生活智慧，為自己提早「財務自由」而努力，期盼未來能過自己真正想要的生活方式。

2010年，《斷、捨、離》一書在日本出版後，蔚為風潮，「斷、捨、離」隨即被選為日本的流行用語，之後，作者山下英子又出了多本相關的「斷、捨、離」書籍，有多國語言譯本，並經常上媒體節目，因而在世界各地普及發展，創出了「收納顧問」（Declutter Consultant）的新行業。迄今，「斷、捨、離」在日本仍普受矚目，因為許多家庭有「雜物堆滿屋」的問題，2022年4月退出台灣市場的日本「WAKUWAKU JAPAN」電視台，還每週播出頗受歡迎的「斷捨離達人到我家」節目。

「斷捨離達人到我家」節目，有時會追蹤報導成功「斷捨離」之後的家庭，發現做得到「斷捨離」的人，就已轉變為能夠「自我管理」的人，能夠「自我管理」的人，就是能夠「儉約儲蓄」的人；反之，需要「斷捨離」的人，多是無法控制購買慾、接近零存款的月光族。

另一位「斷、捨、離」名人是近藤麻理惠小姐，也出了不少書，因為移民到美國，故在美國現場指導許多家庭的「斷捨離」，其2014年出版的第一本著作《The Life-Changing Magic of Tidying Up》（日譯本《人生がときめく片づけの魔法》，中譯本《怦然心動的人生整理魔法》），成為紐約時報暢銷書排行榜第一名，也被日本讀賣電視台拍成電視劇，穩坐「收納教主」寶座，並登上《時代雜誌》封面，2015年入選《時代週刊》的全球百大最具影響力人物（Time Magazine's 100 the most influential people）；「Netflix」平台也推出她的實境秀節目（Tidying Up with Marie Kondo），擁有高收視率，並曾

回到日本上 50 次以上的電視節目，足見「斷捨離」的風潮與影響力。

　　「斷絕不需要的東西、捨棄多餘的事物、脫離對物品的執著」；套用「斷捨離」的家庭空間整理術，我們依自認為節儉的生活方式，把「儉約生活」分為三步曲：（一）斷捨錢坑、（二）改變習慣及（三）儲存 3 成薪；斷捨錢坑就能降低生活所需費用，改變習慣就能節省支出，儲存 3 成薪就能加速累積財富，提早財富自由。

　　本章的「儉約生活」僅提我們做得到的「3 大綱 36 則」的大方向，姑且稱為「儉約生活 336」，至於更細微的小項，如不用淋浴改用盆浴（先把水放在桶內，再杓出來洗頭淋身方式，股素人實測只需 9 公升水）、冷氣節電等細項，就只能自己體會或參考能源局網站的「家庭節約能源寶典」、「省電 36 計」及「能源小知識」等節能減碳宣傳手冊。

　　為了救經濟的大原則，政府以 N 倍券、班班有冷氣等政策，來促進消費，顧的是大方向，只是不符合「節能減碳」的方針，在能源局的「家庭節約能源寶典」的前言中，有如下一段話：「拯救生病的地球：地球生病了，在人類大量使用化石燃料後，引發全球暖化與氣候變遷，身為島嶼國家的臺灣，亦感受到氣候變遷所帶來的威脅！而氣候變遷所產生的許多現象，包括大規模地震、颱風、颶風、暴雨及海嘯等極端現象，讓我們驚覺再不替地球把脈醫治，地球就要病入膏肓了」。

　　但是，政府的政策（世界各國均同）卻與「拯救地球」的宣言背道而馳，由 1997 年 12 月的「京都協議」（溫室氣體排放標準）開始，歷經地球暖化、氣候變遷、極端氣候等文字遊戲，一直到 2022 年 3 月的漂亮新口號「2050 年淨零碳排」（屆時負責人早就不在位了），做不到的宣言，就自圓其說、找理由往後延，禍留子孫。

　　此外，大企業宣稱將在 2050 年以前達到「淨零碳排」的目標，是要用錢買綠電，並非真正的降低用電量，有錢就可以排碳，地球將因

人類的貪婪與破壞，而不再適合人類居住，不知「明天過後」的真實版何時上演？

在增加「風力發電及太陽能發電」之裝置容量時，政府可曾告訴民眾日益增加的工業用電中，有多少是用來生產製造「再生能源設備」用的？股素人曾參與某風力發電設備製造廠的恆溫濕空調工程，為了製造生產風力發電設備，就花了一億多元設置 1,200 冷凍噸（每小時耗電約 1,500 度，一天 8 小時就耗掉 12,000 度電）的中央空調設備。此外，那些為了製造「再生能源設備」的廢棄物及汰換下來的老舊「再生能源設備」，又造成多少的地球生態環境破壞？

小老百姓不用知道也罷，對上班族而言，最現實的是，如何以「儉約生活」來顧好自己的錢包才重要；「儉約生活 336」初期，確實需要一段適應期，「山不轉路轉，路不轉，自己轉」，經過一段不容易的「陣痛期」之後，習慣成自然；反之，若不想斷捨、改變和儲存，就只好忍受月光族的生活方式了。藉由斷捨不用或多餘的物品，才能意識到自己以前有多浪費、花了多少冤枉錢，才能進一步的改變（浪費）習慣，因而減少支出，相對的，也就增加了儲蓄額。

日本東京電視台有一綜藝節目，製作一系列的「居家斷捨離」（お家をダイエットする企画）特輯，不同於「斷捨離達人到我家」的斷捨離節目，是將一個家庭經「斷捨離」之後的所有東西，放在卡車上秤重；其中最引人注目的第三集，是 2020 年 3 月 20 日播出的「お家を丸ごとダイエット～家のモノぜんぶ出す!～」，二戶共 9 人的家庭，共清出約 10 噸的物品，然後載到東京電視台攝影棚，展示所有的「斷捨離」物品，現場當二手物品拍賣，均一價 500 日圓，供民眾購買，再統計賣出多少錢，未賣出的物品再回收處理，往往會讓觀眾大吃一驚，有多浪費！

另外一個令人印象深刻的「斷捨離」特輯，為朝日電視台於 2017 年 5 月 4 日播出的バラエティー番組「ダウンタウンDX」節目，內容

是日本老牌知名演員高橋英樹的斷捨離，用可載重 4 噸的卡車、分 8 趟，共清出 33 公噸的「斷捨離」物品，包含電視 7 台、西裝 1,000 套、鞋子 150 雙、錄影帶 1,000 支、DVD 980 片…。高橋英樹說：「這 33 噸的物品，歷年來約花了一億日圓所購買的，而運送搬離的卡車費用超過 100 萬日圓，令來賓驚訝不已。

「儉約三步曲」的①斷捨錢坑→②改變習慣→③儲存 3 成薪，知易行難，萬事起頭難，就從居家空間的「斷捨離」做起，把 3 年（或 5 年）完全未用過（未碰過）的物品，全部斷捨、回收，或者先自行上網拍賣，「自己的廢棄物可能是他人的寶物」，確實如此，我曾在拍賣網賣過手推車、兒童玩具、小家電及小傢俱等，售價還可達原價的 6 折（原有包裝盒還在，較能賣好價錢）。

此外，「儉約生活」必須全家一起來，否則就存不了錢，（1）你自己節儉嗎？（2）你的配偶節儉嗎？（3）你的子女節儉嗎？缺一不可。

有這麼一則笑話：先生早上出門上班前，太太說：「老公，今天是你生日，我下午去幫你買禮物，慶祝一下」，老公心存感激，結婚多年，老婆還記得自己的生日；先生下班回來，太太在廚房大聲說：「老公，我幫你買一條領帶、一條皮帶、一雙襪子，祝你生日快樂，禮物放在客廳桌上」，先生打開購物袋，拿出領帶、皮帶及襪子之後，下面還有一個鞋盒，以為是老婆為自己買的一雙新鞋，打開一看是女鞋；老婆接著說：「鞋子是幫我自己買的，跟你一起慶祝生日」，先生一看發票明細表，自己的三樣禮物合計 1,200 元，老婆一雙鞋 3,600 元，差點沒暈倒！

「儉約」若未做妥準備，就急發誓要每月儲蓄 50% 月薪的人，最後終將淪為三分鐘熱度而失敗，這跟不少發誓要減肥的人一樣，受不了食物的誘惑，冰箱食品、櫃內零食總是滿滿的，未下決心斷捨多餘食品即力行減肥，減了 N 次之後，就歸咎於體質因素而放棄了，胖者恆胖。

股素人在婚前，除了正職上班外，也利用夜間及週日（當時只週休一天），在補習班教冷凍空調本業的考照班及冷氣修理工作，以增加收入，婚後也是租屋而居，約婚後第 4 年才買了公寓，房貸上限是房價的 4 成。當時也不知道如何力行「儉約生活」，只知道「不用最省、要用減半」，一切從簡（儉），股素人每個星期天都會記錄電錶度數，確定每月的用電量不超過某級距而需繳較多的電費。這樣地省吃儉用了 9 年多（不會任何投資），賺的錢全放銀行定存，才存下足夠的錢，在 35 歲時，到美國攻讀碩士。

　　「儉約生活」並非要你過著貧窮基準線或中低收入戶的生活，而是要你調整適量的支出，人類自出生以來，到回歸塵土之數十年之間，就是在消耗地球的原始資源，「消費」，是現代人必要的生活方式，只是過度消費已造成地球生態的破壞，因此，現代的生活習慣需要進行斷捨與改變，減少消費可以降低汙染，同時為自己及家人儲存富足生活的能量，不做薪水奴隸，讓資本幫你賺錢，提早財富自由，過著既省錢又富足、低物慾又救地球的逍遙生活。

　　如果有位 90 歲吊點滴的億萬富翁，想以一億元跟 50 歲健康的你交換身體，你願意嗎？除非你想犧牲自己、造福家人，否則應該不會同意吧？時間比金錢更重要，錢可以再賺，時間無法重來，金錢無法換取時間，成功的「FIRE 族」，是用「儉約生活」來爭取財務自由的時間，儉約少碳排，才是真正的愛地球！

　　「Salary Slave or Financial Freedom」（SS or FF，薪水奴隸 or 財務自由），「斷捨錢坑、改變習慣」可能帶來初期的不適應或不方便，為了省錢，股素人的手機是 149 元／月方案，所以，僅在有 WIFI 處才會上網，養成習慣之後，就能幫你控制自己，不去買用不到或僅用 1、2 次的物品；「儲存 3 成薪」讓你盡早遠離為了週末而上班的生活壓力；「儉約生活」不必犧牲你的快樂泉源，而是讓你更享受知足常樂生活，省錢又環保，提早財富自由；Save Money、Save Earth！

Step1：斷捨錢坑

開源不易、省錢不難，先堵住錢包漏洞，免得竹籃打水一場空。

1. **僅保留≦2張免年費的低額度信用卡。**

   依金融聯合徵信中心的統計，2021年總流通卡數約5,263萬張，平均每位20歲以上成人的持卡約4.01張，有信用卡後，花錢很方便，容易成為儉約生活的缺口。基本上，以僅持有一張信用卡為宜，然而，有時需要另一張信用卡，例如某些賣場或聯營加油站，對會員有折扣（或積點）優待的信用卡。

   此外，若持有如黑金卡、商務卡等高額度卡之後，在購物時，會常常忘了「我是誰」，而恣意刷卡購物，所以，信用卡額度不宜太高，避免在某些場合被強迫用信用卡付互額費用，股素人就只有一張額度僅20萬元的信用卡兼悠遊卡，拒絕發卡銀行推銷的黑金卡。

2. **如期付清每期信用卡帳單。**

   避免延遲付清每月的信用卡費用，目前台灣的信用卡最高循環利率是15%，當信用卡帳單沒有全額付清時，會在下一期依規定利率（各發卡銀行不同），多收一筆利息，如果又逾期不繳而要加收違約金／滯納金，依金管會統計，卡債族被收取的循環信用利率，平均為13%，循環利率以天數計算，每月不斷累積。

循環利率金額＝[未繳餘額×利率%×天數÷365＋違約金／滯納金]，下一期的帳單，違約金／滯納金也成為未繳餘額，複利累積欠款的速度相當驚人；所以，實際繳納的循環利率，遠高於帳面上的「15%最高循環利率」。若再逾期 2、3 個月之後，銀行會發存證信函，催繳信用卡費，再不繳費，則淪落到經由法院進行催收程序，強制扣薪或查封財產等，此欠債期間，未繳餘額仍將持續以複利快速成長。

3. **出國旅行不用信用卡購物。**

   信用卡付費很方便，因而花錢不痛不癢，信用卡公司除了最歡迎客戶使用循環利率付費之外，其次就是，在國外刷卡購物，發卡銀行是匯率、手續費兩頭賺，再加發卡機構的國外交易手續費（約 1%），所以，出國前宜兌換適量的外幣現金，花完就好，尤其是有些海上郵輪旅遊，規定在郵輪限用信用卡消費，讓你在一些需付費的項目上花更多的錢，甚至比郵輪的船艙費還多。

4. **不看（電視）購物台的節目。**

   為什麼產品要打廣告？除了打開知名度外，就是要密集的利用廣告之「潛移默化」的洗腦功能，讓你在不知不覺中，認為它是好商品、值得購買；若看一般的（≦30 秒）廣告或許還好，但是，若為長達 3 分鐘以上的電視廣告，或是購物台節目，通常由 2 位主持人一搭一唱，為了把握（永遠是）「最後 3 個名額」，就可能衝動地買下用不到的產品，或買了必後悔的商品（3、5 年後就成為斷捨離的廢棄物）；不接觸，誘惑就不會找上門，今日花了錢，就無法留給明天用。

5. **不買名牌，購物以實用性為主。**

   「名牌」對某些人有難以抵抗的吸引力，購買生活用品宜以實用性為指標，一個數萬元的名牌包，除了炫耀之外，功能多比不上 1,000 元的無品牌功能包，如果你非名牌不用，那鐵定是

高消費的刷卡族，如果支出仍小於收入，或許無可厚非，畢竟內需消費，就需要靠刷卡高手來支撐。

名牌商品對於真正富人而言，花錢不痛不癢，多僅供炫富用，在乎別人的羨慕眼光，但是，對一般的上班族而言，一旦染上「名牌」癮，極可能成為卡奴的月光族。

6. **培養不花錢的興趣／運動，不加入要花錢的俱樂部。**

興趣／運動是現代人維持身心健康的必要項目，有些需要花錢拜師學藝、有些可以免費自學；網路上有很多的免費興趣／運動之學習錄影節目，瑜珈、有氧運動、摺紙、插花、繪畫等教學，只要打個重點詞，就可找到免費的錄影教學，培養省錢的興趣。

此外，打桌球、網球比打高爾夫球便宜，學口琴、橫笛比學鋼琴省錢，慢跑、健行比上健身中心花費低，要花錢的興趣／運動一概免談，尤其切莫一時衝動，而買下鋼琴、桌球桌及撞球桌等佔空間的商品，有一友人家就擺了一台約 20 年前買給女兒的鋼琴，如今女兒出嫁了，依舊放在客廳當裝飾品。

7. **上班 10 年內不買汽車。**

上班族買車的理由很多，有人僅做假日出遊用，一台代步的入門款國產車價約 60 萬元，即使車款不算，每年的油費（15,000 km／年）、保險費、牌照稅、燃料費、通行費、停車費、車位費及保養費等，就需要 12 萬元以上，所以，買汽車之前宜三思，如果公司的待遇真的很好，或許搬到公司附近租房、騎機車上班比較划算。

10 年不買汽車，至少可省下 120 萬元以上的養車費用，若用於投資，以 8% 投報率計算，10 年下來，120 萬元可成為 259 萬元，10 年後光用利息就能買輛新車了。此外，如果要買新車，應以現金購買，汽車商的廣告詞「高額零利率貸款」，並非真的是零利率，只是提高售價的零利率，若以現金購買，絕對還有折扣。

因為新車的折舊率高，所以，美國成功的「FIRE 族」，多建議買 3 年左右且里程數在 5 萬公里以內的（非泡水）二手車。

8. 放棄如抽菸、喝酒、咖啡、冷熱飲等非必要且有礙健康的習慣。

抽菸、喝酒，除了有礙健康外，因為菸品、酒品的稅捐高，一旦上癮之後，每個月至少 5,000 元；至於咖啡、冷熱飲也並非生活必需品，每個月花 3,000 元來喝咖啡或冷熱飲的人也不少，有了需要花錢的習慣，儲蓄率必然降低。

同樣是上班族，有人自備白開水及便當，有人每天中午外出吃中餐，再帶一杯飲料進公司，相形之下，就知道誰會存下較多的錢了。

9. 不進「吃到飽」餐廳，省錢又健康。

上班族難免會因同事朋友聚餐，或是為家人到餐廳聚餐，不少人會選擇「吃到飽」餐廳，目前稍有知名度的「吃到飽」餐廳，多已成為千元起跳的高價位餐廳，因為「All you can eat」，很容易被誤以為「自己賺到了」，就會拼死吃，吃到撐、或立馬到廁所拉屎後，再回來吃。

一般人的正常食量多在 0.8～1.2 公斤之間，日本電視節目的「大胃王比賽」，以及知名的美國紐約「熱狗堡大賽」等，則可吃約 6～7 公斤的食物，但這些大胃王參賽者，多會在比賽前做「腸胃清空」準備，也有人吃到事後送醫或死亡，美國尚有許多的大胃王（速度）比賽，多年來，大胃王的死者已有 10 多人。俗話說：「殺頭生意有人做，賠錢生意沒人做」，餐廳只怕沒客人上門，「吃到飽」餐廳不會賠錢的。

10. 不看週年慶、母親節、春節等百貨公司的 DM。

百貨公司的商品比較貴是理所當然，不少人以為週年慶、母親節、中秋節、春節等節慶活動的特價，買了就賺，但未必如此，可去網購電商平台或特價商品大賣場找找看，百貨公司的

特價品仍比網路商品貴許多。

我偶爾會去逛百貨公司，並不是為了買東西，而是為了看某些特定商品的實品，看看實品是否如我想要的東西一樣，再回網路上找相同品牌規格的物品，價格通常可便宜二成以上。

為了省錢，不要專程到百貨公司購物，有些人會有衝動性花錢的快感，而忘卻了未來的目標，把信用卡放在家裡，為逛街而逛街，就可享受純逛百貨公司的樂趣。

11. 不（為小孩）養寵物。

有不少父母為了小孩（哭鬧），一時興起而買了寵物，小至小魚缸的孔雀魚、斑馬魚，大至毛小孩，即使小孩在購買前，很爽快的答應會幫寵物清大便、餵飼料，不出一個月，就成為父母的無奈責任，就算小孩認真清屎、換飼料，一旦小孩（離家）上學，最後責任還是由父母承擔。

問了一位養狗狗的朋友，每個月要花約 3,000 元的飼料費及美容費，這還不算偶爾看一次病或住狗旅館要 5、600 元的費用，為小孩養寵物嗎？絕對不要妥協！

為自己喜歡而養寵物？先問問自己有多少時間陪牠，毛小孩單獨在家時，可能破壞力強，毛掉滿地、滿床，有時間清理嗎？是否會造成小孩氣喘？此外，一旦毛小孩死了之後要如何處理？友人養了一隻約 8 年的兔寶寶，在其往生之後，於心不忍，還花 3,000 元請「寵物葬儀社」處理，或許有些內疚，還問葬儀社人員：「你們會怎麼處理」，得到的回答是：「你就不要知道那麼多了」！

12. 以≤5%年薪買≥（500 萬壽險＋日額 3,000 元住院醫療險）

商業保險是不少人的一大支出，2021 年，台灣的人均 GDP 世界排名 33，但是，保險滲透率卻是連續蟬聯全球第一，平均每人持有 3.3 張保單，也是全球第一，高於全球平均的 2.3 張，保險業務員常用「癌症時鐘」（每 4 分 31 秒就有一人罹癌）來嚇人，事實上，新發癌症多為不會死的 0 期或 1 期癌。

一些成功「FIRE 族」的臉書、部落格，多提到「不宜投保太多的商業保險」，足見買太多的商業保險，也是錢坑之一，**買多保險，不如買對保險**，所以，宜檢討自己的保險支出，是否過高。在第一版的「Your Money or Your Life」書中，有一篇為「101 Sure Ways to Save Money」單元，第 9 條即是「檢討你的人壽保險是否保太多」？

「要花多少錢買保險才夠？」，保險業務員會跟你說：「用 10%年薪買 10 倍年薪壽險」，買保險之前，謹記保險三訣：「錢花刀口上、保大不保小、救急不救窮」，事實上，即便是年薪 30 萬元的低薪族，也可能以（12,000 元／年）≦5%年薪，買≧（500 萬元壽險＋日額 3,000 元住院醫療險，詳見股素人著作《買對保險了嗎？》。

03

Step2：改變習慣

「節儉」是七分靠習慣、三分靠方法，由改變（花錢）習慣做起。

13. 養成逐日記帳的習慣，每月檢討是否有再節省的空間。

幾乎每一種談「節儉之道」的文章、書籍，都會強調逐日記下每筆支出的重要性，記帳的主要功能，在於隨時提醒自己是否過度消費，網站上有許多的免費 APP 記帳軟體可選用，甚至可使用 excel 功能，制定自己適用的記帳簿。

有時候，我會為了某些項目的支出向老公抗議，老公總是說「又沒多少錢，而且以後會用到啊」，就因為每次均是「又沒多少錢」，而花了不少冤枉錢，最後還得上拍賣網賤賣。老公被我唸了 N 次、耳朵長繭之後，總算不再亂買「以後可能用得到」的物品了。

早期，我有自己的每日現金流帳簿，只是現在已經沒有再詳細逐項記帳了，只要家庭的每月支出額，不高於每月經常性收入的 60%，就不再檢討，為人父母之後，有些為了子女的費用，實在「省不下去」。

14. 遠離（Uber Eats ／ Food Panda）外送服務。

Uber Eats 及 Food Panda 廣告打得兇，現代人連騎機車 10 分鐘買東西都嫌遠，尤其 Covid-19 爆發以來，外送服務的業績大幅

成長，造就了外送服務行業，雖然也提供了打工的就業機會，但對叫外送服務的人，是一筆不小的額外支出。

自外送平台開放以來，外送員的收入似乎還不錯，2019 年 10 月勞動部職安署，依業主的回報資料，全台約有 4.5 萬名外送員，2022 年 4 月底，外送員人數已超過 10 萬人。然而，全省各地發生多起外送員死亡事故及受傷事件，才暴露出外送員缺乏保障的現實。

外送員已成為高風險、低保障的行業，加上工作門檻低，外送員愈來愈多，收入所得已約減了一半，須延長工時來爭取較多的收入，因此，不宜以外送員當副業來增加收入。

15. 僅到大賣場／傳統市場買日常用品，價錢比個夠。

同樣的商品，全聯／好市多等大賣場的售價比超商便宜，常用的電池，在超商、五金賣場及零售商品店之價格均不同；在市區每 200～300 公尺可找到一家超商，極為方便，其商品多以小包裝居多，售價較高理所當然，但有其便利性，走進店面不到 5 分鐘，就可以付錢走人。偶爾購買一次或許還好，但經常性在超商購物，累積下來肯定是一大筆支出，即使「第二件 6 折」，買兩件的價格仍比大賣場還貴。

此外，可考慮到傳統商場（早市及黃昏市場等），購買生活必需品，我通常是在結束營業前 1 小時內才會去，食品售價會比較有彈性，可享受殺價的樂趣，殺價並不丟臉，省錢第一優先，或者上網購物時，價錢比個夠，同樣的物品，在不同購物網站／賣家，價格不一樣。

16. 習慣於購買即期食品。

在某些賣場有「即期食品專櫃」，或者有「即期食品專賣店」，其商品售價多在一般正常售價的 7 折以下，愈接近到期日，折扣愈大。許多人不敢吃過期食品，事實上，食品包裝上的保存期限，均只是一個概略日期，只要依規定存放，絕對不會因只超過 2～3 天就腐壞（日本稱為賞味期限）。

我家就曾有 1 瓶放在冰箱最內部看不到，已逾期 24 天（保存期限 2／26，放到 3／22 才發現）的某牌優酪乳，原本想丟棄，被來看孫子的股素人看到，即倒進玻璃杯內，看不到異狀，就先小吸一口，也沒有異味，就全喝了。

緯來日本台曾播出一集討論食品的「賞味期限與使用期限」問題，找到一罐放了 10 多年的鮪魚罐頭，罐頭的使用期限多為 3 年，外觀看起來正常，沒有凸起的現象，主持人現場打開之後，先給來賓聞一聞，沒有異味，然後問來賓們是否有人願意試吃，來賓們沒有人敢吃，最後由主持人自己吃一小口，還大讚「好吃」！足見有很多食品，就因為使用期限而浪費了。

目前有食物銀行聯合會及 eFOOD 等團體，基於「惜食、享食、捐食、剩食、分食、配食」的善循環理念，積極推動「到期食品」再使用運動，與超商、麵包店及許多生鮮食品店合作，收集當天即將拋棄（餵豬）的食品，給有需要的人免費食用，是值得鼓勵的善行。所以，只要價格便宜，我現在也不排斥大賣場的即期食品，但是，對於傳統市場未放在冷藏櫃的生鮮食品，仍不敢嘗試。

17. 不排斥二手品、瑕疵品。

只要不是有安全疑慮或衛生問題的用品，在網站上均可找到七、八成新的二手品，例如，兒童的玩具、學步車、三輪車等二手品，有的甚至連包裝紙盒都還在，我都可以接受；我家的電視，也是某家電賣場的瑕疵品，店家坦白告知「這是展示品，螢幕右下角有一小白點」（不仔細看的話，根本看不出來），要賣 6 折，最後殺到 5 折就成交，迄今用了 4 年多，從未故障。

美國郊區的社區、住宅，會於週末假日時，把家中已用不到的二手品，擺在自家庭院、車道，或車庫內低價拍賣，稱為 Yard Sale 或 Garage Sale，而台灣各地也有類似週末市集的跳蚤市場（Flea Market），俗稱二手市場、舊貨市場或賊仔市等，是讓一般人有機會自行擺攤賣二手貨的市集，偶爾也可能有全新的

公司滯銷品便宜賣。

18. 出門自備家製飲料。

於 2020 年 3 月以前，在超商尚可買到一瓶 17 元的瓶裝無糖飲料，自新冠肺炎爆發及俄烏戰爭以來，一連串的通膨因素上漲後，超商的同一品牌飲料，已漲至每瓶 20 元，遊樂區的瓶裝飲料販賣機，多已漲到 30 元以上了。

現在有許多（真空式）保溫瓶，保溫效果多在 8 小時以上，不管是自泡冷飲還是熱茶，外出時，自備使用很方便，即可免在遊樂區或超商買高價飲料，除了省錢、減少瓶罐回收外，亦可減少糖份及色素的吸收，有益健康。

一般的市售果汁，為了更好喝或賣相更佳，多會添加糖、香料、色素及穩定劑等（可看成份表），為避免喝到添加物，可到大賣場購買（無添加物的）濃縮果汁，再自行加開水稀釋至比原果汁更淡的口感，既便宜又不會喝到太多的醣份及色素。

19. 提早安排旅遊計劃，上網比較行情。

網路上有很多旅遊網站，即使是同一家公司推出的相同旅遊行程，不同網站的價格也可能不同，但多會有所謂的「早鳥票」行情，特別是寒暑假的旅遊旺季，想帶小朋友一起出遊者，就得提早預訂票，如果可以，盡量不要在旅遊旺季到國外旅遊，淡季出遊可能便宜很多。

已退休的股素人夫妻，僅在非假日出遊，避開人潮、車潮，我偶爾也會讓小朋友在週一請假，訂較便宜的週日旅館，安排兩天一夜遊。

此外，高鐵的套裝旅遊行程，也是不錯的選項，不過，高鐵假期的「敬老套票」，是否比「成人套票」便宜，最好先點進入高鐵官網試買看看，因為有民眾在 TVBS 新聞投訴（2016／4／11，19：32），台北到南故宮一日遊的老人票 2,360 元，比成人票 2,250 元貴了 110 元。

20. 不為贈品／免運費而購買過多的物品。

在網路電商平台購物，貨比三家之後，確實可找到較便宜的售價，然而，有些商品的低價促銷手法，是規定購買某一數量以上，可享免運費或附贈商品，很容易讓人買太多，把家裡的一個房間當倉庫用，放了一大堆商品及紙箱，有些東西放了 2、3 年、過期了也用不完。

最吸引人的（百萬）贈品，大概是各大百貨公司每年春節推出的「福袋抽獎」吧！福袋內裝的多是不切實用的物品，卻以「百萬名車」的大獎，來吸引排隊搶購人潮。有一次，朋友送我一個（不含抽獎券）的百貨公司春節福袋，他說裡面的東西他用不到，因此，許多福袋（只留下抽獎券）都送朋友了。

21. 東西不壞不買新。

理論上，東西不壞不用換，但是，許多人仍免不了趕「時髦、新潮、流行」的潮流，否則手機公司就不會經常推出新款手機了。股素人就是不壞不換的節儉成性，手機一用就是 5 年以上，前一支舊手機送給剛來台灣照顧阿公的外籍看護，他自己則改用家人汰換下來的舊款手機。

此外，他的鞋子總共只有 3 雙，一雙室內拖，一雙每天外出穿的洞洞鞋（類似布希鞋），穿到鞋底破洞才會更換同款的洞洞鞋，還有一雙是去台北開會才會穿的皮鞋，是馬英九時代用振興券買的鞋，因為少穿，鞋底會脆化，已換過三次鞋底，最後一次是拿到傳統市場修補皮鞋攤，換了橡膠鞋底，迄今 4 年多尚未脆化。

「沒有運動鞋？」，確實是如此，股素人的多年慢跑習慣，均是打赤腳在附近學校的操場跑步，照股素人的說法是：「平常襪子也不用穿，因為穿通風的洞洞鞋，不會發臭」，赤腳跑步 10 幾年，也未曾扭傷過，而有些人光是運動鞋，就分慢跑鞋、網球鞋、高爾夫球鞋及登山鞋等，股素人的洞洞鞋，是「一體適用的全功能鞋」，連襪子都省了，連帶也省下洗衣精、洗衣水。

美國消費者報告國家研究中心（Consumer Reports National Report Center）曾經公佈一份為購物雜誌 ShopSmart 做的調查報告，有效樣本數為 1,057 位女性，平均每位女性擁有 19 雙鞋，經常穿的只有 4 雙，15%受訪者擁有 30 雙以上的鞋子，有受訪者表示，買新鞋之後還得藏好，以免丈夫發現；有 6 成受訪者至少後悔買過一雙鞋，而約 5 成受訪者承認有 1／4 的鞋子只穿過一次（上網搜尋「Most women own 19 pairs of shoes」），我偷偷看了鞋櫃的鞋子，還好，數量約為美國平均值（19 雙）的 6 折。

22.購物前宜三思，是需要？或想要？

外出採買之前，宜先列出採買清單，以免買太多，偶然看見某些誘人商品，應先想想何時會用得到？家裡是否有類似的好久未用的商品？是需要？還是想要？在購買之前，宜給自己 7 天的「思考期」，告訴自己「下次來再說吧」。

我結婚時，除了婚紗禮服是用租的外，本想給家父訂製一套西裝，他說他平常不穿西裝，何必為了只穿一次而訂製西裝，結果，家父穿的是當時之 20 幾年前（前扣已扣不住）的舊西裝，攜我走紅毯，如今偶爾看到當年的結婚照，忍不住會對父親的舊西裝多看一眼。

事實上，即使不購物，多餘的物品也會「入侵」住家，可曾數過家裡有多少號稱環保的「環保袋」？每次外出逛街、逛展覽會場或開會時，就會拿回一堆被強迫贈送的環保袋、環保杯，留著用不到（太多了），想丟掉回收，又有少許罪惡感（不環保），這就是當今社會所造成的「環保病」。

當不用物品的增加速度，快於「斷捨離」物品的增加速度時，家庭某一處／某一房，就成為雜物間，我打開置物櫃，裡面的環保袋有超過 30 個。股素人每次外出開會時，結束後都會「假裝忘記」，留下環保袋及文宣品等用不到的物品，以免主辦單位認為數量已不足，而再重新購買。

23. 買房／租房，以離公司近為優先。

有不少父母在小孩上大學時，就會讓他租校外套房，我上台北讀大學時，家父為了讓我增加與人互動相處的機會，幫我選了 4 人房的學校宿舍，住了 4 年，除了省錢、省時間外，如今最好的朋友仍然是大學時代的室友。

買房之前可先租屋，不住單身套房，與人合租較省錢，亦可學習與人相處之道，在未確定已找到穩定的工作之前，最好先租屋；想買房時，宜買低價位、低坪數的中古屋，因為上班一生中，換房的機率高。

股素人新婚時，與二位同事合租一棟三間房間的「二樓三」透天厝，約 4 年後才湊足買自住房的自備款；我自己在婚後也未買房，住的是一房一廳一衛的小房，直到小女 3 歲多時才換屋。

24. 外宿旅館時，帶回免費的茶葉包、咖啡包、瓶裝水⋯。

我們家從未買過茶葉包、咖啡包、瓶裝水，均是家母和山友群經常外出旅遊時帶回來的免費冷熱飲包（山友不要的也帶回），所以，我們家有各種不同的飲料包（Covid-19 禁止出國前，還有許多各國的飲料包），冬天想喝時，立即沖泡，夏天可先冷泡放在冰箱內，即可飲用，或者裝在保溫瓶內攜帶外出。

有固定習慣喝某一品牌咖啡、特種茶等昂貴飲料的人，若真想做到提早「財務自由」，除非你有高額的「被動收入」，否則就改喝免費的各種口味飲料吧。某一天，股素人回到家時，直呼「星巴克」的拿鐵好貴喔，這是他第一次也是唯一一次喝「星巴克」的飲料，原因是有人約他在高鐵站的「星巴克」見面、討論事情。

Step3：儲存3成薪

「賺 10 存 3」是阿嬤傳給家父，再傳給我的家訓，目標存 6 成薪。

25.勞工務必選擇「勞退自提 6%」。

勞工退休金制度中，有一項迄今只約有 12%勞工參加的「勞退自提 6%」方案，是類似前述的美國 401（k）計劃，政府強制規定勞工雇主，須提撥 6%薪資到勞工個人的退休金帳戶，即使換工作，勞工個人帳戶中的錢依舊存在，受雇的勞工可隨意選擇自提 1%～6%存入此個人退休金帳戶。

此帳戶的錢是由政府招標委託投信公司進行投資，此勞退新制（2005～2021 年）已施行 17 年，平均投報率約 3.59%，雖然不高，但還算是差強人意，「勞退新制基金」的投報率，至少有三大行庫「2 年期定存利率」的下限保障，算是很安全的投資工具，比美國的 401（k）退休計劃還安全（除非共軍攻台）。

26.訂定存足半桶金（50 萬元）的短程目標。

有些人在擬訂工作目標時，常會畫個遙不可及的大餅，很容易因難以達成目標而放棄，因此，宜改訂合理的短程目標，例如，月薪 4 萬元的上班族，可以「3 年存半桶金（50 萬元）」為目標，月存 1 萬元＋年終獎金＋利息／股利，3 年應可達到

目標,一旦達到第一個目標之後,已摸到訣竅和養成儲蓄的習慣,而且可能已加薪,所以,可改訂「2 年存半桶金」的目標,加上適當的投資獲利,不到 10 年,就可不靠父母贊助,能自付買房頭期款。

在改變花錢習慣及對金錢的認知之後,再進一步了解於退休或財務自由時,所需要的金額(如前述大約是目前支出的 30 倍),依自己的儲蓄率,再計算出距離財務自由所需的時間(參考表 1-3a~1-3c),在財務自由之後,現有的工作僅是選項之一,你可繼續做下去,或者換個輕鬆點的工作,當微躺型／半躺型躺平族。我們並不建議如美國「FIRE 族」一樣,勇敢地辭去工作,除非你已找到另一種有意義(志工?)且「不會無聊」的生活方式。

27. 設立自動轉帳戶頭,每月自動轉存 20%以上的月薪。

以自己目前的**經常性薪資**為基準,先訂出儲蓄率目標,再決定每月的支出費用;存錢儲蓄的困難點,在於難以自動性／習慣性的存錢。所以,宜將公司的薪資帳戶,設定每月薪水入帳後,自動轉存 20%以上的薪資到另一儲蓄／投資用帳戶。與父母同住的上班族,月薪的自動轉存率可高達 60%以上,我婚前上班時住家裡,每月可存下 80%月薪。

大多數的理財專家或是前述的成功「FIRE 族」名人多建議,要先存足 6 個月的支出或年薪當作急用金(Cushion Money)之後,再開始進行投資,這急用金是是隨時可動用的現金流,有人建議另外再設一個急用金專戶,以備不時之需,算是安穩的做法。

然而,從「投資愈早愈好」的角度來看,儲存急用金時,可分批將急用金用來購買第 7 章之 14 檔「官方 10 年安穩配息股」,挑選其中 6 檔,每一檔存入一個月的生活費或月薪,進可攻(股利比定存高)、退可守(可立即賣股轉現金)。

28. 工作與居住地之間的距離要近。

單身上班族的三大支出費用是伙食費、住宿費及交通費，雖然政府鼓勵大眾運輸，但對大多數人而言，機車可能還是最便宜的交通工具。我畢業後回國，本也想到台北找工作，因為月薪至少比高雄多三成，但如果扣除房租和伙食費，淨所得則遠低於住家裡在高雄上班。

投履歷表後，很快在高雄加工區的日商公司找到薪水不錯的工作，但上班騎機車時間要 45 分鐘，最後選擇另一家外銷日本的貿易小公司，薪水雖然約只有加工區日商公司的 7 成，但騎機車上班路程不到 20 分鐘，下雨天還可搭捷運上班，只有 7 站，公司就在捷運站出口，機車約每 7～10 天加一次油即可，這就是我每月可省下 80%薪水的主因。

或者，可選擇在生活費較低的地方工作，有些大公司在全省各地有分公司，或者軍公教人員，同一工作在不同地點上班的薪水都一樣（可能有外島加給或偏遠地區加給）。

29. （未婚前）盡量住家裡，月薪儲存率可達 80%。

如果父母家是在六都或工業區附近，就可能找到實質薪資不差的工作，萬一需要租屋，宜考慮與友人、同事分租，或者一般上班族夫妻的空房，房租比包租公／包租婆的專業出租房便宜；友人曾分租一對公務員夫妻＋1 位 3 歲多小孩家庭的房間，房租超便宜，三不五時還有點心、水果吃。

住家裡的好處是住宿、三餐免費（午餐帶便當），洗衣還可老媽代勞，（很不好意思老實說），不過，在例假日我會幫忙煮飯、做家事，上班 4 年多存下一桶金的投資資本，再加上以前上學時的零用金、打工費、獎學金的半桶金，才開始想要投資、加速累積資產。

30. 選讀有證照需求的科系。

不宜讓子女就讀一看系名，就知道畢業即失業的科系。

有證照需求工作就是「就業的保證」，考選部有許多的證照類

高考，但是，就業、自營兩相宜的專技人員高考的類別並不多，如醫師、律師、中醫師、牙醫師、復健師、獸醫師、律師、會計師、建築師及土木、結構、電機等技師相關科系，畢業後只要稍加把勁考上證照，就可成為人生勝利組。

舍弟在國中畢業那年，家父問他將來想不想當醫生，他說看到血就會頭暈，家父就讓他讀五專電機科（當時年代升高中是優先選項），再升二技、碩士，退伍後到補習班苦讀半年，即考上電機技師，再經過 2 年多的上班歷練之後，就自行開業了。

我考大學填志願時，家母希望我讀會計系，將來再考上會計師，就業就有保障，因為我不想那麼累，想要讀輕鬆一點，又有就業保障的科系，家父說：「那就選日文系，因為日文中漢字一大堆，保證輕鬆讀，日語又有市場需求」，所以，我就選讀台大日文系；畢業後再去日本讀 2 年碩士，回國之後，確實輕鬆的找個待遇不差、離家近的工作。

31. 不要申請就學貸款。

由於申請學貸的門檻低，不少學生認為不貸白不貸，大學學貸的上限 100 萬元，等到大學畢業時，就欠了 50 萬元～100 萬元的學貸，大學畢業新鮮人平均月薪約 3 萬元（勞動部 2022 年 4 月公佈 2021 年職場新鮮人平均薪資 3.2 萬元，yes123 求職網的民調是 2.88 萬元），等到開始按月償還就學貸款時，就難免成為月光族了。

借貸是拖延痛苦，所以，盡量不要動學貸的念頭，宜設法找打工機會，減輕父母的負擔，並可體會賺錢的辛苦，養成儲蓄的習慣；若真的家庭經濟有困難，應考慮讀夜間部，現在大學氾濫，不怕沒學校讀，再實際一點，讀夜間部會比較輕鬆，教授們多會體諒學生白天上班、晚上上課很辛苦，因此，多可輕鬆讀。

32. 學習副業專長，家庭水電、程式設計、縫紉、剪髮、美甲…。

副業是累積財富的重要因素，宜選擇門檻高的工作，只要會騎

車就可做的「外送」副業，因為競爭對手多，所以，並非優先選項。最好的副業是與自己的工作相關，可在自己下班時間做的工作為宜，例如，翻譯、程式撰寫、網頁設計及網站架構等門檻高的副業，收入也較高，當然，這種較高收入的副業，就得從學校或網路教學中學習。

學習基本的家庭生活技能，不要連燈管、漏水水龍頭及瓦斯爐、熱水器點不著時（多是電池沒電），就花錢找人換。目前的家電廠商，在接到到府服務電話時，都會事先告知客戶，即使沒換任何零件，僅做故障檢查，也要收基本服務費 2、300元。所以，身為一家之主，即使不是工科出身，最好也要學會如何使用三用電錶、電鑽等簡單工具，當家電不能開機時，自己能做基本的判斷，到底是電源線斷路，還是主機有問題。

如果實在沒有當副業的專長，或者不想過於勞碌，則可考慮找一個有依勞基法「加班付費」制度的公司，每天加班 3～4 小時當額外收入，若在例假日加班更划算。

33. 興趣與工作合一，兼具副業賺錢功能。

興趣主要用途是用來紓解上班後的疲憊身心，有人學興趣、學瑜珈、玩桌球、羽球或週末健行等運動，如果自己多年興趣，已鍛練成一種專長時，就可以當教學副業賺取收入；有人學瑜珈多年之後，就自立門戶開班授課，有人打網球從未得過獎，但看網路教學錄影帶，學會教人打網球的技巧，而以教網球為副業。

興趣與工作合一的機會當然不多，例如導遊的底薪雖然不高，但有些導遊會自學攝影技術，在旅程中拍攝美美的錄影／照片，並在自己的部落格公開，吸引人觀賞、下載，而賺的廣告費當副業；也有人的工作是動漫業，在下班後做動漫教學製作教學；有程式設計師，也會在網路上或實體課程上，開班授課，有人考上技師，也可以公開自己的經驗談或授課而當副業收入⋯。

拜網路發達之賜，腦筋動得快的人，就可以輕鬆賺錢，而不再

依賴傳統的朝七晚六上班方式,現在許多財務自由的人,多以臉書、YouTube、Instagram、Podcast 及經營部落格,傳授各種線上教學課程,賺取額外的收入。

34. 自學投資方法,免付會員費。

受網路科技發達之賜,除了本書提供的理財方法之外,在網路上可找到許多投資理財方式;投資工具及方法很多,無法說哪一種最好,自己要做功課,進行比較分析。

讀者應找出自己適用的理財方式,最忌諱將多種投資理財方式／方法,斷章取義、湊在一起用,本書只能告訴你,我們目前正在做的投資方式,我們滿意目前的投報率,然而,我們的做法,並非是獲利的保證;所以,還是要套用一句理財顧問公司的老話:「投資必有風險,有賺有賠,風險由讀者自行承擔」。

35. 勿溺愛孩子,養出啃老族。

在百貨公司／大賣場的玩具部門,偶爾會看到父母因小孩大哭,吵著要買玩具,最後不得不妥協買下玩具,有些父母不讓小孩做簡單家事,要啥給啥,只希望子女專心於功課、拿好成績,從小到大從未受過任何挫折。在這種環境下成長的小孩,長大後成為啃老族的機率高。

父母對子女的關懷,是無條件的付出,一路培養到大學／碩士／博士,還要贊助子女買房的自備款,在台灣的傳統社會,這算是正常現象,進入 50 歲以後的父母,怕的是開口要錢、不給錢就打的啃老族,除非是億萬家產(遲早也會被花光),否則老年之後必然不好過,肯定會悔不當初。

36. 選對職業。

「男怕入錯行、女怕選錯郎」,一旦進入較低薪的行業,達到「財務自由」的時間軸,多可能需要往後延。儲蓄的來源是薪水,而薪水的多寡跟職業類別有很大的關係,即使是相同科系

的畢業生，不同行業的薪水也不一樣，同樣是會計，在製造業、金融業、餐飲業或旅遊業的薪水並不一樣。

圖 2-1 是行政院主計總處，於 2021 年 12 月 23 日所公佈的「2020 年工業服務業受雇員工薪資統計數據」，平均年薪資最高的三大行業是：①電力及燃氣供應業（110.7 萬元／年）、②金融及保險業（96.9 萬元／年）和③出版影音、製作傳播及資通訊業（71.5 萬元／年），敬陪末座的倒數三名，是倒③住宿及餐飲業（36.7 萬元／年）、倒②其他服務業（35.8 萬元／年）和倒①教育業（33.7 萬元／年），第一名的平均年薪資是倒數第一名的 3.28 倍，真的差很多！而年薪中位數為 50.1 萬元，亦即有 50%的勞工年薪低於 50.1 萬元。

圖 2-1. 2020 全年總薪資中位數及年增率/依行業別分

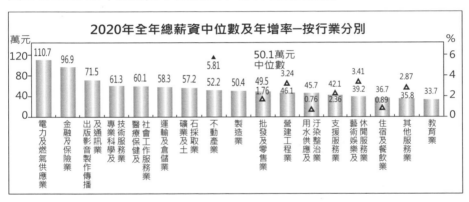

註：教育業不含各級公私立學校等，僅涵蓋如各類補習班、才藝班、汽車駕駛訓練班及代辦留（遊）學服務等。

資料來源：行政院主計總處 2021/12/23 新聞稿

什麼都漲，
就是薪水沒漲？

有人說：「什麼都漲，就是薪水不漲，怎麼儲蓄、存錢？說的比唱的還好聽」，股素人曾於 2022 年初，上電視台財經節目談存股理財時，有觀眾留言說他自己的薪水都不會漲，怎麼可能儲到一千多萬元的退休金？該觀眾可能只看到「眼前現在的近 2、3 年」，無法預見未來的薪資，所以才說薪水不會漲。PS：有些小公司薪水真的不漲，我也曾上班 4 年多，薪水未調整。

自 2020 年元月新冠肺炎爆發以來，民生食品、用品多已漲了 50%以上，但是，薪資好像漲不了，如表 2-2 所示，自 2011 年以來，公務員薪資只在 2011 年、2018 年及 2022 年漲 3 次，此期間凍漲了 9 年，而勞工薪資只是政策性的每年調整基本工資，實際上，薪水會逐步隨通膨率而調整。

表 2-1 是近 60 年（1962～2021 年）的通膨率，近 60 年來的平均通膨率為 3.58%，特別是在 1974 年（首次石油危機）之通膨率高達47.41%，薪水焉有不隨之調漲的道理；股素人於 1976 年的第一個工作（6 人小公司）月薪是 5,000 元整，4 個月後轉到上市公司上班，月薪7,700 元。

如今，依勞動部 2022 年 4 月公告，2022 年大學新鮮人的平均月薪

已達 32,000 元／月，此時雖然已難以比較 1976 年與 2022 年的薪資生活水平，在長達三、四十年的期間，薪水也可能凍漲數年，但是，依長期趨勢來看，薪資必然會漲。

表 2-1. 近 60 年之通膨率（CPI 年增率）

年份	通膨率（％）	年份	通膨率（％）	年份	通膨率（％）	年份	通膨率（％）	年份	通膨率（％）	年份	通膨率（％）
1962	2.34	1972	2.99	1982	2.94	1992	4.47	2002	-0.20	2012	1.93
1963	2.15	1973	8.20	1983	1.36	1993	2.94	2003	-0.28	2013	0.79
1964	-0.14	1974	47.41	1984	-0.02	1994	4.10	2004	1.61	2014	1.20
1965	-0.07	1975	5.24	1985	-0.17	1995	3.66	2005	2.31	2015	-0.30
1966	1.97	1976	2.50	1986	0.69	1996	3.08	2006	0.60	2016	1.39
1967	3.40	1977	7.02	1987	0.52	1997	0.91	2007	1.80	2017	0.62
1968	7.87	1978	5.80	1988	1.30	1998	1.68	2008	3.52	2018	1.35
1969	5.08	1979	9.74	1989	4.41	1999	0.18	2009	-0.87	2019	0.56
1970	3.58	1980	19.00	1990	4.12	2000	1.26	2010	0.97	2020	-0.23
1971	2.80	1981	16.35	1991	3.62	2001	-0.01	2011	1.42	2021	1.96
平均	2.90		12.43		1.88		2.23		1.09		0.93

通膨率平均值：60 年（1962～2011 年）：3.58%，50 年（1972～2021 年）：3.71%，
40 年（1982～2021 年）：1.53%。1974 年石油危機、1980 年經濟危機。

資料來源：中華民國統計資訊網/主計總處統計專區/物價指數統計表

　　薪水並非每年必漲，政府多依通膨率上漲逾某一程度時，才會調漲薪資，只是，政府只看官方的通膨率（消費者物價指數年增率），而不看民生物資的通膨率，所以，政府的通膨率，永遠比小市民感受的通膨率慢一拍。通膨率有消費者物價指數年增率（%）、核心 CPI 年增率（%）、生產者物價指數年增率（%）、躉售物價指數年增率（%）等之分，詳見行政院主計總處網站。

　　物價漲不停，那麼，薪資到底漲多少？1956 年政府首次訂定勞工基本工資為 300 元／月，1964 年再調漲為 450 元／月，1968 年再漲為 600 元／月，1973 年 10 月～1974 年 3 月的第一次石油危機之後，物價大幅上漲，直到 1978 年 12 月基本工資才大漲至 2,400 元，如表 2-2 所

示，以後又陸續調漲了 26 次；公務員的薪資，原本低於一般勞工，自
1974 年的石油危機之後，1974 年通膨率高達 47.41%（表 2-1），公務
員薪水 1 年內調漲 2 次（20%+10%），此後，也陸續漲了 26 次。

表 2-2. 歷年之勞工基本工資及公務員薪資（調整率）

年度	基本工資（元/月）	調整金額（元）	調整率	年度	基本工資（元/月）	調整金額（元）	調整率	年度	公務員薪資調整率	年度	公務員薪資調整率
1978/12	2,400	1,800	300%	1997/10	15,840	480	3.13%	1974	20+10%	1992	6%
1980/05	3,300	900	37.50%	2007/07	17,280	1,440	9.09%	1975	20%	1993	6%
1983/05	5,700	2,400	72.73%	2011/01	17,880	600	3.47%	1977	11.2%	1994	8%
1984/07	6,150	450	7.89%	2012/01	18,780	900	5.03%	1978	14.7%	1995	3%
1986/11	6,900	750	12.20%	2013/04	19,047	267	1.42%	1979	20%	1996	5%
1988/07	8,130	1,230	17.83%	2014/07	19,273	226	1.19%	1980	13.8%	1997	3%
1989/07	8,820	690	8.49%	2015/07	20,008	735	3.81%	1981	20+9%	1998	3%
1990/08	9,750	930	10.54%	2017/01	21,009	1,001	5.00%	1982	11%	1999	3%
1991/08	11,040	1,290	13.23%	2018/01	22,000	991	4.72%	1985	8%	2001	3%
1992/08	12,365	1,325	12.00%	2019/01	23,100	1,100	5.00%	1986	8%	2005	3%
1993/08	13,350	985	7.97%	2020/01	23,800	700	3.03%	1988	10%	2011	3%
1994/08	14,010	660	4.94%	2021/01	24,000	200	0.84%	1989	8%	2018	3%
1995/08	14,880	870	6.21%	2022/01	25,250	1,250	5.21%	1990	12%	2022	4%
1996/09	15,360	480	3.23%					1991	13%		

資料來源：中華民國統計資訊網／主計總處統計專區／物價指數統計表

　　勞工調整基本工資時，直接受惠者是領最低薪資者，至於已高於
基本工資的員工是否隨之加薪、加薪多少，就看公司的企業良心了，
而公務員調薪時，是所有公務員皆受惠，依比率調整，所以，高職等
者，調整的金額也較多。公務員的職等多，尚有本俸、年功俸、專業
加給、職務加給等之分，無法詳列，詳見行政院人事行政總處官網。

　　1976 年底時，股素人的薪水已 7,700 元／月（週休 1 天），但是，
如表 2-3a 所示，當時，大學畢業高考及格的起薪僅約 4,110 元，歷經 40
多年的風水輪流轉，公務員的平均薪資，已高於一般勞工的平均薪資了。

表 2-3a. 分類職位公務人員俸額標準表（1976.7.1）

月 支 俸 額　　單位：新臺幣元

(共分十四等，限於篇幅，僅重點摘錄)

三等	四等	五等	六等	七等	八等	九等	十等
							4,150
							4,040
						3,750	3,930
						3,670	3,820
						3,590	3,710
					3,510	3,510	3,600
					3,430	3,430	3,490
					3,350	3,350	3,380
				3,270	3,270	3,270	3,270
				3,190	3,190	3,190	
				3,110	3,110	3,110	
			3,030	3,030	3,030	3,030	
			2,950	2,950	2,950		
			2,870	2,870	2,870		
		2,610	2,790	2,790	2,790		
		2,560	2,710	2,710			
		2,510	2,630	2,630			
	2,460	2,460	2,550	2,550			
	2,410	2,410	2,470				
	2,360	2,360	2,390				
2,310	2,310	2,310	2,310	2,310（高考本俸 工作津貼 +1,800 -4,110）			
2,260	2,260	2,260	2,260				
2,210	2,210	2,210	2,210				
2,160	2,160	2,160	2,160				
2,110	2,110						
2,060	2,060						
2,010	2,010						
1,960							
1,910							
1,860							

普考本俸+1.320工作津貼=3,180元

資料來源：行政院人事行政總處

　　表 2-3b 為如今（2022 年）的「公務人員給與簡明表」，大學學歷「高考三級」及格，最低之「委任五職等五級」的起薪為 46,460 元／月（＝本俸 26,200 元＋專業加給 20,260 元），同樣是大學畢業職場新鮮人，公務員的最低起薪，比勞工平均起薪 32,000 元／月約高 45%，「高考三級」起薪也可能為「薦任六職等一級」，起薪為 49,550 元／月（＝本俸 27,270 元＋專業加給 22,280 元）；而碩士（高考二級）起

薪 52,690 元（薦任第七職等一級，本俸 29,420 元＋專業加給 23,270 元）；高中畢業普考起薪 38,890 元（委任第三職等一級，本俸 19,780 元+專業加給 19,110 元），這就是不少人以當公務員為目標的原因。

表 2-3b. 現行公務人員給與簡明表（2022.1.1）

生活津貼		員　　工　　給　　與										加　　　給		
婚喪生育及子女教育補助		俸（薪）額						教育警察員	雇　　員	技工（窩驗）工友		官等 職等	專業加給	主管職務加給

（以下為薪額明細表，因格線與數字極密，僅列主要對應值）

職等	專業加給	主管職務加給
14	43,530	38,850
13	40,540	31,480
12	39,320	28,380
11	34,980	18,390
10	32,100	12,600
9	27,620	9,330
8	26,470	7,230
7	23,270	5,520
6	22,280	4,530
5	20,260	4,020
4	19,360	
3	19,110	
2	19,050	
1	18,980	

主要俸（薪）額（右為薪點，左為俸額）：
800 / 59,250；790 / 56,190；780 / 55,480；750 / 53,330；730 / 51,910；710 / 50,480；690 / 49,050；670 / 47,620；650 / 46,190；630 / 44,770；610 / 43,340；590 / 41,910；550 / 39,050；535 / 37,980；520 / 36,910；505 / 35,840；490 / 34,770；475 / 33,700；460 / 32,630；445 / 31,560；430 / 30,490；415 / 29,420；400 / 28,340；385 / 27,270；370 / 26,200；360 / 25,490；350 / 24,770；340 / 24,060；330 / 23,350；320 / 22,630；310 / 21,920；300 / 21,200；290 / 20,490；280 / 19,780；270 / 19,060；260 / 18,350；250 / 17,630；240 / 16,920；230 / 16,210；220 / 15,490；210 / 14,780；200 / 14,480；190 / 13,980；180 / 13,480；170 / 12,970；160 / 12,470

雇員月支數額（薪額 / 月支數額）：
770 / 21,920；740 / 21,200；710 / 20,490；680 / 19,780；650 / 19,060；625 / 18,350；575 / 17,630；550 / 16,920；525 / 16,210；500 / 15,490；475 / 14,990；450 / 14,480；430 / 13,980；410 / 13,480；390 / 12,970；370 / 12,470；350 / 11,650；330 / 11,250；290 / …；275 / 13,600；260 / 13,030；245 / 13,030；230 / 12,470；210 / 11,900；200 / 11,900；190 / 11,330；180 / 11,330；160 / 10,770；150 / 10,770；140 / 10,200；130 / 19,060；120 / …；110 / 18,350；100 / 17,630；90 / 16,920

婚喪生育及子女教育補助（左欄）：

子女教育補助
大學及獨立學院
公立 13,600　私立 35,800
夜間學制（含進修學士班、進修部）14,300
五專後二年及二專
公立 10,000　私立 28,000
夜間部 14,300
五專前三年
公立 7,700　私立 20,800
高中
公立 3,800　私立 13,500
高職
公立 3,200　私立 18,900
實用技能班 1,500
國中（公私立）500
國小（公私立）500
夫妻同為公教人員者，應自行協調由一方申領。

婚喪生育補助
結婚：2 個月薪俸額，結婚雙方同為公教人員，得分別申請補助（慶婚洗再與原配偶結婚者不得補助）。
喪葬：父母、配偶死亡補助 5 個月薪俸額。子女死亡補助 3 個月薪俸額（夫妻或其他親屬同為公教人員者，對同一死亡事實，以報領一份為限）。
生育：2 個月薪俸額（雙生以上者，按比例增給）；配偶參加各種社會保險（全民健康保險除外）之被保險人，應優先適用各該社會保險之規定申請生育給付，其請領之金額較上開規定之補助基準為低時，得補領請開文件申領二者之差額（夫妻同為公教人員者，以報領一份為限）。

技工（窩驗）工友
專業加給
工友 16,190　技工（窩驗）16,500
雇員 18,980

說明：
原房租津貼併人數額（薦任第 14 職等至薦任第 8 職等 700 元、薦任第 7 職等至委任第 4 職等 600 元、委任第 3 職等以下及雇員 500 元、技工、工友 400 元）。

1. 各職等之下所列數字，右上為「薪點」，右下為「新臺幣元」，左為「俸級」。
2. 婚、喪、生育之補助，均以薪俸額一項計算。
3. 各職等俸級以下為本俸，粗線以上為年功俸。

婚喪生育及子女教育補助均比照職員辦理。

資料來源：行政院人事行政總處

再來看勞工歷年來的薪資變化，表 2-4 是近 40 年（1982～2021 年）台灣工業及服務業勞工之月薪及其年增率的變化統計表，1982 年的經常性薪資是 10,397 元／月，20 年後（2001 年）是 34,480 元／月（3.3 倍），再 20 年後（2021 年）是 43,209 元／月（4.21 倍），40 年的經常性薪資之平均年增率為 3.91%，總薪資之平均年增率為 4.31%，經年累月以來，薪水確實是上漲了，只是，官方的報導總是以總薪資為重點，而勞工族多僅感受到經常性薪資。

表 2-4. 工業及服務業受雇員工近 40 年的薪資及年增率

年別	經常性薪資（元／月）	年增率（%）	總薪資（元／月）	年增率（%）	年別	經常性薪資（元／月）	年增率（%）	總薪資（元／月）	年增率（%）
1982	10,397	8.62	11,473	7.46	2002	34,746	0.77	41,533	-1.00
1983	11,020	5.99	12,122	5.66	2003	34,804	0.17	42,068	1.29
1984	11,995	8.85	13,410	10.63	2004	35,096	0.84	42,684	1.46
1985	12,534	4.49	13,981	4.26	2005	35,382	0.81	43,162	1.12
1986	13,237	5.61	15,119	8.14	2006	35,725	0.97	43,492	0.76
1987	14,186	7.17	16,497	9.11	2007	36,318	1.66	44,411	2.11
1988	15,563	9.71	18,400	11.54	2008	36,383	0.18	44,418	0.02
1989	17,542	12.72	21,247	15.47	2009	35,623	-2.09	42,299	-4.77
1990	19,882	13.34	24,315	14.44	2010	36,233	1.71	44,646	5.55
1991	22,033	10.82	26,875	10.53	2011	36,735	1.39	45,961	2.95
1992	23,903	8.49	29,436	9.53	2012	37,193	1.25	46,109	0.32
1993	25,593	7.07	31,689	7.65	2013	37,552	0.97	46,174	0.14
1994	27,063	5.74	33,637	6.15	2014	38,218	1.77	47,832	3.59
1995	28,376	4.85	35,355	5.11	2015	38,712	1.29	49,024	2.49
1996	29,722	4.74	36,655	3.68	2016	39,213	1.29	49,266	0.49
1997	30,930	4.06	38,435	4.86	2017	39,928	1.82	50,480	2.46
1998	31,928	3.23	39,603	3.04	2018	40,959	2.58	52,407	3.82
1999	33,019	3.42	40,781	2.97	2019	41,776	1.99	53,457	2.00
2000	33,926	2.75	41,831	2.57	2020	42,394	1.48	54,160	1.32
2001	34,480	1.63	41,952	0.29	2021	43,209	1.92	55,792	3.01
20年平均	22,366	6.67	27,141	7.15	20年平均	37,810	1.14	46,969	1.46
40年漲幅	經常性薪資 由 10,397 元／月漲至 43,209 元／月（4.16 倍）			年增率 3.91%					
	總薪資 由 11,473 元／月漲至 55,792 元／月（4.86 倍）			年增率 4.31%					

資料來源：行政院主計總處統計專區/薪資及生產力統計/查詢系統（本書製表）

★行政院主計總處之薪資定義：

　經常性薪資：係指每月給付受雇員工之工作報酬，包括本薪與按月
　　　　　　　給付之固定津貼及獎金，如房租津貼、交通費、膳食
　　　　　　　費、水電費、按月發放之工作（生產績效、業績）獎
　　　　　　　金及全勤獎金等。

　總薪資：係指受雇員工每月經常性薪資（含本薪與按月給付之固定
　　　　　津貼及獎金）及非經常性薪資（含加班費、年終獎金、非
　　　　　按月發放之績效獎金與全勤獎金等）之報酬總額；但不含
　　　　　雇主負擔或提撥之保險費、退休金與資遣費等非薪資報
　　　　　酬。

　　近 40 年來，公務員的薪資由 1976／7／1 的 4,110 元／月（表
2-3a）漲為 2022／1／1 的 46,460 元／月（表 2-3b）；勞工的基本工資
由 1983／5 的 5,700 元／月（表 2-2）漲至 25,250 元／月（2022／
1），而勞工的經常性薪資（表 2-4）由 1982 年的 10,397 元／月，漲為
2021 年的 43,209 元／月，平均年增率為 3.91%，由此可知，不管是公
務員還是勞工族，近 40 年的薪水的確漲了，因此，可推算出未來的 40
年，薪水必然會再漲，只是不知會漲多少？

Chapter 3

財務自由：
7 分儉約行為＋
3 分投資方法

01

/

薪水奴，一輩子賺多少錢？存多少錢？

　　由前述的第 2-5 節可知，歷經三、五十年期間，不僅物價會漲，薪水也會漲，但依然有人說他的薪水沒有漲；其實，我本身也經歷過 4 年多薪水不漲的「凍漲期」，我上班的小公司，雖然有提供勞健保，但無薪資調整制度，聽前輩說，想漲薪水，要自己去跟老闆說，我因為工作沒什麼壓力，也不太缺錢，加上個性內向，所以，不敢向老闆要求加薪，結果就是由起薪開始，一直凍漲了 4 年多，到懷孕時辭職為止。

　　「上班 40 年，可存多少錢？」，應該由上班 40 年的「薪資」可賺多少錢談起，由表 2-3a、表 2-3b 及表 2-4 的薪資數據，雖然無法確定未來 40 年，是否有如此高的薪資漲幅，但至少可確定薪資必然會漲，如表 2-4 所示，近 40 年的經常性薪資之平均年增率為 3.91%，總薪資的平均年增率為 4.31%。

　　勞保局官網的「勞工退休金試算表（勞退新制）」，原本是用來試算勞工在工作 35～40 年之後，每月可領多少年金用，如圖 3-1 所示，若（25 歲）起薪是 30,000 元／月，依勞保局預設的投資報酬率（3%）與薪資成長率（3%）等，則工作 40 年後，若選擇平均餘命 20 年（即續領 20 年），65 歲退休後每月約可領 15,710 元／月（勞退年金），若含勞退自提 6%，則可再加領 15,710 元／月（加倍）。

圖 3-1. 勞工個人退休金試算表

勞工個人退休金試算表(勞退新制)

個人目前薪資（月）：| 30000 起薪 | 元

預估退休金投資報酬率（年）：| 3 預設值 | %

預估個人薪資成長率（年）：| 3 預設值 | %

退休金提繳率（月）：| ⑥雇主提撥 | % （可加自提 6%）

預估選擇新制後之工作年資：| 40 | 年

預估平均餘命：● 20 年　○ 24 年

[試　算]　[重　算]　[計算明細]

預估可累積退休金及收益：| 2,839,764 | 元

預估每月可領月退休金：| 15,710 | 元 （加自提 6%
15,710 元）

資料來源：勞動部勞保局網站

　　想要知道上班 40 年可賺多少錢、存多少錢，可活用圖 3-1 之「勞工退休金試算表」來試算預估，如果不同意勞保局的預設的投資報酬率（3%）及薪資成長率（3%），可自行修改；在 2022 年 1 月以前，此試算表的薪資成長率預設值僅為 2%，而我們現在看不到未來，所以，也不敢樂觀的認為未來 40 年的經常性薪資年增率可達 3.91%（表 2-4），因此，薪資成長率取勞保局前／後兩次預估的中間值 2.5%計算。

　　此外，如圖 3-2 的 2 年期定存利率，雖然在 2000 年以前，利率全在 5%～12%之間，然而，在 2009～2021 年之間，均在 1%左右，所以，未來 30～40 年的投資報酬率，本文僅保守地以 1.8%預估，而原有的「退休金提繳率」，可視同於月薪的儲蓄率（假設 20%），即可試算上班 40 年可領多少薪水？存多少錢？

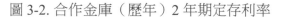

圖 3-2. 合作金庫（歷年）2 年期定存利率

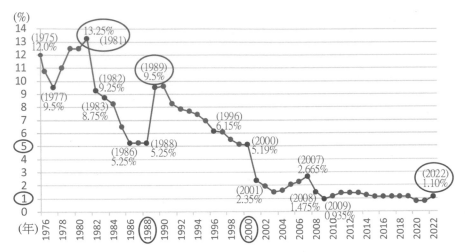

註 1：每年可能數次變更，採用當年度年底之數據。
註 2：合作金庫創行以來，二年期定存最高利率為 14.75%（1981.6.15）
資料來源：合作金庫官網（本書製圖）

　　因此，以起薪 30,000 元／月，假設從未投資，儲蓄額僅放在銀行定存，平均定存年利率為 1.8%、薪資成長率 2.5%，及月薪儲蓄率 20% 計算，在工作 40 年後的薪資總收入及存款總計；如圖 3-3 依序輸入後，先按「試算」，可得如圖 3-3 的儲蓄本利和為 6,829,785 元（以定存利率 1.8% 計算），再按「計算明細」，即可得到如表 3-1 的 40 年月薪總額 2,022,192 元，再乘以 12（月），薪資總收入共 24,266,304 元，累計儲蓄本金為 4,967,040 元及累積儲蓄的本利和為 6,829,785 元（含投資收益 1,862,745 元）。

圖 3-3. 勞工個人退休金試算表

勞工個人退休金試算表(勞退新制)

個人目前薪資（月）：	30000	元
預估個人退休金投資報酬率（年）：	1.8 ≒定存利率	%
預估個人薪資成長率（年）：	2.5	%
退休金提繳率（月）：	20 ≒儲蓄率	%
預估選擇新制後之工作年資：	40	年
預估平均餘命：	◉20年 ○24年	

試 算　　重 算　　計算明細

預估可累積退休金及收益：	6,829,785 本利和	元
預估每月可領月退休金：	33,857	元
月退休金佔最後三年平均薪資比例： （所得替代率）	44.14671673707819	%

資料來源：勞動部勞保局網站

表 3-1. 勞工個人退休金試算表（明細表）

年別	個人薪資 （月） A	年儲蓄額 （20%） B	儲蓄額 累計收益 C	累計儲蓄額 本金 D	累計儲蓄本金及 投資收益 E=C+D
1	30,000	72,720	600	72,720	73,320
2	30,750	76,320	2,549	149,040	151,589
3	31,519	76,320	5,908	225,360	231,268
4	32,307	79,920	10,730	305,280	316,010
5	33,115	79,920	17,077	385,200	402,277
10	37,468	91,680	73,932	822,720	896,652
15	42,392	105,360	179,742	1,322,160	1,501,902
20	47,962	115,680	344,535	1,878,720	2,223,255
25	54,265	132,960	579,917	2,508,960	3,088,877
30	61,396	153,120	900,092	3,231,360	4,131,452
35	69,464	167,520	1,321,442	4,040,160	5,361,602
36	71,201	174,720	1,419,393	4,214,880	5,634,273
37	72,981	183,600	1,522,324	4,398,480	5,920,804
38	74,806	183,600	1,630,413	4,582,080	6,212,493
39	76,676	192,480	1,743,826	4,774,560	6,518,386
40	78,593	192,480	1,862,745	4,967,040	6,829,785
合計	2,022,192	4,967,040	--	--	--

註：40 年月薪合計=2,022,192×12=24,266,304 元。

資料來源：勞動部勞保局網站

表 3-1 是點選圖 3-3 的「計算明細」時，所算出的明細表，限於篇幅，僅列出 16 年份之資料，月薪由第一年起薪 30,000 元，漲至 40 年後的 78,593 元，40 年的月薪總收入共 24,266,304 元，這尚未包含每年一個月的年終獎金共 2,022,192 元。讀者可自行上勞保局官網列印完整資料。

　　認為「薪水都沒漲」的人，現在必然很難相信，「起薪 30,000 元／月的職場新鮮人，40 年後的月薪會漲為 78,593 元／月，而「總薪資收入」會高達 2,426.6 萬元，這是保守的預估值，仍低於過去 40 年之薪資的實際漲幅，這還不包含每年的年終獎金、工作獎金等。以現在來看，也難以想像 2000 年以前，定存利率是在 5%～12% 的年代（圖 3-2），畢竟，已被近 20 年來平均僅約 1.0% 之「定存低利率」嚇到了。

　　所以，在預估「上班 40 年可賺多少錢」時，我們也不敢高估未來 40 年的平均定存年利率，故平均定存年利率取 1.8%、平均薪資年增率取 2.5%，及月薪儲蓄率取 20%，再分別以目前起薪每月 3 萬元、4 萬元及 5 萬元，利用圖 3-3 試算、計算明細，則未來 40 年的總薪資收入及總儲蓄額之概估值如表 3-2 所示，理論上，應再計入年終獎金的 1.8% 利息收入，因為計算式太複雜而省略不計。

表 3-2. 工作 40 年，儲蓄率 20%，定存利率 1.8%，可存多少錢？

起薪或目前月薪	30,000 元／月	40,000 元／月	50,000 元／月
（A）第 40 年之月薪 　　（以圖 3-3 試算）	78,593 元／月 （=起薪的 2.62 倍）	104,790 元／月 （=起薪的 2.62 倍）	130,978 元／月 （=起薪的 2.62 倍）
（B）40 年總薪資收入 　　（如圖 3-3 及表 3-1 方式）	24,266,304 元	32,354,556 元	40,441,080 元
（C）40 年儲蓄額本金（20%）	4,967,040 元	6,636,000 元	8,292,960 元
（D）40 年儲蓄本利和	6,829,785 元	9,128,829 元	11,407,449 元
（E）40 年（1 個月）獎金收入	2,022,192 元	2,696,213 元	3,370,090 元
（F）40 年合計總存款（=D+E）	8,851,977 元	11,825,042 元	14,777,539 元
（G）第 40 年之年支出	754,493 元	1,005,984 元	1,257,389 元

註 1：工作年資 40 年，薪資年增率 2.5%，定存年利率 1.8%。(E)項未計利息收入。
註 2：(G)第 40 年之年支出=(A)×80%×12

　　以起薪 30,000 元為例，由表 3-2 的（F）項 40 年合計總存款（8,851,977 元）及（G）項第 40 年之年支出（754,493 元）來看，起薪是 30,000 元／月，約 11.7 年（＝8,851,977÷754493）就會花光總存款，對於起薪 50,000 元／月的上班族也是如此（因為賺多花多，儲蓄率仍然是 20%），所幸還有政府版的勞退年金⊕勞保年金，共計約 45,000 元／月供基本生活用。因此，基本上一輩子不會投資的上班族，在工作 40 年之後，多尚能過個「健康的」退休生活，不過，一旦有「不健康活」的父母或親人，需要長期照護時，退休生活將會過得很辛苦。PS：我阿公、阿嬤分別各需一位看護，長達 7 年及 12 年。

　　若以美國「FIRE 族」的觀點來看，台灣的上班族是否亦可能提早財務自由；股素人依自己及同輩的退休生活經驗，並不鼓勵提早退休，因為退休後的生活很無聊，而且一旦太早退休，則之前工作多年的政府版退休金是否領得到，是一大問題，有人會在朋友的公司或職業工會繼續加保，以求在 65 歲時，可領到政府版的退休年金，這可能涉及非法而領不到。

　　而且，政府會持續修正退休金政策（延退、少領、多繳三方向），現在談提早退休的「已繳退休金」問題，尚言之過早，等即將退休時再說；所以，我們中規中矩的以「可能做得到」的儲蓄率（30% 或 35%）及投資報酬率（6%～8%）來計算，可提早 5～10 年退休的儲蓄投資總存款，如表 3-3a 及表 3-3b 之（F）項所示。

　　將圖 3-3 的投資報酬率 1.8%，改為合理的投資報酬率 6%，而月薪成長率維持不變（2.5%），將平均月儲蓄率（20%）提高為 30% 時，則在工作 30 年後（接近 60 歲時）的合計總存款（本利和），如表 3-3a 的（F）項，已高於（H）項的「25 倍法則」之所需退休金，如果想再提早退休年數，則需有較高的投資報酬率或薪資儲蓄率。表 3-3b 是以儲蓄率 35% 計算，約可比儲蓄率 30%，提早 3 年存到「25 倍法則」所需的退休金。

表 3-3a. 儲蓄率 30%，30 年可存多少錢？「25 倍法則」需多少退休金？

起薪或目前月薪	30,000 元／月	40,000 元／月	50,000 元／月
（A）第 30 年之月薪 （以圖 3-3 試算）	61,396 元／月 （=起薪的 2.05 倍）	81,861 元／月 （=起薪的 2.05 倍）	102,319 元／月 （=起薪的 2.05 倍）
（B）30 年總薪資收入 （如圖 3-3 及表 3-1 方式）	15,805,788 元	21,073,908 元	26,341,332 元
（C）30 年儲蓄額本金（30%）	4,847,040 元	6,476,400 元	8,103,240 元
（D）30 年儲蓄本利和	11,809,921 元	15,795,849 元	19,744,485 元
（E）30 年（1 個月）獎金收入	1,317,149 元	1,756,159 元	2,195,111 元
（F）30 年合計總存款（= D+E）	13,127,070 元	17,552,008 元	21,939,596 元
（G）第 30 年之年支出（70%）	515,726 元	687,632 元	859,480 元
（H）「25 倍法則」所需退休金	12,893,150 元	17,190,800 元	21,487,000 元

註 1：投資報酬率 6%，工作年資 30 年，薪資年增率 2.5%。(E)項未計投資收益。
註 2：(G)第 30 年之年支出=(A)×70%×12。(H)「25 倍法則」所需退休金=(G)×25。

表 3-3b. 儲蓄率 35%，27 年可存多少錢？「25 倍法則」需多少退休金？

起薪或目前月薪	30,000 元／月	40,000 元／月	50,000 元／月
（A）第 27 年之月薪 （以圖 3-3 試算）	57,013 元／月 （=起薪的 1.9 倍）	76,016 元／月 （=起薪的 1.9 倍）	95,013 元／月 （=起薪的 1.9 倍）
（B）27 年總薪資收入 （如圖 3-3 及表 3-1 方式）	13,648,992 元	18,198,216 元	22,746,972 元
（C）27 年儲蓄額本金（35%）	4,876,200 元	6,529,740 元	8,161,020 元
（D）27 年儲蓄本利和	10,856,255 元	14,534,372 元	18,158,293 元
（E）27 年（1 個月）獎金收入	1,137,416 元	1,516,518 元	1,895,581 元
（F）27 年合計總存款（= D+E）	11,993,671 元	16,050,890 元	20,053,874 元
（G）第 27 年之年支出（65%）	444,701 元	592,925 元	741,101 元
（H）「25 倍法則」所需退休金	11,117,525 元	14,823,125 元	18,527,525 元

註 1：投資報酬率 6%，工作年資 27 年，薪資年增率 2.5%。(E)項未計投資收益。
註 2：(G)第 27 年之年支出=(A)×65%×12。(H)「25 倍法則」所需退休金=(G)×25。

　　表 3-3a 及表 3-3b 是以基本的平均投資報酬率 6% 試算，可望在 30 年或 27 年後，達到「25 倍法則」的退休準備金需求，如果平均投資報酬率可提高至 8%（稍有難度），在其他條件不變的情況下，則可望提早 5 年達到目標，如表 3-4a 及表 3-4b 所示，此時，雖已達到「財務自

由」目標，若真想在「法定年齡」前退休，務必弄清楚那些已扣繳多年的勞保年金及勞退年金，會損失多少！

表 3-4a. 儲蓄率 30%，25 年可存多少錢？「25 倍法則」需多少退休金？

起薪或目前月薪	30,000 元／月	40,000 元／月	50,000 元／月
（A）第 25 年之月薪 （以圖 3-3 試算）	54,265 元／月 （=起薪的 1.81 倍）	72,353 元／月 （=起薪的 1.81 倍）	90,435 元／月 （=起薪的 1.81 倍）
（B）25 年總薪資收入 （如圖 3-3 及表 3-1 方式）	12,297,372 元	16,396,080 元	20,494,464 元
（C）25 年儲蓄額本金（30%）	3,763,440 元	5,046,120 元	6,299,640 元
（D）25 年儲蓄本利和	10,378,150 元	13,898,760 元	17,356,586 元
（E）25 年（1 個月）獎金收入	1,024,781 元	1,366,340 元	1,707,872 元
（F）25 年合計總存款（= D+E）	11,402,931 元	15,265,100 元	19,064,458 元
（G）第 25 年之年支出（70%）	455,826 元	607,765 元	759,654 元
（H）「25 倍法則」所需退休金	11,395,650 元	15,194,125 元	18,991,350 元

註 1：投資報酬率 8%，工作年資 25 年，薪資年增率 2.5%。(E) 項未計投資收益。
註 2：(G)第 25 年之年支出=(A)×70%×12。(H)「25 倍法則」所需退休金=(G)×25。

表 3-4b. 儲蓄率 35%，22 年可存多少錢？「25 倍法則」需多少退休金？

起薪或目前月薪	30,000 元／月	40,000 元／月	50,000 元／月
（A）第 22 年之月薪 （以圖 3-3 試算）	50,390 元／月 （=起薪的 1.68 倍）	67,186 元／月 （=起薪的 1.68 倍）	83,978 元／月 （=起薪的 1.68 倍）
（B）22 年總薪資收入 （如圖 3-3 及表 3-1 方式）	10,391,100 元	13,854,396 元	17,317,572 元
（C）22 年儲蓄額本金（35%）	3,712,800 元	4,982,460 元	6,208,020 元
（D）22 年儲蓄本利和	9,008,604 元	12,067,394 元	15,059,304 元
（E）22 年（1 個月）獎金收入	865,925 元	1,154,533 元	1,443,131 元
（F）22 年合計總存款（= D+E）	9,874,529 元	13,221,927 元	16,502,435 元
（G）第 22 年之年支出	393,042 元	524,051 元	655,028 元
（H）「25 倍法則」所需退休金	9,826,050 元	13,101,275 元	16,375,700 元

註 1：投資報酬率 8%，工作年資 25 年，薪資年增率 2.5%。(E)項未計投資收益。
註 2：(G)第 22 年之年支出=(A)×65%×12。(H)「25 倍法則」所需退休金=(G)×25。

由表 3-3 及 3-4 可知，薪水愈高的人，在儲蓄率（30%或 35%）不變的情況下，所需的退休金也愈高，不過，通常當月薪高於某一程度時，（G）項年支出不會再增加，亦即儲蓄率可望增加，而加速累積資產。如果你已是壯齡族或是薪資已逾 50,000 元／月，可以自己的條件，依表 3-3 或表 3-4 的方法試算，愈接近退休年齡，將用更切實際的預設值，則試算結果的準確性也愈高。

02

史上最強の節約達人：
儲蓄比投資更重要

　　2021 年 12 月 1 日，yes123 求職網曾公佈一份針對（含）45 歲以上會員，所做的「中高齡就業專法上路週年調查」報告，受訪者約有 36.1%仍為月光族，其他（63.9%）有存款者，平均每月約可存 7,983 元，平均存款為 606 萬元。受訪的≧45 歲勞工，認為「生活無虞」的退休金需求平均為 2,515 萬元，顯然，尚有一段極大的差距。

退休生活資金需多少？（1,800 萬？2,500 萬？）

※ yes123 求職網（2021.12.1）：（≧45 歲狀齡勞工）
1.生活無虞退休金：2,515 萬元
2.月光族：36.1%，其他：月存 7,983 元
3.平均存款 606 萬元，缺口：1,909 萬元

※ yes123 求職網（2022.3.28）：（≦39 歲青年勞工）
1.預估退休金：1,833.7 萬元
2.月光族：74.1%（收支平衡 37.8%+赤字 36.3%）
3.平均存款 17 萬，0 存款（15.4%），≧100 萬存款（1.5%）

　　2022 年 3 月 28 日，yes123 求職網又公佈一份針對（含）39 歲以

下會員，所做的「青年勞工職場甘苦與人生夢想調查」報告，受訪者中，36.3%為「入不敷出族」，37.8%為「收支平衡族」。所以，月光族為 74.1%（＝37.8%＋36.3%），僅 25.9%為有存款「收入多於支出族」，目前的存款平均值約 17 萬元，其中，僅有 1.5%的人存款在 100 萬元以上；平均預估退休準備金為 1,833.7 萬元，對≦39 歲的勞工而言，仍是個遙不可期的夢想。

此份報告中的 65%（≦39 歲）青年勞工，表示目前有負債，負債種類依序為（可複選）：①學貸（47.1%）、②信貸（39.6%）、③卡債（33%）、④車貸（20.8%）、⑤替親友背債（20%）、⑥房貸（17.9%）、⑦創業失敗（13.2%）及⑧投資失利（10.5%），職場新鮮人一旦有了學貸負債之後，已輸在起跑點，這應也是年輕人儲蓄率偏低的原因之一。

青年勞工宜以此八項負債種類為「前車之鑑」，勿重蹈覆轍，尤其是學貸的比例偏高（47.1%），而信貸（39.6%）及卡債（33%），也可能是部份用來還學貸，因此，年輕時宜設法不申請學貸，現在讀大學很方便，也可考慮讀夜間部，以減輕未來的負擔。股素人是在工作 11 年之後的 35 歲，學然後知不足，才找到人生的方向，因為當時尚未開放夜間部碩士班，才毅然放棄工作，出國攻讀機械碩士。

依 yes123 求職網的這二份調查報告，壯齡族的月光族（36.1%）遠低於青年族的月光族（74.1%），由此可知，只要肯努力，就能逐漸還清負債、累積資產。此外，青年勞工的平均「實際日工時」為 9.5 小時，其中在「（含）10 小時以上」的占 43.7%，足見現在的青年勞工很辛苦。

yes123 求職網的這二份調查報告之共同點是「儲蓄（率）偏低」，表 3-5 是 2020 年的「家庭收支調查報告」之數據，平均儲蓄率為 24.5%（J＝I÷G），若以總所得收入（E）計算，則總所得儲蓄率（I÷E）為 20.4%（＝264,548÷1,293,719），所以，總所得儲蓄率低於 20.4%的上班族宜加油了。

表 3-5. 109 年家庭收支調查報告

	家庭戶數(戶)A	平均每戶人數(人)B	平均每戶就業人數(人)C	平均每戶所得收入者人數(人)D	所得收入E	非消費支出F
總平均	8,829,466	2.92	1.37	1.76	1,293,719	214,071
	可支配所得G=E-F	消費支出H	儲　蓄I	儲蓄率(%)J=I÷G	住宅坪數(坪)K	自有住宅率(%)
	1,079,648	815,100	264,548	24.50	44.92	84.68

資料來源：行政院主計總處。（可支配所得占比=G÷E=83.45%）

　　其實，不止薪水會漲，受到通膨因素的影響，每人的消費支出，也是逐年上漲；依行政院主計總處 2020 年的近 10 年（2011～2020年）「家庭收支調查」報告（表 3-6），2020 年全台的平均支出為23,262 元／月（＝H÷B÷12@表 3-6），最高為台北 30,713 元／月，最低為彰化 17,794 元／月。

　　表 3-6 所示的消費支出排名，係以 2020 年的支出金額排列，出乎意料的是新北市的消費支出，居然排在④台中市及⑤高雄市之後，如果你的每月消費支出，高於你居住地的支出平均值（表 3-6），則宜考慮進行「儉約生活 336」了。

表 3-6. 平均每人月消費支出排名（元/月）

排名	①	②	③	④	⑤	⑥	倒⑤	倒④	倒③	倒②	倒①
年別 總平均	臺北市	新竹縣	新竹市	臺中市	高雄市	新北市	南投縣	臺東縣	苗栗縣	雲林縣	彰化縣
2011 18,465	25,321	21,012	23,723	17,544	18,100	18,722	15,426	13,339	15,314	13,696	13,646
2012 18,774	25,279	20,906	23,689	18,295	18,367	18,843	16,281	14,286	15,557	13,823	14,946
2013 19,416	26,672	20,925	25,675	19,805	19,081	19,131	15,857	15,700	15,987	15,176	14,370
2014 19,978	27,004	21,512	25,699	20,801	19,735	19,512	15,440	15,957	15,971	15,159	14,966
2015 20,421	27,216	21,193	24,313	20,821	21,191	20,315	15,856	14,267	16,920	15,183	15,505
2016 21,086	28,476	21,462	26,749	21,798	20,665	20,730	17,032	16,668	17,755	15,535	16,544
2017 22,032	29,245	24,864	27,293	23,125	21,597	22,136	17,409	17,171	17,681	17,061	15,844
2018 22,168	28,550	24,784	26,925	23,267	21,674	22,419	16,637	17,810	17,965	17,449	15,929
2019 22,881	30,981	24,391	26,703	24,281	22,942	22,755	17,184	17,457	18,057	18,114	17,342
2020 23,262	30,713	26,661	26,455	24,187	23,159	23,061	18,874	18,825	18,739	18,270	17,794
2055 46,521	61,423	53,319	52,907	48,371	46,315	46,119	37,746	37,648	37,476	36,538	35,586

註：排名係依 2020 年之支出排列。2055 年為本書以通膨率 2%計算之預估值。
資料來源：行政院主計總處家庭收支調查。限於篇幅，僅列出 11 個縣市。

若以先進國家的通膨率（CPI 年增率）警戒線 2%為基準，每隔 35 年，消費支出將會漲一倍，表 3-6 中之各縣市的 2020 年支出額（元／月），可依公式〔未來值＝現值×（1＋2%）^{年}〕計算，則 2055 年（35 年後）的消費支出額，將如表 3-6 最下一行所示，以台北市為例，在 2055 年的消費支出，將增為 61,423 元／月／人，讓人無法樂觀以待。

儲蓄比投資更重要；日本電視放送網（日本テレビ）有個受歡迎的綜藝節目「幸せ!ボンビーガール」（幸福！貧窮女孩），是一個以介紹年輕低收入女子生活為主題的節目，2013 年 8 月，該節目首次播出當年 27 歲的「田母神咲小姐特輯」。第一章的坂口一真先生，算是低物慾的半躺型躺平族，田母神小姐則是屬於有企圖心的微躺型躺平族。

田母神小姐從小時候就養成儲蓄的習慣，她從 19 歲高中畢業當（基本薪資）派遣工開始，就省吃儉用，過著「超儉約的生活」，每天餐費不超過 200 日圓（約台幣 60 元），她的冰箱內多是半價的即期食品，白蘿蔔（半價 39 圓）、97 圓一袋的烏龍麵（3 餐份）等，自己用小鍋煮「蔬菜烏龍麵」，一餐的費用僅約 50 日圓（約台幣 15 元），2013 年時在台灣 15 元也吃不到一份早餐，她連剪下的長髮都賣了 3,100 日圓，被稱為「史上最強的節約達人」。

她在 2013 年（27 歲）時，亦即經過 9 年的「超儉約生活」，就貸款 620 萬日圓，買了第一間 1,020 萬日圓 3 間房間的公寓，將其中 2 間房間出租，每個月有 7.6 萬日圓租金收入，節目在 2017 年再訪問她時，她已考取宅建士（不動產經紀人）及 FP 技能士（理財規劃士）的第二專長證照，而轉任不動產公司的正職員工。

美國「FIRE 族」儲蓄率 60%～80%，不夠看！

日本テレビの番組『幸せ！ボンビーガール』（幸福！貧窮女孩），2013 年首次播出「田母神咲特輯」，介紹自 19 歲當（基本薪）派遣工開始的田母神咲小姐，24 歲買第一棟公寓（1,020 萬日圓，貸款 620 萬日圓），還清貸款後，29 歲買第二棟公寓（1,800 萬日圓，貸款 1,500 萬日圓），還清貸款後，34 歲再買第三間獨棟房（2,400 萬圓），現年（2022 年）37 歲、未婚，財務自由當包租婆，但仍在房屋修繕公司上班。（一日三餐≦200 圓（≒65 元），每月支出一萬圓（≒3,250 元））！

在 2019 年（34 歲）時，又買下第 2 間 1,800 萬日圓的公寓（貸款 1,500 萬日圓），2 棟房子的租金收入約 23 萬日圓，在 2020 年 3 月 1 日及 9 月 3 日，電視台又做了追蹤報導，此時田母神小姐已轉任房屋修繕公司，並習得房屋修繕技能（第三專長），田母神小姐已經還清第 2 間公寓之 1,500 萬日圓的貸款，再以 2,700 萬日圓，買下第 3 間的獨棟房子；以 13 年的「儉約生活」買下 3 間房子當包租婆，此時的她已財務自由，但並未如美國「FIRE 族」一樣辭去工作（未婚），依舊低調的當上班族。

愛貓的她，之後又取得「動物取扱責任者」證照，利用第 3 間房的 1 樓，開了一間僅假日營業的「貓 café」，作為流浪貓庇護所，店內經常照護數隻貓咪，供適合人士免費領養，店裡只提供個性化的 100 日圓咖啡飲料和 100 日圓甜點，而她也找到更便宜的大賣場（1 包烏龍麵 19 日圓），每餐吃的是自己煮的僅 30 日圓（≒10 元台幣）蔬菜烏龍麵。

我們並不贊同田母神小姐之幾近不健康的飲食方式（不知是否為素食主義者？），不過，對於不買新品、多用二手品的傢俱、衣服等，以及買房之後的簡易裝修、重新油漆工作，全是 DIY 自己做的超節儉作風，不得不令人由衷佩服。

一個由 19 歲僅高中畢業就開始工作的最低薪派遣工，有「節儉、儲蓄」的習慣，加上「住家裡、近公司」的優勢，憑著超儉約生活，僅花 13 年時間，共買下 3 棟總計 5,500 萬日圓的房子，再回頭看「存了一億圓，所以我辭職了」的作者坂口一真，可知「儲蓄」絕對是比「投資」更務實、更重要的理財方法。

　　再舉一例說明「儲蓄」的重要性，春嬌是年收入 50 萬元的小資族，力行「儉約生活 336」，而月存 50% 薪資（儲蓄率 50%），則只要 4 年就可存下 100 萬元（25 萬元／年×4）；志明有富爸爸，提供他 200 萬元本金投資，以年化報酬率 5% 複利計算，需要 8.3 年時間，才能賺到 100 萬元的投資獲利；如果富爸爸提供本金 400 萬元的投資資本，以同樣的 5% 年化報酬率計算，也需 4.6 年才可賺到 100 萬元的投資獲利；反之，儲蓄率 50%，4 年即可存 100 萬元，所以，「儲蓄」比「投資」更重要！（但是，富爸爸的本金不用還！）

理財第一步：
量入為出、儲蓄優先、賺 10 存 3

　　由前述的內容來看，可知「節儉」對累積「小富」的重要性（大富靠天命，小富靠儲蓄），「節儉」的主要功能，在於養成儉約生活的「儲蓄」習慣，一旦能「斷捨錢坑、改變習慣」，則習慣成自然，或者，不知不覺中，就逐漸增加「儲蓄率」，而累積成退休樂活的準備金，所以，理財的第一步，是「量入為出、儲蓄優先」。

　　「理財」是「管理財產」的簡稱，「理財」並非是有錢人的專利，事實上，最需要理財的人，應是收入不高的小資族，從「零存款」開始累積資產；有收入，就會有理財的需求，記得剛上國中一年級時，家父（股素人）就拿給我 100 元和一個撲滿（存錢筒），跟我說：「以後每個禮拜天給妳 100 元，妳要自己學習如何花錢，花不完的錢就存在撲滿裡」。

　　家父接著說：「阿公在我上國中時，每個月給我 15 元，我在國一下學期快結束時，才學會如何不在 30 天未到之前，就把 15 元花光」。結果是：我「不會花錢」，大部分的零用錢均存進撲滿裡，根本還談不上「收支管理」的能力。

　　許多人將投資、理財、保險混為一談，就像順口溜一樣，事實上，投資和保險均只是理財中的一個環節而已；理財是節流觀，投資

是開源觀，投資是資金運用，理財是財產管理，而保險是風險管理，只是很容易掉入保險的陷阱，買了多而不當，甚至掉入虧光保險金的大錢坑，所以，投資≠理財≠保險，宜謹慎為之，保險歸保險，投資歸投資，才能得到應有的保障與獲利。

上班族的財產管理（理財），如表 3-7 所示，可概分為（一）必要生活費（≦40%）、（二）自住屋房貸（≦20%）、（三）儲蓄、投資（≧25%）、（四）次要生活費（≦10%）和（五）保障型保險（≦5%）五項，此五項所列之占比，視個人狀況調整。把（五）保障型保險（≦5%）列為單獨一項，是基於「人身風險管理」原則，延續幼稚園、國高中、大學等團體意外險的保單，而投資型（終身）壽險及年金險，則歸類於（三）儲蓄、投資項目之中。

表 3-7. 財產管理的分配表

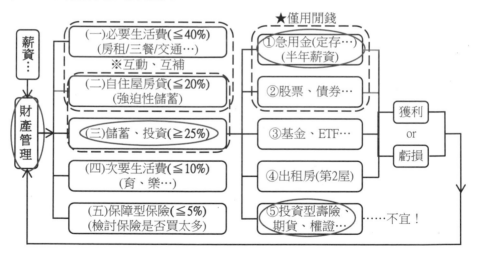

財產管理（理財）的第（一）項的房租和第（二）項自住屋房貸是互動、互補的，第（二）項的自住屋房貸，可視為強迫性儲蓄的一部份，初入職場的數年內，可能住父母家或租屋，等到成家時，存足自備款（＋父母贊助）後，才貸款購買自住屋，所以，第（一）項與第（二）項會連動增減；（二）自住屋房貸支出，宜≦夫妻總收入的 30%。

第（三）項之儲蓄、投資（≧25%）的①急用金（半年薪資），可為銀行定期存款，或分開買穩健型的官股（第 7 章），供急救金用，當存款超過半年薪水時，宜轉為第（三）項中的其他投資項目，可擇一進行。④出租房（第 2 屋），以≦2 房之小屋為宜（較易出租），但有變現慢、管理及惡客等問題。

在理財雜誌或理財網站中，三不五時可看到一些介紹 40 歲以下的年輕人，在股市投資獲利數千萬，或年領股息上百萬元的文章，確實讓人羨慕，但是，畢竟是只有少數人，而且，也有人在股市短線操作，時而大賺，最後卻慘賠收場的案例；股市投資是政府做東的「合法賭博」，短線操作獲利的錢，只是暫時放在你的口袋而已。因此，上班族仍宜中規中矩，以（≧25%）儲蓄率為優先，存足半年薪資之後，再談投資理財。

第（三）項中的⑤投資型壽險、期貨、權證…，本書歸類為高風險的投資工具，故不宜採用，其中的投資型壽險，有鮮為人知的「危險成本」之潛在風險，活愈久、繳愈多，曾有人買了一份 1,000 萬元的投資型壽險保單，共繳了 783 萬元保費，經過 10.4 年就全槓龜（第 4-2 節）。

第（四）項的次要生活費（≦10%），宜能省則省，如果〔第（一）項＋第（四）項〕的比重太高，就會減緩累積資產的速率，第（三）項是加速累積財富用，但是，高獲利＝高風險，務必用閒錢投資，而且宜選擇高殖利率、低風險的收租型 ETF（第 7 章）。

第（五）項的保障型保險是以保障人身風險為主，保費是一去不回的，故保費宜以≦5%年薪為上限，以年薪 30 萬元的低薪族為例，約只需 1 萬元／年（約 3.3%年薪），就可買到「500 萬元壽險＋日額 2,500 元的住院醫療險」，不宜聽信保險業務守則：「以 10%年薪買 10 倍年薪壽險」，詳見股素人著作《買對保險了嗎？》。

「儲蓄率」的基準是多少？很難下定論，美國「FIRE 族」的 60%～80%儲蓄率，以及日本的坂口一真和田母神咲的 90%以上儲蓄率，均有特殊的環境條件，才能達到超高的儲蓄率；通常，一般上班族的三大經常性支出是（1）房租、（2）餐食及（3）交通費用，「擒賊先擒王」，所以，開始上班時，宜有（1）住家裡、（2）近公司的先天條件，以節省（1）房租、（2）餐食及（3）交通的三大費用，才可能把儲蓄率提高至 50%以上。

　　然而，隨著時代的變化，家庭消費支出的九大項目，已有很大的改變，表 3-8 是近 31 年來（1990～2020 年）的「家庭收支調查報告」，可明顯看出家庭消費支出項目的變化，出乎意料之外的是，「醫療保健」（保險）項目的支出，已從 1992 年前的第 8 名，竄升至 2018 年以後的第 2 名，已連續 3 年成為僅次於住宅服務（房租）的第二大項支出費用。所以，想要提高儲蓄率，勢必也得從「檢討保險是否保太多？」著手。

表 3-8. 家庭消費支出結構按消費型態分

年別	合計	食品飲料及菸草	衣著鞋襪類	住宅服務水電瓦斯及其他燃料	家具設備及家務服務	醫療保健（保險）	運輸交通及通訊	休閒、文化及教育消費	餐廳及旅館	什項消費
1990	100	①26.89	⑥5.97	②24.88	⑨3.36	⑧4.82	④9.38	③11.68	⑤7.57	⑦5.44
1991	100	②25.40	⑥6.00	①25.77	⑨3.21	⑧5.36	④9.42	③11.33	⑤7.57	⑦5.94
1992	100	②24.05	⑥6.15	①26.48	⑨3.11	⑧5.05	④9.51	③11.76	⑤7.97	⑦5.93
1996	100	②19.72	⑧4.51	①25.62	⑨3.27	⑤9.79	④10.65	③11.51	⑥8.43	⑦6.51
2001	100	②17.29	⑧3.66	①25.08	⑨2.59	⑤11.43	③12.12	④12.04	⑥8.98	⑦6.82
2006	100	②16.13	⑧3.37	①23.67	⑨2.41	③13.75	④12.79	⑤11.53	⑥9.31	⑦7.03
2011	100	②16.22	⑧3.10	①24.39	⑨2.49	③14.62	④13.00	⑤10.39	⑥10.16	⑦5.63
2016	100	②15.76	⑧2.95	①24.22	⑨2.43	③15.33	④12.65	⑥9.38	⑤11.83	⑦5.45
2017	100	②15.60	⑧2.87	①23.90	⑨2.55	③15.25	④12.87	⑥9.55	⑤12.00	⑦5.42
2018	100	③15.56	⑧2.81	①23.95	⑨2.47	②15.85	④12.49	⑥9.26	⑤12.32	⑦5.29
2019	100	③15.21	⑧2.80	①23.62	⑨2.61	②16.01	⑤12.22	⑥9.53	④12.79	⑦5.22
2020	100	③15.61	⑨2.75	①24.31	⑧2.81	②17.05	⑤11.75	⑥7.54	④13.07	⑦5.12

資料來源：行政院主計總處「家庭收支調查報告」（2020 年）

「賺 10 存 3」（儲蓄率 30%）是量入為出的基本指標，同樣薪資的上班族，有人可以月存 30% 以上，有人卻是月光族，這和個人的消費習慣及生活方式有關，有些未婚小資族與父母同住，免房租、免早晚餐費，可月存 60% 以上的月薪。不管如何，想以儲蓄方式累積財富的準則，是「減少不必要的開銷」，秉持「不浪費」原則，不一時興起亂買一些可能只用 1、2 次的商品，能用的東西就繼續使用，並訂定每月的「生活費上限」及「儲蓄額下限」，積少成多，才能日久見財富。

　　「存款不足」是不少上班族的隱憂，上班族每個月要存多少錢才合理？在網路上可看到一些推文，每月存款，有人 5,000 元，有人 10,000 元，有人 20,000 元不等，比較中肯的說法是「薪水有高有低，不能看金額，應以月薪比例來衡量」，大多數上班族每月存錢的比例（儲蓄率）約在 15%～60% 之間（有人住家、有人租屋、有人有學貸、卡債…）。

　　存錢儲蓄要有決心，每月領到薪水時，依①貸款／欠款、②存錢 ≥20%、③房租、④三餐費、⑤交通費及⑥其他生活費（服裝、育樂…）等順序，前二項是不可動的固定支出，不要挪用，第②項可利用銀行的自動轉帳功能，轉到證券存款帳戶中，以免誤用花掉；後四項是「可變動」支出，（至少在婚前）要「儘量減、儘量摳」，例如，與人合租房間、不買汽車等「儉約生活 336」，到每個月月底，剩下的錢再轉到證券存摺中。

　　同時，宜養成記帳習慣，根據我自己的親身經歷，若不需支付欠款及房租，每個月可節省 70% 以上的薪水。婚前是養成記帳儲蓄習慣的重要關鍵，單身上班族如果每月可存 25% 薪水，結婚後夫妻 2 人可省 40% 總薪資並非難事（夫妻 2 人支出不會加倍）。我 2005～2007 年在日本攻讀碩士時，住學校宿舍，有共用廚房，每天自購食材料理三餐，領有獎學金，週末打工 2 個晚上，省吃儉用，2 年就存下半桶金。

回國之後，在離家不遠的公司上班，騎機車上、下班（20 分鐘），薪水雖然不高，但是，不用房租，早晚餐在家吃，上班 4 年 10 個月，又存下一桶金，結婚之後，以 1 桶半金為基礎，與家父開始存股理財，幸運的是，有家父之前車之鑑，而研究出第一版的「存股 SOP」（2014 年），每年的股利約在 5%～7%之間，2019 年 6 月開始，以改良版的「定存股買前檢查表」SOP，讓每年的年化報酬率提高至 10%以上，詳見拙作《拒當下流老人的退休理財計劃》。

雖然目前已達到「財務自由」，股利收入高於家庭支出，但是，我們的（收租）存股方式，是「每年 1 月 1 日及 7 月 1 日的前後 30 天才買賣股票」，其他時間若無正事可做，可能每日看股市行情，而手癢亂買股票，我無法像坂口先生一樣隨意樂活，所以，在小孩開始上學之後，又開始上班，當個財務自由的上班族。

「賺 10 存 3」並沒有想像中困難，不過，一個班級中，總有第 1 名和最後 1 名，能否做得到，就看個人的決心與毅力了。

04

勞工理財的起手式：
勞退自提 6%

勞工退休時，可領二筆退休金：（一）勞保年金和（二）勞退年
金；前者受限於勞保投保級距上限（45,800 元／月）之故，因此，工
作年資≦40 年的勞保年金多≦29,000 元／月；然而，勞退年金級距的
上限為 150,000 元／月。所以，月薪愈高（雇提 6%＋自提 6%）的複利
效應也愈大，起薪 50,000 元／月的 25 歲勞工，65 歲退休時，每月約
可領取 52,256 元的勞退年金（圖 3-5）。

「新制勞工退休金制度」除了規定雇主需每月提撥 6%（下限）的
勞工薪資至勞工個人帳戶外，勞工也可選擇自提月薪 6%（上限）到自
己的個人帳戶。依勞工保險局 2022／3／29 的公告資訊，截至 2021 年
底，已加入勞退新制的勞工約 724.2 萬人，而有辦理「勞退自提 6%」
的勞工僅 83.4 萬人，占 11.52%。

或許，有些人是（低薪）月光族，沒有多餘的錢辦理自提，依
2022 年初勞保局的統計資料，月薪 3 萬元以下的低薪族之自提比例僅
為 1 成，而月薪 5.7 萬元以上的高薪族之自提比例高達 4 成；有些人則
「聽說」勞退基金快倒了，而沒有自提≦6%；其實，勞退提繳的錢是
存在勞工自己的個人帳戶中，與中華民國（台灣）共存亡，除非海峽
兩岸開打，否則不會倒。

因此，勞工宜「強迫」自己提滿 6%，每月儲存 6%的薪資所得，以起薪 3 萬元的 25 歲勞工試算，如第 3-1 節的圖 3-1 所示，40 年後可換取退休後每月領取約 15,710 元的勞退年金，加上自己提繳的 6%（上限），則退休後，共可領取約 31,420 元／月的勞退年金，若再加上每月約 29,000 元的勞保年金，合計約 60,420 元／月的退休年金，起碼可以過個「健康活」的退休生活，仍達不到「快樂活」等級。

此外，表 3-9 是「勞退新制」之勞工每月自提 6%的節稅效益，大多數勞工之綜合所得稅的課稅級距，多在第 1 級（5%）～第 3 級（20%）之間，例如，月薪 31,000 元的單身上班族，扣掉免稅額及扣除額共 42.3 萬元之後，仍未達課稅門檻，不必繳交綜合所得稅。

如果是月薪 60,000 元的中產階級，自提 6%時，每年可節稅 2,189元；若是為月薪 10 萬元的單身貴族，則每年可節稅 8,735 元；如果是月薪 15 萬元的黃金單身漢／女郎，每年可節稅 21,600 元，也就是說，薪水愈高，自提 6%的節稅效果愈高。

表 3-9. 勞退新制自提 6%之節稅額（2023 年報稅適用）

項次	(1)月薪	(2)勞退級距	(3)年薪=(1)×13（註1）	(4)所得淨額（註2）	(5)原應繳稅額=(4)×(10)	(6)自提6%=(2)×6%×12	(7)扣自提6%後之淨所得=(4)-(6)	(8)扣自提6%後應繳稅額=(7)×(10)	(9)自提6%節稅額=(5)-(8)	(10)所得課稅級距
1	30,000	30,300	390,000	-33,000	0	21,816	0	0	0	
2	31,000	31,800	403,000	-20,000	0	22,896	0	0	0	
3	40,000	40,100	520,000	97,000	4,850	28,872	68,128	3,406	1,444	5%
4	50,000	50,600	650,000	227,000	11,350	36,432	190,568	9,528	1,822	
5	60,000	60,800	780,000	357,000	17,850	43,776	313,224	15,661	2,189	
6	70,000	72,800	910,000	487,000	24,350	52,416	434,584	21,729	2,621	
7	80,000	80,200	1,040,000	617,000	74,040	57,744	559,256	67,111	6,929	
8	90,000	92,100	1,170,000	747,000	89,640	66,312	680,688	81,683	7,957	12%
9	100,000	101,100	1,300,000	877,000	105,240	72,792	804,208	96,505	8,735	
10	110,000	110,100	1,430,000	1,007,000	120,840	79,272	927,728	111,327	9,513	
11	120,000	120,900	1,560,000	1,137,000	136,440	87,048	1,049,952	125,994	10,446	
12	130,000	131,700	1,690,000	1,267,000	253,400	94,824	1,172,176	234,435	18,965	
13	140,000	142,500	1,820,000	1,397,000	279,400	102,600	1,294,400	258,880	20,520	20%
14	150,000	150,000	1,950,000	1,527,000	305,400	108,000	1,419,000	283,800	21,600	

註1：(3)年薪=(1)月薪×13 個月。(5)=(4)×(10)。(6)自提 6%=(2)×6%×12。
註2：（111 年度）單身者例：(4)所得淨額=(3)年薪-（每人免稅額 92,000 元+薪資扣除額 207,000元+單身標準扣除額 124,000 元=423,000 元），亦即年薪高於 42.3 萬元者，才需繳納所得稅。150,000 元/月為現行勞退級距的上限。
資料來源：財政部「111 年度綜合所得稅課稅級距金額」（本書製表）

因此，「勞退自提 6%」至少有三項優點：（1）可享所得稅優惠、（2）可享投資累積收益和（3）可培養儲蓄習慣：

（1）可享免綜合所得稅及免退職所得稅：

「勞工退休金條例」第 14 條第 3 項規定：「勞工得在其每月工資之 6%以內，自願提繳退休金；其自願提繳之退休金，不計入提繳年度薪資所得課稅」，亦即是「勞工每月自提 1%～6%（上限）之金額，可全數從薪資所得中扣除，不必列入翌年報繳所得稅時的薪資收入中」。這筆累積的自提勞退金，可延到領取退休金時，才計算是否要課稅。

依財政部國稅局的 2021 年 11 月 24 日之公告，2023 年報稅用之勞退年金的課稅計算方式如表 3-10 所示，如果選擇分期領退休金，若全年領取總額≦81.4 萬元（≒6.78 萬元／月），雖然勞退年金（雇提+自提）是「遞延稅負」，但是，對於絕大多數的勞工而言，勞退年金多≦6.78 萬元／月，故多不用繳納退休金所得稅。

表 3-10. 111 年度退職所得之課稅方式（2023 年報稅適用）

	（一）一次領取退休金
免稅門檻	退休金總額≦18.8 萬元×服務年資
半數課稅	18 萬元×服務年資<退休金總額≦（37.7 萬元×服務年資）
金額課稅	退休金總額≧（37.7 萬元×服務年資）
	（二）分期（按月／季）領取退休金
免稅門檻	全年領的總額≦81.4 萬元

出處：財政部公告（2021.11.24）（本書製表）

（2）可享投資累積收益：

在退休總結算退休年金時，勞退個人帳戶至少可保障有 2 年定存年利率的「最低保證收益」；反之，如果當年度的勞退基金收益率，高於當年度的最低保證收益率時，其獲利收益

中的二分之一金額，將被提撥到勞工的個人專戶中，年復一年，可以複利方式累積退休金。所以，以理財及退休的角度來看，「勞退自提」務必要提，且要提滿到上限 6%。

勞退基金之投資收益會在隔年 2 月底結算，若投資收益為正值，則會在 3 月初將收益分紅，匯入勞退個人帳戶之中，以2022 年 2 月底結算 2021 年的投資績效為 9.66%，平均每位新制勞工的分紅約 2.3 萬元，過半數勞工之分紅在 5 萬元以上，也有少數高年資、高月薪的勞工，分紅達 20 萬元以上。

（3）可培養儲蓄習慣：

月光族老是怪「薪水太低不夠用」，其實，只要有班可上，穩定收入「即可」，不管你薪水多高或多低，總是比上不足，比下有餘，開源不易，所以要節流優先，即「月薪-預定存款＝支出上限」，而非「月薪－（無限）支出＝零存款」。

預定存款可從「自提 6%」做起，例如月薪 30,000 元，自提6%（1,800 元），實領 28,200 元，此種「不得不扣」的儲蓄，是累積小富的開始。勞工「自提 6%」雖名為「自提」，但是可視為一種「強制性」儲蓄，相當於向保險公司買三、四十年期的「儲蓄險」，按月提繳 6%年薪的保費，不得不繳，積少成多、集腋成裘。

除了上述三項優點外，依「勞工退休金條例」第 29 條規定，「勞工個人退休金專戶的存款，不得作為抵銷、扣押、供擔保或強制執行的標的」，也就是說，除非是自己提領，否則專戶內存款萬無一失，因此，為了安穩的退休生活，勞工似乎沒有理由不「自提 6%」。即使自提率上限以後再提高，亦要苦撐、隨著提高。

「勞退自提 6%」的「半推半就」性儲蓄，每月「強迫」自己由薪資中提出 6%儲蓄，加上雇主的「被迫」提繳 6%，合計為 12%後，將

「退休金提繳率」改為 12% 後重新試算，之前的圖 3-1，是起薪 3 萬元／月的勞工之勞退年金試算，分別為 15,710 元／月（6%）和 31,420 元／月（12%，含勞工自提 6%）。

　　起薪 5 萬元／月的勞工，可得到如圖 3-4 的勞退年金分別為 26,128 元／月（6%）和 52,256 元／月（12%，含勞工自提 6%），因此，勞工族宜選擇「勞工自提 6%」方案，「先苦後樂、倒吃甘蔗」，為退休樂活儲存安穩的生活基金。

圖 3-4. 以**提撥 6%（12%）**試算之勞退年金（起薪 5 萬元/月）

勞工個人退休金試算表(勞退新制)

個人 目前薪資（月）：	50000 （≒起薪）元
預估退休金投資報酬率（年）：	3 %
預估個人薪資成長率（年）：	3 %
退休金提繳率（月）：	6 (12)(含自提 6%) %
預估選擇新制後之工作年資：	40 年
預估平均餘命：	⦿ 20年　○ 24年

試　算	重　算	計算明細

預估可累積退休金及收益：	4,722,956 （9,445,912）元
預估每月可領 月退休金：	26,128 （52,256）元

資料來源：勞動部網站：勞退年金試算表

　　勞退新制自 2005 年 7 月 1 日開辦以來，勞退基金的投資收益率如圖 3-5 所示，雖然這 16.5 年期間，有四次呈虧損狀態（不分紅且會扣款），且開辦以來的前 3 年（2005～2007 年）之「實際收益率」低於「保證收益率」，但這 16.5 年的平均收益率仍為 3.70%，算是差強人意的投資績效（低於同期間之股市大盤殖利率 4.34%）。

　　即使在退休結算時，總平均收益率為負值，政府仍會依 2 年定存

利率的「最低保證收益」給付<u>勞退年金</u>（詳見拙作《拒當下流老人的退休理財計劃》），因此，勞工個人的退休帳戶並無虧損之虞，最差狀態就像是買個三、四十年的傳統儲蓄險。

圖 3-5. 勞退新制基金之歷年收益率及保證收益率

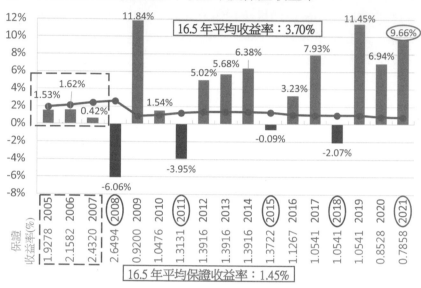

資料來源：勞動部勞動基金運用局（本書製圖）

2022 年 3 月 4 日，勞保局將 2021 年的收益金額 2,836.8 億元（收益率 9.66%），匯入勞工的個人退休帳戶，其中有 149 萬名勞工，分紅超過 5 萬元，此筆分紅又成為下年度的投資本金，也有一些勞工自 2005 年 7 月 1 日起，選擇「自提 6%」，因為 2022 年 3 月的分紅高達 20 萬元以上，足見（分紅＋本金）的複利增值效果。

★職業工會的勞保，沒有「雇主勞退提撥 6%」等福利！

依「勞工保險條例」第 6 條，凡雇用≧5 人勞工的公司，均須依規定替所屬勞工投保，然而，有些（小公司）雇主為了規避應負擔的保險費和提撥 6%退休金，會補貼部份保費，請員工自行參加職業工會的

勞保，甚至也有些勞工認為職業工會的勞保較便宜，而自行向雇主要求不參加公司的勞保。

其實，參加公司或職業工會勞保的權益，有很大的差異，主要有如表 3-11 所示的（1）保費負擔、（2）雇主勞退提撥 6%及（3）就業保險的三大差異，參加職業工會的勞工，其權益損失，只有在退休時或（出事故）需要補助時，才會後悔未參加公司的勞保。

表 3-11. 公司勞保 vs. 職業工會勞保

項目	公司勞保	職業工會勞保
（1）保費負擔	勞工：20%；政府：10%；雇主：70%	勞工：60%；政府：40%
（2）雇主勞退提撥 6%	有，且可自選提撥 1%～6%	無，僅「自營作業者」可自提 6%
（3）就業保險	含失業給付、提早就業獎助津貼、職業訓練生活津貼、育嬰留職停薪津貼及補助全民健保費	不含左列項目

資料來源：勞保局網站（本書製表）

很多人以為「薪資高，才能儲蓄」，但是，未必如此，因為薪資較高的人，不騎機車開轎車、買名牌奢侈品、勤換新上市手機、育樂消費不設限，或者會想買較高價的房子等，而成為月光族；有些上班族，上午進公司手拿一杯咖啡／拿鐵，下午進公司，再拿一重量杯冷飲，戒掉後每月就可節省 3,000 元開銷，再戒掉不必要網購／物慾，每月又可節省 3,000 元。

儲蓄的要訣，在於要先設定每月的儲存金額，例如，設定實領月薪的 10%～30%為不可動用的儲蓄款；剩下的才是開支的上限，量入為出，再分配各項支出金額，「住、食」優先，「衣、行、育、樂」可打折再打折，如此，即使月薪不到 30,000 元的職場新鮮人，也可能月存 5,000 元以上，如果與父母同住，「住、吃免費」，月存 2 萬元並非不可能。

股市存股理財的理論，大致上大同小異，但是，成功與否的關鍵，在於「恆心和紀律」；繳房貸或買保險，因為是每月自動扣款，所以不得不繳，這就是被動的「恆心和紀律」，對於想儲蓄而缺乏恆心和毅力的人，最有效的方法，就是辦理銀行（行動銀行 APP）的自動轉帳功能，在個人月薪入帳後的第 5 天（以防公司發薪出狀況），自動轉出 3 千～1 萬元到自己另外開設的股票證券存款帳戶中，作為每年買優質定存股的款項，而留在薪資帳戶的金額，就是生活費的上限。

　　提早儲蓄，未雨綢繆，才能退休快樂活，所以，勞工族退休理財的起手式是「無痛儲蓄」的「勞退自提 6%」。

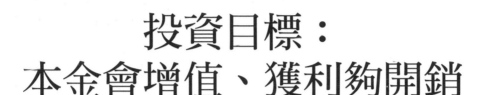

05

投資目標：
本金會增值、獲利夠開銷

　　通常，股市投資者多會以台股大盤的殖利率，做為投資績效的比較基準，圖 3-6 是 2005 年以來（即勞退新制開辦以來）的大盤殖利率，平均殖利率為 4.34%；所以，如果長期投資的平均殖利率高於 4.34%，就可算是「中上級」的投資者，如圖 3-5 所示，勞退新制基金自開辦以來的平均殖利率，也僅有 3.7%而已。因此，不求短線獲利的穩健型上班族，可以「本金會增值，獲利夠開銷」為投資理財的目標。

圖 3-6 . 台灣股市之大盤殖利率與指數變化(2005〜2021 年)

資料來源：臺灣證券交易所（本書製圖）

儲蓄致富之道，必須藉由「複利率」的本利和增值效應，才能加速累積資產，也就是股神巴菲特所說的「滾雪球效應」，斜坡愈長（即時間愈長），增值效應就愈大。

　　複利率計算可分為「單筆存款」和「定期定額」投資兩部份，表3-12 是（銀行）單筆存款的複利對照表，是以如下的單筆投資（整存整付）未來值公式計算：

$$FV = CV \times (1 + r\%)^{年} \quad \cdots\cdots (E3\text{-}1)$$

　　FV：未來值（本利和）　　CV：單筆投資額（本金）　　r%：投報率（年利率）

　　依公式（E3-1）計算，可整理出如表 3-12 的〔本利和÷本金〕倍比速查表，如表 3-12 所示，想存股 5 年獲利 1 倍（2.011 倍），則複利率約為 15%；想存股 10 年獲利 1 倍（2.004 倍），約為複利率 7.2%。在不同複利率（年利率）時，本金倍漲的年數，依此類推。

　　想要知道「單筆投資的獲利倍漲時間」，也可以「倍漲七二法則」概算，例如投資 100 萬元於投報率 6%的商品，約經過 12 年（＝72÷6），本利和即可成為 200 萬元（若依公式（E3-1）計算為 11.9年），如表 3-12 中的 2.012 倍；若投報率 10%，則需經過 7.2 年（＝72÷10），資本和即可成為 200 萬元（若依公式（E3-1）計算為 7.3年），誤差率≦1.5%，因此，「七二法則」可適用於概算〔本利和÷本金〕倍比（參照表 3-12）。

表 3-12. 單筆投資之〔本利和÷本金〕倍比速查表

年數	銀行存款年利率 或 股市存股年報酬率　（※本金 1 萬元例）													
	1.5%	2%	3%	4%	5%	6%	7.2%	8%	9%	10%	11%	12%	15%	18%
1	1.015	1.020	1.030	1.040	1.050	1.060	1.072	1.080	1.090	1.100	1.110	1.120	1.150	1.180
2	1.030	1.040	1.061	1.082	1.103	1.124	1.149	1.166	1.188	1.210	1.232	1.254	1.323	1.392
3	1.046	1.061	1.093	1.125	1.158	1.191	1.232	1.260	1.295	1.331	1.368	1.405	1.521	1.643
4	1.061	1.082	1.126	1.170	1.216	1.262	1.321	1.360	1.412	1.464	1.518	1.574	1.749	1.939
4.2	1.065	1.087	1.132	1.179	1.227	1.277	1.339	1.382	1.436	1.492	1.550	1.610	1.799	2.004
4.5	1.069	1.093	1.142	1.193	1.246	1.300	1.367	1.414	1.474	1.536	1.599	1.665	1.876	2.106
5	1.077	1.104	1.159	1.217	1.276	1.338	1.416	1.469	1.539	1.611	1.685	1.762	2.011	2.288
5.5	1.085	1.115	1.177	1.241	1.308	1.378	1.466	1.527	1.606	1.689	1.775	1.865	2.157	2.485
6	1.093	1.126	1.194	1.265	1.340	1.419	1.518	1.587	1.677	1.772	1.870	1.974	2.313	2.700
6.5	1.102	1.137	1.212	1.290	1.373	1.460	1.571	1.649	1.751	1.858	1.971	2.089	2.480	2.932
7	1.110	1.149	1.230	1.316	1.407	1.504	1.627	1.714	1.828	1.949	2.076	2.211	2.660	3.185
7.5	1.118	1.160	1.248	1.342	1.442	1.548	1.684	1.781	1.909	2.044	2.187	2.340	2.853	3.460
8	1.126	1.172	1.267	1.369	1.477	1.594	1.744	1.851	1.993	2.144	2.305	2.476	3.059	3.759
8.5	1.135	1.183	1.286	1.396	1.514	1.641	1.806	1.924	2.080	2.248	2.428	2.620	3.280	4.083
9	1.143	1.195	1.305	1.423	1.551	1.689	1.870	1.999	2.172	2.358	2.558	2.773	3.518	4.435
9.5	1.152	1.207	1.324	1.451	1.590	1.739	1.936	2.077	2.268	2.473	2.695	2.935	3.773	4.818
10	1.161	1.219	1.344	1.480	1.629	1.791	2.004	2.159	2.367	2.594	2.839	3.106	4.046	5.234
11	1.178	1.243	1.384	1.539	1.710	1.898	2.149	2.332	2.580	2.853	3.152	3.479	4.652	6.176
12	1.196	1.268	1.426	1.601	1.796	2.012	2.303	2.518	2.813	3.138	3.498	3.896	5.350	7.288
13	1.214	1.294	1.469	1.665	1.886	2.133	2.469	2.720	3.066	3.452	3.883	4.363	6.153	8.599
14	1.232	1.319	1.513	1.732	1.980	2.261	2.647	2.937	3.342	3.797	4.310	4.887	7.076	10.147
15	1.250	1.346	1.558	1.801	2.079	2.397	2.837	3.172	3.642	4.177	4.785	5.474	8.137	11.974

註：〔本利和÷本金〕＝（1+年利率%）^{n}，n 是存款年數。

「定期定額」投資的未來值（FV），是以公式（E3-2）計算，

$$FV = PV \times \left[(1 + r\%) \times \frac{(1+r\%)^{年}-1}{r\%} \right] \quad \cdots\cdots (E3\text{-}2)$$

FV：未來值（本利和）　PV：每期投資額　r%：投報率（年利率）

若將公式 E3-2 改寫公式為公式 E3-3，即可計算出「定期定額」投資的〔本利和÷本金〕倍比，

$$本利和 \div 本金和 = FV \div PV \div 年$$

$$= \left[(1 + r\%) \times \frac{(1+r\%)^{年}-1}{r\%}\right] \div 年 \cdots\cdots (E3\text{-}3)$$

例如：每年投資 10 萬元，在 5%投報率時，第 25 年本利和將為本金和（10 萬元／年×20 年）的 2.00 倍，即本利和將成為 400 萬元；如果投報率 10%，則在第 12.5 年時，本利和即將增為本金的 2.02 倍。若以 25 歲上班、65 歲退休、年均報酬率 5%計算，40 年後的本金 400 萬（＝10 萬／年×40 年）的本利和將增為 1,268 萬元（＝400 萬×3.17 倍），依此類推。

表 3-13. 定期定額投資的複利倍比趨勢表

年數＼投報率	5	7.5	10	12.5	15	17.5	20	22.5	25	27.5	30	32.5	35	37.5	40
3%	1.09	1.14	1.18	1.23	1.28	1.33	1.38	1.44	1.50	1.57	1.63	1.70	1.78	1.86	1.94
4%	1.13	1.19	1.25	1.32	1.39	1.47	1.55	1.64	1.73	1.83	1.94	2.06	2.19	2.32	2.47
5%	1.16	1.24	1.32	1.41	1.51	1.62	1.74	1.86	2.00	2.16	2.33	2.51	2.71	2.93	3.17
6%	1.20	1.29	1.40	1.51	1.64	1.79	1.95	2.13	2.33	2.55	2.79	3.07	3.37	3.72	4.10
7%	1.23	1.35	1.48	1.63	1.79	1.98	2.19	2.43	2.71	3.02	3.37	3.77	4.23	4.75	5.34
8%	1.27	1.41	1.56	1.75	1.95	2.19	2.47	2.79	3.16	3.58	4.08	4.65	5.32	6.09	6.99
9%	1.30	1.47	1.66	1.88	2.13	2.43	2.79	3.20	3.69	4.27	4.95	5.76	6.72	7.86	9.21
10%	1.34	1.53	1.75	2.02	2.33	2.70	3.15	3.69	4.33	5.10	6.03	7.16	8.52	10.17	12.17
12%	1.42	1.67	1.97	2.33	2.78	3.34	4.03	4.90	5.97	7.32	9.01	11.13	13.81	17.20	21.48
15%	1.55	1.89	2.33	2.91	3.65	4.62	5.89	7.57	9.79	12.74	16.67	21.92	28.95	38.41	51.15
18%	1.69	2.15	2.78	3.63	4.80	6.41	8.65	11.78	16.17	22.36	31.11	43.54	61.25	86.55	122.81
20%	1.79	2.34	3.12	4.21	5.76	7.99	11.20	15.86	22.66	32.61	47.28	68.94	101.09	148.92	220.32

平心而論，如果在股市做 20 年以上的長期投資，投報率多可高於 5%，故以投報率 5%計算，在上班 40 年後，每年約可提領 63.4 萬元股利（＝1,268 萬元×5%），不過，依通膨率（CPI）2%計算，40 年後的 63.4 萬元的僅為現值 28.7 萬元，似乎不夠用，但是，別忘了，你還有勞保或軍／公教保的基本退休年金（見拙作《拒當下流老人的退休

理財計劃》第三章）。若還嫌不夠，則只能從現在起，力行「儉約生活 336」，存下更多的錢來做投資。

若想達到「本金會增值，獲利夠開銷」的投資目標，則不管是股票、基金、ETF，還是政府債券等工具，投資標的的長期平均投報率（殖利率）宜在 5%以上，以 25 歲開始上班，65 歲退休為例，40 年後的投資本利和宜≧1,800 萬元，再以 5%投報率（殖利率）計算，每年才可能提領 90 萬元股利（＝1,800 萬元×5%＝7.5 萬元／月），兼顧「退休樂活」及「萬一長照需求」的功能。

表 3-14 是以殖利率 5%為基準，所算出之「定期定額」投資的獲利速查表，以每年年初存款 60,000 元（≒5,000 元／月）為例，存款 30 年後，本金和為 1,800,000 元，因殖利率 5%的複利效果，本利和共 4,185,648 元；若能每年儲蓄 180,000 元（15,000 元／月），則 40 年後的存款本金為 720 萬元，而投資本利和達 22,831,200 元；即使每年存款不為最左欄之數值，例如，年存 150,000 元（＝12,500 元／月），只要乘以表 3-14 最下一行的「本利和÷本金」，即可得知 6 年～40 年後的本利和，例如，40 年後的「本利和÷本金」＝3.171，則年存 15 萬元之 40 年本利和為 1,902.6 萬元（＝15 萬×40×3.171）。

表 3-14. 月存 3 仟～2 萬之獲利速查表（元）（@殖利率 5%）

每年年初存款	6 年後	10 年後	15 年後	20 年後	25 年後	30 年後	35 年後	40 年後
36,000元／年 （3,000元／月）	257,112 （216,000）	475444 （360,000）	815,670 （540,000）	1,249,893 （720,000）	1,804,084 （900,000）	2,511,389 （1,080,000）	3,414,107 （1,260,000）	4,566,240 （1,440,000）
48,000元／年 （4,000元／月）	342,816 （288,000）	633,926 （480,000）	1,087,560 （720,000）	1,666,524 （960,000）	2,405,446 （1,200,000）	3,348,518 （1,440,000）	4,552,142 （1,680,000）	6,088,320 （1,920,000）
60,000元／年 （5,000元／月）	428,521 （360,000）	792,407 （600,000）	1,359,450 （900,000）	2,083,155 （1,200,000）	3,006,807 （1,500,000）	4,185,648 （1,800,000）	5,690,178 （2,100,000）	7,610,400 （2,400,000）
72,000元／年 （6,000元／月）	514,225 （432,000）	950,889 （720,000）	1,631,340 （1,080,000）	2,499,786 （1,440,000）	3,608,168 （1,800,000）	5,022,778 （2,160,000）	6,828,214 （2,520,000）	9,132,480 （2,880,000）
84,000元／年 （7,000元／月）	599,929 （504,000）	1,109,370 （840,000）	1,903,230 （1,260,000）	2,916,417 （1,680,000）	4,209,530 （2,100,000）	5,859,907 （2,520,000）	7,966,249 （2,940,000）	10,654,560 （3,360,000）
96,000元／年 （8,000元／月）	685,633 （576,000）	1,267,852 （960,000）	2,175,120 （1,440,000）	3,333,048 （1,920,000）	4,810,891 （2,400,000）	6,697,037 （2,880,000）	9,104,285 （3,360,000）	12,176,640 （3,840,000）
108,000元／年 （9,000元／月）	771,337 （648,000）	1,426,333 （1,080,000）	2,447,010 （1,620,000）	3,749,679 （2,160,000）	5,412,253 （2,700,000）	7,534,166 （3,240,000）	10,242,320 （3,780,000）	13,698,720 （4,320,000）
120,000元／年 （10,000元／月）	857,041 （720,000）	1,584,815 （1,200,000）	2,718,900 （1,800,000）	4,166,310 （2,400,000）	6,013,614 （3,000,000）	8,371,296 （3,600,000）	11,380,356 （4,200,000）	15,220,800 （4,800,000）
180,000元／年 （15,000元／月）	1,285,562 （1,080,000）	2,377,222 （1,800,000）	4,078,350 （2,700,000）	6,249,465 （3,600,000）	9,020,421 （4,500,000）	12,556,944 （5,400,000）	17,070,534 （6,300,000）	22,831,200 （7,200,000）
240,000元／年 （20,000元／月）	1,714,082 （1,440,000）	3,169,630 （2,400,000）	5,437,800 （3,600,000）	8,332,620 （4,800,000）	12,027,228 （6,000,000）	16,742,592 （7,200,000）	22,760,712 （8,400,000）	30,441,600 （9,600,000）
本利和÷本金≒	1.1903	1.3207	1.5105	1.736	2.0045	2.3254	2.7096	3.171

註：本表金額是以 excel 未來值（FV）type1 計算。括號內金額為存入之本金總和。

　　投資理財宜靠自己「廣泛精讀、邏輯思考、比較分析」，找出適合自己的投資工具，然而，有些人會花錢找投資顧問／投顧老師，認為聽他們的建議，就可以確保獲利；只是，任何的投資商品或投資型保單的型錄 DM 上，必然會加註許多小字，如「以往之投資績效不保證未來之投資收益，除契約另有約定外，本公司不負投資盈虧之責…」。

　　其實，低風險的投資可以自己 DIY，做功課學習一些網路或書籍知識，讓「投資資本」自己成長，掌握自己的財務管理，與其繳會費，不如減少不必要的花費，自己選定投資工具與標的，如本書第 7 章「收租型 ETF」的 30 檔成分股，遵守紀律與原則，就可能達到≧5%

的投報率成果。

投資顧問或投顧老師多以自己的利益為優先，至少可以先賺顧問費、會員費及手續費等。想找理財專家幫忙理財的人，可先看電影「回到未來第二集」，有一段劇情是主角的繼父回到未來，帶回一本歷年股市行情資料，然後自己低調的買股票而成為億萬富翁，這種人會開班授課教人投資嗎？想一想後，再思考是否要加入會員，找投顧老師。

二、三十歲的上班族，看不到、也想不到自己未來的老後狀態，不過，可以就近看自己的父母或長輩親戚，大概就可以略知一二，如果你到父母或長輩親戚年紀時，比他們現在更有錢的話，在未來應該可比他們活得更舒適，只是，不少人多在 50 歲以後，才會開始思考退休後的未來。

愈早降低物慾，養成比上一代更積極的儲蓄習慣（儲蓄率 30%～60%），並盡早開始進行有效的投資，以現代的投資理財工具，才能讓金錢主動隨時間成長，而增加被動收入，不必再以上班時間來換取薪水，省下來的時間，可以多陪家人、學習新技能、新興趣，甚至當志工回饋社會。

一般人談儲蓄，是「收入－支出＝儲蓄」，真正的做法應是「收入－儲蓄＝支出」，先訂出儲蓄額目標，儲蓄額由收入的 25%開始（2020 年家庭平均儲蓄率 24.5%），再規劃「支出」的費用，如果，連控制自己的支出費用都做不到，那就可能註定要當月光族了。

　　不過，當月光族也不簡單，每個月均是「收入＝支出」（不借錢），就像報紙一樣，每天不管發生多少事，版面永遠維持十大張。所以，月光族既然可以做到「收入＝支出」，只要稍微「改變習慣」，應該就可以做到「量入為出，收入－儲蓄＝支出」，以「高儲蓄率」所得的資本，進行有效的投資，來達到「本金會增值，獲利夠開銷」的目標。

投資前先了解
投資的工具與
方式

常用的投資理財工具

歷經 3〜5 年的「儉約生活 336」之後，以儲蓄率 25%（基準值）計算，8 個月將可存足 6 個月的生活費，接下來該思考如何運用此儲蓄資本來進行投資，投資的兩大方針是工具與方法，選對自己適用的工具與方法，是投資理財事半功倍的關鍵。

理財雜誌及媒體等，會不定期做投資理財的調查，調查報告中常提及的投資理財工具約有 10 種：（1）銀行存款、（2）股票、（3）ETF、（4）基金、（5）保險、（6）債券、（7）不動產、（8）外幣、（9）黃金及（10）期貨、權證、選擇權等衍生性金融商品；雖然不同年度及不同單位之「投資理財工具」，其排名的調查結果不盡相同，但是，最常見的大概是：銀行存款、股票（ETF）、基金、保險及不動產（含自住房）。

圖 4-1〜圖 4-4 是三個不同單位及最近三個不同年度之「投資理財工具」的調查結果，理財工具大同小異，其中，只要你有信用卡、貸款，必然會有「①銀行存款」選項，「銀行定存／活存」是每個人必有之最安穩的投資工具，沒啥好贅述的。本節以 Count Down（倒數）方式，談（10）、（9）、（8）、（7）、（6）五項投資工具，而（5）保險、（4）基金、（3）ETF 及（2）股票，內容較多，將以獨立的單元、章節做說明。

圖 4-1. 投資理財之工具排名（2020 年）

最愛理財工具：**儲蓄或定存、股票、儲蓄險**

問：在個人/家庭理財規劃方面，您目前主要使用的前 **3** 項工具有哪些？（複選至多 **3** 項）

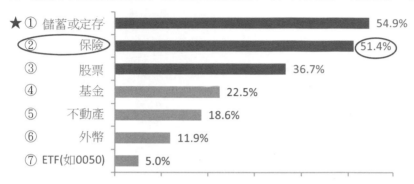

資料來源：2020《遠見》「家庭理財暨樂活享退指數大調查」

圖 4-2. 投資理財之工具排名（2021 年 A）

最愛理財工具：**儲蓄或定存、股票、儲蓄險**

問：在個人/家庭理財規劃方面，您目前主要使用的前 **3** 項工具有哪些？（複選至多 **3** 項）

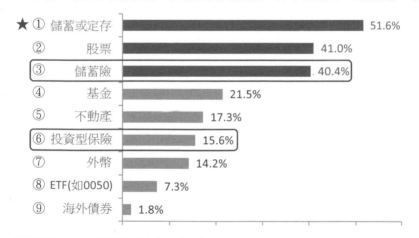

資料來源：2021《遠見》「家庭理財暨樂活享退指數大調查」

圖 4-3. 投資理財之工具排名（2021 年 B）

排名	理財方式	網路聲量
1	股票	36,243
2	房地產	11,546
3	基金	11,066
★ 4	銀行儲蓄	6,107
⑤	保險	5,620
6	虛擬貨幣	4,556
7	ETF	4,447
8	期貨選擇權	4,118
9	債券	2,524
10	外匯外幣	2,290

財富自由GET！高手才知道的超夯十大理財好康

資料來源：《DailyView 網路溫度計》
「財富自由GET！高手才知道的超夯十大理財好康」

圖 4-4. 投資理財之工具排名（2022 年）

投資工具與獲利

1.過去一年使用哪些投資理財工具？（複選）

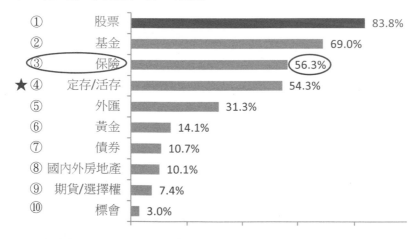

①	股票	83.8%
②	基金	69.0%
③	保險	56.3%
★④	定存/活存	54.3%
⑤	外匯	31.3%
⑥	黃金	14.1%
⑦	債券	10.7%
⑧	國內外房地產	10.1%
⑨	期貨/選擇權	7.4%
⑩	標會	3.0%

資料來源：《財訊》「2022 財富管理大調查」

（10）期貨、權證、選擇權⋯

　　期貨、權證、選擇權等衍生性金融商品，我們視為「高風險」的投資工具，故本章也不予討論；投資工具本無罪，各有適用的對象，然而，以當沖方式玩股票、ETF、期貨、證券及選擇權，則是風險更高的投機／賭博行為，於此，僅對「當沖」稍作說明，提醒讀者遠離當沖的高風險。

　　為了活絡股市之交易量，金管會自 2014 年 4 月 28 日起，開放現股當沖政策，當沖（Day Trading），即是「當日沖銷」或「日內交易」，投資人可在股市交易日當天，先賣後買或是先買後賣，進出同一檔同數量的股票或 ETF，當天完成交易，一進一出，藉此賺取價差（或虧損認賠）。當沖是不折不扣的投機，甚至可以說是由政府核准的（無本）賭博行為，是一種以股價走勢方向為賭注，賺個 1%～2%就得獲利了結；反之，若資金不足的散戶，只要帳戶餘額不足而違約交割，就可能一輩子金融信用破產，甚至還得因民事及刑事責任上法院。

　　2017 年 4 月，政府為了挽救股市交易量，開始實施「當沖交易之證交稅減半政策」，原本只定實施一年，後來又改為 3 年 8 個月到 2021 年底，沒想到政府食髓知味，在 2021 年 12 月 21 日，又將證交稅減半政策延至 2024 年底。不容否認，「當沖」是撐起台股交易量的推手，即便實施證交稅減半，但是，證交稅收卻遠多於未減半之前的證交稅收，目前當沖總成交股數約占市場比重多維持在 35% 以上，在 2021 年 7 月曾達 46.29% 的最高峰（正值航運三雄的股價高峰期），足見「當沖」對股市交易的貢獻度。

　　自從 2021 年 4 月起，航運三雄股價持續上升的半年間後，冒出一大堆的「少年股神」，多以幾乎不需資本（無本當沖）的方式玩股票，「當沖」固然可能一夕致富，但是，市場的超短期波動是無法預測，上天堂或下地獄就在一線之間。2022 年中旬，出現不少違約交割

戶，其中 40 歲以下的當沖違約戶數，約占總違約交割戶數的 40%，搞當沖而傾家蕩產或侵占公款的新聞也時有所聞，上班族絕對不宜，也沒有時間（需隨時盯緊股市行情的變化），遠離投機、賭博交易行為，才能安穩獲利！

（9）實體黃金、黃金存摺…

黃金是珍貴的稀有金屬，在全球金融市場中，具有指標性地位，也是全球公認最具抗通膨性的避險工具，尤其在政治經濟動盪不安時，更受投資者的青睞。在 2020 年初新冠肺炎爆發擴散之後，國際黃金價格曾爆漲至每盎司 2,075 美元的新記錄（1 盎司＝31.1035 公克），足見黃金做為資產避險的重要性。

實體黃金是最廣為熟知的黃金商品，但是，自己存放實體黃金，將增加存放的成本與風險。投資黃金宜以官方發行的金條、金幣為主，銀樓買賣的金飾，有加工成本，純度質量也無保證，且有較高的買賣交易損失，故不宜當成黃金投資的選項。

實體黃金有存放的困擾，因此，市場應運而生了（1）黃金存摺、（2）黃金現貨、（3）黃金基金、（4）黃金 ETF、（5）黃金期貨及（6）價差合約（CFD）等多種黃金商品；其中，黃金現貨可使用（股票）證券交易帳戶，不需另外開戶，即可透過櫃買中心，買賣黃金現貨，目前有兩檔黃金現貨標的，分別為台灣銀行的台銀金（AU9901）及第一銀行的一銀金（AU9902）。

黃金投資長期來看，有保值效果，但價差報酬率難以預估，投資黃金商品，其價格易受國際政治經濟局勢影響，又不會產生利息，想要獲利，只能靠賣出／買入的價差。所以，一般的投資人，只宜做為長期投資的資產配置用，不宜嘗試風險較高的黃金期貨、價差合約（CFD）等槓桿型黃金商品。

（8）美金、人民幣等外幣投資

外幣投資的獲利來源，來自價差及匯率差，其價格極易受國際局勢影響，多僅適合短線操作（訂定停損點、停利點），人民幣、美金等外幣定存的利率之所以較高，必然是長期走勢看貶，故不宜當長期投資用。

最近在申報（96 歲去世）阿公的遺產稅時，才發現阿公在 83 歲時，還分別買了 1 萬美金及 10 萬人民幣的外幣存款，存了 14 年，若依目前的匯率換回來，就應了「賺利率、賠匯率」的外幣投資陷阱。

（7）不動產（自住房＋收租房）

多數的投資理財工具調查中之「不動產」選項，是包含「自住房」及「收租房」，所以，「不動產」選項多在排名前五名之內；「自住房」應是 5～10 年內不考慮賣出的不動產，沒買賣則無輸贏，因此，應歸為強迫儲蓄之一環，僅「收租房」才算是投資工具（獲利達停利點則賣出）。收租房的投資成本較高，且變現不易，一般的上班族多以自住房為目標，能投資「收租房」的小資族並不多。

基本上，房價是呈跌少漲多的趨勢，然而，如果倒楣碰上「房市下跌」，則可能「虧很大」；家父（股素人）曾在 1991 年貸款投資買了一間收租房，在 2000 年又換了自住房，兩間房子的房貸壓力大增，硬撐到 2002 年時（是高雄房產谷底時候），忍痛以 65%賣掉原投資用的收租房，才解決生活壓力。因此，我們不再考慮大額投資的收租房，僅擁有自住房而已，專心於小額投資的收租股理財。

投資收租房的輸贏，多在百萬元起跳，有些人認為房地產的價格是只漲不跌，所以，認為「買房」是強迫性儲蓄，然而，與其他的投資工具相比，並非如此，除了「變現不易」的大風險之外，尚有許多不可預測的風險（政府打房政策、待租期…）；通常，偶爾會看到惡房東欺負房客的新聞報導，但是，包租公（婆）可曾遇上租屋蟑螂

（惡霸）？

當遇上租屋惡霸時，將會噩夢連連，例如，有位親戚的收租房，欠一兩個月房租而逃跑的，或者前租房者退租之後，留一大堆待整理的垃圾，隔了半年多，才找到續租人，這均還算是小事，除了第一個月房租正常繳納外，之後被鄰居抗議，房客變成多人吵鬧，前去了解，才知道被黑道幫派數人住進霸占了，還被恐嚇拒付房租，最後上了 N 次警局及法院，並付上一筆「遷屋費」，才讓惡霸滿意地搬走。我們不擅於管理，也不擅於與人打交道，所以，不投資房產，僅投資不需與人互動的「收租定存股」。

對於「想投資收租房」的人，宜選擇捷運站附近的（低價位）小套房，投資收租房，宜先分析基本資料，例如，有多少自備款（資本）？每月房貸繳多少？房租每月可收多少？待租期約多久？及維護成本等因素，再考慮報酬率，最起碼的概估法則是「房租需 ≧ 月繳房貸」。（高雄）30 歲出頭的友人，買了一間離捷運站 5 分鐘的 24 坪二房一廳的房子，付了 2 成頭期款之後，約 1.9 萬元的租金收入，就足以付貸款，這可算是成功的「收租房」投資客。

不過，「收租房」難免會有應房客要求，查看屋況及換約等問題，須親自到「出租房」辦理，所以，投資的「出租房」宜離住家近，以方便處理。同時，除非打算將來當專職的「包租公（婆）」，否則不宜再投資第二間以上的「收租房」，除了政府「打房政策」的問題外，房客一多，問題也跟著來，麻煩可能也不少。

（6）債券：比銀行定存利率稍高的保本投資工具

債券，是由政府機構或私人企業公司，為了某種用途而發行債券來募集資金，發行人承諾在債券到期之前，依規定每月、每季或每年支付固定的利息，並於到期日時，一次還清債券面額的本金，債券亦有多種分類。

債券依發行單位，有政府債券（公債）及公司債券之分，公司債券可能有較高的殖利率，但是，政府公債應是風險較低；一般言之，公債是「低風險且殖利率比銀行定存利率略高」的投資工具，在一些指定郵局（全台 141 處）買到小額（≦150 萬元，以 10 萬元為單位）的政府公債，每月、每季可領固定的利息收入，到期時退還本金，台灣公債發行年期多為 2 年、5 年、10 年、20 年及 30 年期。

中央政府建設公債（簡稱公債或央債）是政府為解決財務收支問題或為募集資金而發行的 1 年期以上可轉讓的債務憑證。根據財政部頒佈之「中央政府建設公債發行條例」規定：公債分為甲、乙 2 類。

- 甲類指支應非自償比例部分之建設資金，其還本付息財源，由財政部編列預算償付。
- 乙類指支應自償比例部分之建設資金，其還本付息財源，由各建設主管機關成立之附屬單位預算特種基金編列償付。

債券的「票面價值」是到期日時可領回的金額，「票面利率」是依「票面價值」所約定的利息利率，這和「到期殖利率」（實質殖利率）不盡相同，例如，「面額 10 萬元、票面利率 3%」的公債，若溢價以 10.1 萬元買進，則 5 年後到期時，拿回的本金是 10 萬元（非 10.1 萬元），而 5 年來所領的利息為 1.5 萬元（＝10 萬×3%×5），因此，總報酬率為 13.86%（＝（10 萬－10.1 萬＋1.5 萬）÷10.1 萬），而年化報酬率為 2.63%（＝（1＋13.86%）$^{1/5}$－1），此 2.63%的年化報酬率，才是投資人的實質報酬率。

當市場利率走低時，債券價會上升，亦即債券價格與市場利率成反比。如果是在定存利率將持續下跌的趨勢下，例如，圖 3-2 合作金庫定存利率的走勢，若在 1990 年（利率 9.5%）買了 30 年期政府公債，迄 2019 年，至少就可大賺 5.73 倍的利息（≒（1＋10%）^{20}－1）；但是，在目前利率有上漲趨勢（抗通膨）的氛圍下，可能有「折價變

現」及「利息不如銀行定存」的風險。因此,分批買進 5 年以下的短期公債或許尚可,但是,若為≧6 年期的政府公債,仍有平均利率低於未來平均定存利率的風險,可上中華郵政官網查「公債業務專區」。

基本上,債券的殖利率低於股票的殖利率,然而,投資債券的優點是(1)固定收益(定期領利息)、(2)風險低於股票及基金、(3)波動性低,適合當資產配置的一環。債券除了利息的固定收益外,債券買進的價格,可能低於或高於票面價格,而存在「價差」的獲利或損失。

「公債」被認為是風險性僅次於「銀行定存」的投資工具,在第 1-3 節「FIRE 運動」的成功者,也多推薦債券和股票兩種工具,只是台灣民眾較不熟悉,所以,投資理財工具中,多排名在後段班。事實上,一般人較熟悉的共同基金,就有所謂的債券型基金,亦即全部投資標的皆為債券的基金,其風險多為 RR2 級。

通常,公債是投資的避險工具,不宜抱著獲利的心態買公債,第二章「4%法則」的作者,即是建議「30%債券＋70%股票」的資產配置,將債券當成股票危機的避風港,政府公債是安枕無憂的投資工具,為保守型投資人可考慮的選項。

(5)「保險」≠投資

「保險」幾乎是每個人必有的選項,從幼兒園開始的強制性幼兒險、學生險、機車險、汽車險等,這些保險理應不算是投資理財工具;然而,壽險公司提供號稱「保險兼儲蓄」的保險商品,使得「保險」成為投資理財工具,沒啥好贅述的,其實,「保險歸保險、投資歸投資」才是正確的做法。

學生時代的強制性保險是政府的政策,保額多少並非重點,算是對家長有個交代,但在無形之中,就已灌輸了民眾的保險必要觀;近

15 年來，隨著網路資訊的發展，不少人已被洗腦，誤認為「儲蓄型保單」或「投資型保單」是一兼二顧的保險兼投資的投資工具，加上「10%年薪買保險，10 倍年薪當壽險保額」的保險教條迷思。

買保險，首先要量力而為，上班族的月薪中，約有 5%～7%是用來繳納勞保、健保等費用，若再加上勞退自提 6%，已預先扣繳約 12%了，所以，買保險的支出，宜以經常性月薪的 5%為上限；以月薪30,000 元的上班族為例，則每月所繳的保費宜以 1,500 元（＝18,000 元／年）為上限，再來看看每年 18,000 元可買何種保險？

保險理應「錢花刀口上、救急不救窮、保大不保小」，不少上班族會主動在網路投保，「保險」看似是「保險兼投資」的低風險理財工具，其實，其風險性滿高的，最大損失可能是保險費全部槓龜，保險糾紛也很多，因此，本書單獨在第 4-2 節做說明。

以投資人的個性來區分，至少有保守型、穩健型及積極型之分，因此，各種投資工具均有人使用，有專業理財者，有（道聽塗說）懶人理財者，也有中庸之道的理財者，投資人因採用不同的投資工具與方法，而有不同的投資績效，如俗話所說：「幾家歡樂，幾家愁」。

02

/

保險是錢坑，並非保險兼投資的理財工具

　　約在 1990 年代以前，大多數人少有保險觀念，當時，保險是離職率超高的行業，業務員多半要靠親友投保來撐業績；如今，時代不同了，上班族多有保險觀念，會主動上網找自己認為適當的保險商品，而保險業務員也不再辛苦幹，靠著電話及網路行銷，即會有源源不斷的業績，以 2021 年「新冠肺炎」三級警戒期間為例，保險業務員居家上班，業績照樣嚇嚇叫，依調查資料顯示，民眾買保險的三大資訊來源是（1）網路信息、（2）親友推薦和（3）業務員介紹。

　　台灣人超愛保險，有多愛？台灣的保險滲透度（＝全國總保費收入÷GDP× 100%），連續 12 年蟬聯「全球第一」，至 2019 年為止；依瑞士再保研究院（Swiss Re Institute sigma）的研究報告，圖 4-5 是 2019 年全球保險滲透度排行榜，台灣以 19.97%榮居榜首，保險滲透度 19.97%的概念，是台灣人平均每賺 100 元，就花 19.97 元來買保險商品，直到 2020 年時，香港後來居上，台灣退居第 2 名。

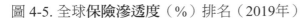

圖 4-5. 全球**保險滲透度**（%）排名（2019年）

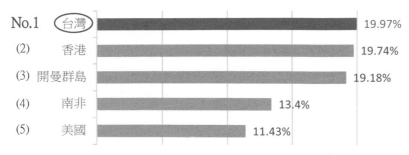

No.1	台灣	19.97%
(2)	香港	19.74%
(3)	開曼群島	19.18%
(4)	南非	13.4%
(5)	美國	11.43%

資料來源：Swiss Re sigma No.4/2020, Table IX. Insurance Penetration（※本書製圖）

　　根據國際貨幣基金組織（IMF）於 2022 年 4 月 19 日的統計資料，台灣的人均 GDP 為 36,051 美元，全球排行第 37，但是，壽險滲透度卻是連續 12 年全球第一，台灣人平均約以五分之一的薪水買保險，似乎太多了！繳了許多保費，卻仍感覺保障不足，是不是投保觀念有偏差？

　　法國巴黎保險集團的「2019 年全球保障型保險消費者調查報告」顯示，台灣人的壽險保單持有率為 66%，高於日本的 55% 及韓國的 51%（※全球平均 47%），原因是台灣人喜歡買儲蓄壽險。

　　然而，自 2020 年 7 月 1 日金管會開始實施「死亡給付對保單價值準備金（保單帳戶價值）之最低比率規範」之後，傳統壽險保單縮減了 23.1%，取而代之的是投資型保單；依壽險公會的統計資料，2021年之傳統型保險的總計比 2020 年衰退了 18.4%，而投資型保險卻成長了 69.7%，顯然，在傳統儲蓄險衰退之後，不少人選擇了「投資型保單」，不知業務員是否有對要保人說清楚（1）保險成本／危險保費和（2）月配息（撥回）機制來源可能為本金等風險？

　　「保險」的本質是「保障」，因此，高風險的「投資型保單」，並不適合大多數的上班族，不過，「保險」已成為現代人生活不可或缺的選項，除了純保障（消耗性）的一年期保障險之外，具有儲蓄功

能，且符合金管會規定的低風險保險商品，僅有定期壽險、小額終身壽險及傳統年金險，可算是強迫儲蓄的保障險。

傳統的人壽保險是以儲蓄為主、保障為輔，金管會為改正把儲蓄壽險當成保障壽險的不當觀念，自從 2020 年 7 月 1 日，包括調降保單責任準備金利率、提高死亡保障門檻等多項保險新規，使得原來頗受民眾歡迎的傳統儲蓄壽險被迫退出市場，取而代之的是族繁不及備載的（投資型）終身壽險保單。依金管會規定，壽險保單 DM／說明書，不會加註「儲蓄型」或「投資型」用語，所以，不少壽險要保人，也搞不清楚自己的保單，是屬於哪一型的保險。

投資理財民調多將「保險」列為選項之一，原因是「投資型保單」，被誤以為是「保險兼投資」的理想投資方式。其實，投資型保單在保險法的分類只有三種，分別為人壽險的（1）變額壽險、（2）變額萬能壽險，以及年金險的（3）變額年金險；至於所謂的類全委保單、附保證保單，仍為投資型保險商品，只是保險公司為促銷業績所衍生的投資型商品，對消費者而言，多只是增加保費的高風險保單而已。

通常，投資型壽險保單的保費，由保險公司、投信公司、基金公司和銀行分享，至少被剝了四層皮，共包含了以下五種可能費用：
  （1）前置費用：包含目標（基本）保費和超額保費…。
  （2）保險相關費用：保單管理費、保險成本費…。
  （3）投資相關費用：投資標的申購手續費、轉換費、贖回費…。
  （4）投資標的管理機構相關費用：經理費、保管費…。
  （5）後置費用：解約費、部份提領費…。

每一張投資型保單，均須依（金管會）相關法令規定，訂出各種費用的收費標準，因為各壽險公司／各保險商品的收費標準不盡相同，但多會揭露在各保險商品的說明書中；金管會規定附加費用總額不得高於「前 5 年目標保險費總額之 150%」，如表 4-1 所示，如果第

一年所繳的保險費（40,000 元），其中有 24,000 元（60%）是壽險公司所收取的保險費用，僅 16,000 元（40%）成為投資用款項。

表 4-1. 投資型保單之費用表例

費用項目		收費標準及費用
一、保費費用	1.目標保險費	第 1 年度：目標保險費的 **60%**；第 4 年度：目標保險費的 **15%** 第 2 年度：目標保險費的 **30%**；第 5 年度：目標保險費的 **15%** 第 3 年度：目標保險費的 **30%**；第 6 年度起：目標保險費的 **0%**
	2.超額保險費	1,000 萬（不含）以內：**5%**；　　　3,000 萬～未滿 4,000 萬：**3.5%** 1,000 萬～未滿 2,000 萬：**4.5%**；　4,000 萬（含）以上：**3%** 2,000 萬～未滿 3,000 萬：**4%**；

資料來源：《買對保險了嗎？》第 141 頁（表 4-2）

投資型保單的「投資標的」，包含國內／外的共同基金、指數股票型基金、貨幣帳戶及全權委託投資帳戶等上百種的投資連結標的，「投資標的」會詳列在投資型保險商品的說明書中，少則近百檔，多則達 300 檔以上；美其名為投資標的多，操作彈性佳，買投資型保單前，宜先問自己對「基金」（第 5 章）的了解程度有多少，大多數要保人不知如何篩選「投資標的」。所以，購買投資型保單時，多是保險業務員「亂點鴛鴦譜」，幫你挑選投資標的。其實，懂基金的人不會去買投資型保單，自己買基金就可以，為何要讓保險公司從中賺一手。

投資型保單涉及基金投資的經營管理，對於只想保險理財的消費者而言，有極高的潛在風險，金管會要求人壽保險公司應在保險商品 DM 上，揭露可能風險或注意事項，以下是 5 條常見的風險揭露／注意事項。

1. 中途贖回風險：要保人於契約有效期間內申請部份提領或解約時，由於基金持有之債券易受到利率之變動而影響其次級市場價格，所以經由此贖回而退回之保單帳戶價值，可能有低於原始投入金額之風險。

2. 投資風險：本商品連結之投資標的皆無保本、提供定期或到期投資收益，最大可能損失為全部投資本金。要保人應承擔一切投資風險及相關費用。要保人於選定該項投資標的前，應確定已充分瞭解其風險與特性。高收益債券基金不適合無法承擔相關風險之投資人。

3. 投資標的風險：本商品所連結之一切投資標的，其發行或管理機構以往之投資績效，不保證未來之投資收益，因不同時間進場，將有不同之投資績效，過去之績效亦不代表未來績效之保證。所有投資皆具投資風險，最大可能損失為投資本金之全部。

4. 保單帳戶價值歸零風險：保單帳戶價值可能因費用及投資績效變動，造成損失或為零；投資具風險，可能使投資金額發生虧損，且最大可能損失為其原投資金額全部無法回收。

5. 不保證、不負責風險：受託投資機構／基金經理公司，除了盡善良管理人之注意義務外，不負責本投資標的之盈虧，亦不保證最低之收益，本保險也不提供未來投資收益、撥回資產或保本之保證，投資人申購基金前應詳閱基金公開說明書。

由此可知，投資型保單確實有潛在風險，要保人應詳看保險說明書之後，再決定是否買投資型保單；在保險網路平台上，有網友們分享其自己（父母）因買了某投資型壽險保單，到最後總繳保費已高於保險金額（身故理賠金），而在猶豫是否要續繳危險保費，以保住未來的身故理賠金，或者，買了某投資型壽險保單，因投報率不如預期，且保單帳戶價值持續跌，而向金融消費評議中心申訴等的案例。

理論上，投資型壽險保單應是保險兼投資，但是，風險卻要保戶自行承擔，最大的風險可能不只是虧損所繳保費而已，而是不得不續繳保險成本（危險保費），如果硬撐到最後，則可能連身故理賠金，全部由自繳保費給付，不僅血本無歸，還要倒貼危險保費贊助保險公司。

　　保險成本是源自投資型壽險保單特有的「淨危險保額」，淨危險保額＝身故理賠金額－保單帳戶價值；因為**保險成本**是內扣費用，宛如溫水煮青蛙，要保人多不會察覺，投資型壽險保單並非活愈久、領愈多，而是活愈久、繳愈多，稱之為地獄型保單，並不誇張。

　　投資型壽險保單的**保險成本**，是隨年齡增加而成等比級數劇增，如表 4-2 所示，男性之 30 歲→40 歲→50 歲→60 歲→70 歲→80 歲→90 歲→99 歲的每萬元之月繳保險成本費率，分別為 0.9725 元 →2.0658→4.7083 元→10.0308 元→23.4267 元→54.9467→127.6342 元 →279.9983 元，如果真的不幸活到 99 歲以上，則被追補繳的總危險保費將會超過身故保險金了。

表 4-2. 保險成本費率表　單位：**每萬元**淨危險保額之**月繳**保險成本（元）

年齡	男	女	年齡	男	女	年齡	男	女
㉚	0.9725	0.3675	68	19.5450	10.2317	84	76.8642	57.6600
35	1.4042	0.5125	69	21.4125	11.4950	85	83.4650	63.8167
㊵	2.0658	0.7533	⑦⓪	23.4267	12.9075	86	90.6358	70.7717
45	3.1333	1.1283	71	25.6308	14.4558	87	98.4067	78.3450
㊿	4.7083	1.8258	72	27.9742	16.0758	88	107.0042	86.8817
51	5.0633	2.0233	73	30.5158	17.9008	89	116.5975	96.2708
52	5.4442	2.2142	74	33.2417	19.9400	⑨⓪	127.6342	107.0050
53	5.8217	2.4017	75	36.1917	22.2433	91	140.3942	119.9125
54	6.1908	2.5783	76	39.3367	24.8317	92	153.0467	135.8067
55	6.5900	2.7700	77	42.7417	27.6850	93	166.8408	151.2967
56	7.0483	3.0025	78	46.4408	30.8642	94	181.8767	168.5525
57	7.6267	3.2992	79	50.4992	34.3475	95	198.2675	187.7767
58	8.3267	3.6683	⑧⓪	54.9467	38.1592	96	216.1375	209.1933
59	9.2033	4.0967	81	59.8142	42.3592	97	235.6158	233.0525
⑥⓪	10.0308	4.5683	82	65.0575	46.9642	98	256.8508	259.6333
67	17.8725	9.1192	83	70.7700	52.0642	99	279.9983	289.2450

資料來源：《買對保險了嗎？》第 150 頁（表 4-4）

例如，（男）85 歲開始計算到 99 歲，則每 100 萬元淨危險保額的總繳**保險成本**為：（15 年）保險成本＝（1,000,000÷10,000×12）×$\sum_{85}^{99}$ 保險成本費率

（男）＝（1,200）×2,452.9517 元＝2,943,542 元

這 2,943,542 元的保險成本是不管獲利與否，均會由保單帳戶價值中扣除的保障費用，至於要保人是否會被催繳危險保費，則看實際的投報率而定。

表 4-3 是摘自某投資型保單 DM 的效益分析表，在假設年平均報酬率 3%之條件下，由 30 歲開始投保，於 87 歲時，保單帳戶價值（10,681 元）將少於保險成本（10,720 元），表示保單帳戶價值之餘額，無法支付保險成本，需要開始補繳危險保費，以維持保單的契約效力，否則此份保單就要作廢。

表 4-3.（甲型）**變額萬能壽險**效益分析表（**@投報率 3%**）

年齡	累積所繳保險費	年平均淨報酬率 3%				
		每年保險成本	淨危險保額	年初保單帳戶價值	解約金	身故保險金額
30	300,000	936	800,000	300,000	285,000	1,100,000
31	（躉繳）	986	798,669	301,331	289,278	1,100,000
32		1,056	797,008	302,992	296,932	1,100,000
33		1,138	795,028	304,972	304,972	1,100,000
34		1,220	788,254	311,746	311,746	1,100,000
40		1,840	745,234	354,766	354,766	1,100,000
50		3,748	666,918	433,082	433,082	1,100,000
60		7,047	588,619	511,381	511,381	1,100,000
70		15,191	540,307	559,693	559,693	1,100,000
80		43,156	640,426	459,574	459,574	1,100,000
87		10,720	1,089,319	10,681	10,681	1,100,000
88		-	-	-	-	-

資料來源：《買對保險了嗎？》第 153 頁（表 4-5b）

此份躉繳保單，理論上，第一年繳清 30 萬元保費之後，不用再繳保費，但是，前提是此保單之「年平均淨報酬率」要夠高，表 4-3 基於「年平均淨報酬率 3%」的情形下，仍然會在 87 歲時，面臨被催繳危險保費的命運，這是保險業務員不會對你說清楚、講明白的潛在風險。

　　表 4-4 是一份真實版的保險金額 1 千萬元之投資型保單，其「保單價值對帳單」（每季 1 張），共繳了 7,825,362 元保費，經過 10 年 4 個月之後，保單帳戶價值只剩下 12,156 元，此保單的要保人，當時是誤信業務員所說：「保險金將來可以轉移資產給子女」的不實話術，而投保的巨額保險，沒想到 10 年之後，783 萬元的保費全槓龜，這是保險業務員不會告訴您的真相。

表 4-4. 投資型壽險商品對帳單（甲型）（方框內字體為本書加注）

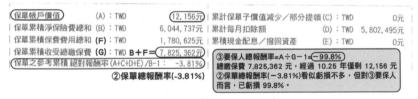

保 單 價 值 對 帳 單

■保單基本資料：★總繳保費782.5萬元，經10.25年後，帳戶價值僅剩12,156元！

保險種類	變額萬能 終身壽險A型	投資風險屬性：積極型		幣　別：新台幣
保單號碼：	30001960	生　效　日：097/03/05 **(59歲)**		列印日期：107/07/30
要保人：		身故保險金額：$ 10,000,000		借款本金：$ 0
被保險人：**男(38年1月)**		解約金：TWD　0元		借款利息：$ 0

■保單帳戶總覽（截至107 年　6 月 30 日）**生效年迄今10.25年**

保單帳戶價值	(A)：TWD	12,156元	累計保單子值減少／部分提領 (C)：TWD	0元
保單累積淨保險費總和	(B)：TWD	6,044,737元	累計每月扣除額 (D)：TWD	5,802,495元
保單累積保費費用總和 **(F)**：TWD		1,780,625元	累計現金配息／撥回資產 (E)：TWD	0元
保單累積收受總繳保費	(G)：TWD **B+F**=	7,825,362元		
保單之參考累積 絕對報酬率(A+C+D+E)/B-1：		-3.81%		

②保單總報酬率(-3.81%)

> ③要保人總報酬率=A÷G-1＝**-99.8%**
> 總繳保費 7,825,362 元，經過 10.25 年僅剩 12,156 元
> ②保單總報酬率（-3.81%）看似虧損不多，但對③要保人而言，已虧損 99.8%。

■本期收受之保險費暨已扣除之各項費用明細〔自107 年　4 　月　1 日至107 年　6 月 30 日止〕
(69歲)

本期收受總繳保費	：TWD	0元	本期管理費合計	：TWD	300元
（減）首次保險成本暨保單管理費：TWD		0元	本期人壽 保險成本 合計	：TWD	103,825元
（減）立即投資費用	：TWD	0元	本期手續費合計	：TWD	0元
（減）本期目標保費費用	：TWD	0元			
（合計）本期淨保費總和	：TWD	0元	**415,300 元/年** =4×103,825 元		

> ★保單帳戶價值(12,156 元)已低於保險成本(415,300 元)而停效，忍痛棄單！

> ★被保險人於 59 歲投保，在 69 歲時保險成本已高達 415,300 元/年(即使投資虧損也要繳)，註定了將被棄單的命運。※男性被保人逾 50 歲時，不宜再持有投資型壽險保單。

資料來源：《買對保險了嗎？》第 194 頁（表 5-8）

依「保險業招攬及核保理賠辦法」第 6 條第十款規定,「65 歲以上長者購買含壽險、投資型壽險、年金險等,含有解約金之保險商品(小額終身保險除外),均需錄影/錄音存證」,可見「保險」亦有風險性,否則金管會不會有此條修正法規。

若以「投資型保單陷阱」上網搜尋,可找到約 30 篇敘述「投資型保單風險」的文章及影片,足見投資型壽險保單的高風險性。因為投資型壽險是屬於終身型壽險,遲早有一天,終究要付出代價的!所以,除非是有閒錢(虧錢時不痛不癢)的人,否則男 50 歲、女 60 歲以後,不宜再持有任何投資型壽險保單(變額壽險及變額萬能壽險)。詳見股素人著作《買對保險了嗎?》

投資 vs.投機 vs.賭博

「投資」是「賭博」嗎？「有點像、好像是」，但是，介於「投資」與「賭博」之間，還有一緩衝區：「投機」。

「賭博」（gambling）：是指依偶然的事實來決定輸贏的結果，並非事前能預知，亦即僅以機率、運氣和不確定性，來賺取財物或利益；是一種利用有價物質來競輸贏的遊戲；一般言之，賭博在下注前，無法預知結果，多是在下注後不久，即可知道確定結果的遊戲，如擲骰子、百家樂、輪盤或吃角子老虎機等，至於違法與否由政府訂定。賭博是投機的一種，但是，投機未必是賭博，投機可能有所根據（例如消息面），賭博則全靠運氣、隨性賭輸贏（例如彩券）。

三、五位退休老人，在公園樹下玩擲骰子、撿紅點，輸贏數百元的娛樂，是違法的聚賭行為，已構成刑法上的賭博罪；然而，由政府當莊家抽頭，每日成交量高達數千億元的股市賭場，卻是依法有據的合法金融交易行為，尤其是當日沖銷（Day Trading），又稱當沖或日內交易，是不折不扣的賭博行為，只因為政府需要證交稅、證券商要賺大錢、股市不能沒動能、散戶不能沒有大戶帶頭衝。所以，股市交易是投資行為，是政府認同的合法賭局，可媲美美國的 Las Vegas 賭城，算是名符其實的 ROC，Republic of Casino。

賭場上名言：「十賭九輸」（因為有莊家要抽頭，如股市、基金等買賣中的證交稅、手續費及管理費等），股市賭局中，不僅約有七

155

成的散戶會賺少賠多，連勇於短線操作的大戶，也可能大賠，例如，昔日的數位股市天王，多悽慘下場，而證券商營業員或基金經理人，挪用公款或客戶私款炒作股票，最後爆發虧損坐牢的新聞也時有所聞，值得以賭博心態當投資者引以為戒。

「投機」（speculation）：若查一般辭典，中譯是「猜測、預測」，在 Cambridge Dictionary（劍橋辭典），speculation 的商業用語解釋：「投機：是一種藉由賣資產，而有希望在不久將來能夠獲利，但卻伴隨著巨大損失風險的交易行為」，投機的動機，是根據某種題材或消息，想利用交易市場價格之波動變化，希望在短時間內，獲取某種程度的利益，以賺取一次性的價差為目標。

「投機」行為，是依靠某種自認為可信度高的題材，作為買賣的依據，「投機」並非一定是壞事，至少「有所本」，只是可能「此本非真本」而虧損，投機交易者，多會訂定「停利點」及「停損點」（不會有套牢的狀況），例如，確定台積電要到高雄楠梓區設廠，因而判斷房價會漲，而到楠梓區買房，想等到房價漲至停利點時再賣出，即算是「投機」（注意：買房後未滿兩年賣出，要課稅 45%），但是，如果買房是為了當收租房，每月收取固定的租金，則是「投資」。

至於所謂的揪團買房投資客，因違反政府規定，應算是「賭博」吧；行政院會於 2022／4／7 通過「平均地權條例」部分條文修正草案，將送立法院審議，未來炒房最高可處 5,000 萬元罰款，且可連續處罰，並設定預售屋或新建成屋之買賣契約轉讓條件；修法的目的是希望揪團炒房、飢餓行銷等不當行為能劃下句點，以維護不動產市場的交易秩序，保障居住需求者的購屋權益。

「投資」（investment）：需應用分析及策略，並在考慮可能的風險性之後，將資金或勞務投入一些預期在某一期間之後，能有所成長或獲利的標的，獲利來源為價差及配息／配股；分析及策略是經過

「廣泛精讀、邏輯思考、比較分析及檢討改善」，因此，有較大的獲利勝算。

「投資」是基本面，需要做功課、做規劃，訂立≧3年的長期目標；「投機」是題材面，見風轉舵，訂定停利點／停損點，短線操作（≦30天）、戰線短；「賭博」是籌碼面，在股市轉盤上，憑運氣、一翻兩瞪眼，看籌碼（賭金）多寡，來賭可以撐多久。投資是穩紮穩打，以累積財富為目標，投機與賭博僅一步之遙，賺的錢僅是暫時寄放在你的口袋而已，遲早要吐出來，短期獲利的快感，終究會被虧損的陰影所遮蔽。

2021年1月22日，台積電（2330）之股價創下歷史新高649元，再跌回至600元以下時，於2021年6月，美系外資喊出：「台積電目標價900元」，重申「買進」評等，再度掀起台積電熱潮，吸引不少（零股）散戶進場；然而，當2022年1月17日，台積電又創下688元新紀錄時，外資卻自隔日起，連賣台積電18天，讓股價一度跌到555元，因而引起立法委員曾銘宗的關切質詢，要求金管會調查「為何外資說的跟做的不一樣」。但是，依舊有外資立即喊出1,052元的目標價，散戶投資者敢跟進再買嗎？當外資喊出新目標價時，多是外資即將賣股之時。

投資需要擬定（中長期）計劃，需分別考慮（1）風險承擔能力、（2）投資期間、（3）績效目標、（4）投資成本和（5）投資組合（資產配置）；同時，投資需要有「三心：恆心、耐心與決心」，想要達成「本金會升值、獲利夠開銷」的財務自由目標，「投資三心」缺一不可。

然而，即使是自認為有完美計劃的投資，也並非穩賺不賠，例如，台積電、聯電均曾投資太陽能產業，最後均認賠出脫收場，而「國家發展基金」投資寶德、如興等也難逃破產的下場，遑論一般小市民投資客，小市民如存有小資本，而想增加被動收入，宜先釐清投

Chapter 4 side text

資、投機及賭博的差異。

　　賭博及投機均可能在極短期間獲取暴利，只不過賭博與投機不會是只玩一次，就像酗酒或吸毒一樣，一旦上癮後就難以根治，長此以往的不斷賭博或投機，除非有無限大的資金，否則終究要血本無歸；網路平台上偶爾會看到一些很引人注目的標題「少年股神玩當沖（權證…），半年內賺千萬元」等類似報導，令人羨慕，這些報導看不到後續的消息；以賭博當投資工具的人，多不會見好就收，而是愈玩愈大，一次虧損很可能就傾家蕩產，最近的一則新聞報導是：「台中29歲男深夜失足墜樓，疑似投資失利…」。

　　表 4-5 是投資、投機及賭博的九項基本差異，主要差異是投資需要研究分析，來選擇投資工具與方法，需要時間來累積資本利得和配息收入，小資族不宜碰高風險的「投機」與「賭博」，唯有謹慎「投資」，才能安穩獲利。

表 4-5. 投資、投機、賭博之差異

序號	比較項目	投資	投機	賭博
1	持續期間	≧3年	≦30日	≦1日
2	資訊分析	長期檢討改善	配合現況修正	不需要（運氣）
3	資訊來源	基本面	題材面、消息面	明牌
4	停利點/停損點	自訂	約＋15%/－15%	無/無
5	獲利來源	價差、利息（股息）	價差	賭金
6	進場時機	≦近5年均價平均	不限	不限
7	長期獲利性	高	中	低
8	風險性（等級）	低（≦RR3）	中高（RR5+）	超高（RR5+++）
9	商品例	股票、ETF、基金、不動產	期貨、權證、選擇權	彩券

註：基金風險等級（由小到大）：RR1、RR2…RR5。

04

「買台積電股票，是賭博？投機？還是投資？」

　　圖 4-6 是台積電（2330）近 4 年的股價變化，如果你是在 2020 年 1 月以前買進，且迄今仍未賣出，因為是長期持有績優股，所以，是「投資」；如果你是在圖 4-6 的某些時間點，N 次買進又賣出，賺取價差，則是「投機」，但是，會買台積電的人，不算是「賭博」，因為台積電仍是成長中的績優股（殖利率低，非屬定存股），而且又有外資目標價 900 元的題材當依據，以短線操作賺取價差，故為「投機」。

圖 4-6. 台積電近 4 年之股價走勢

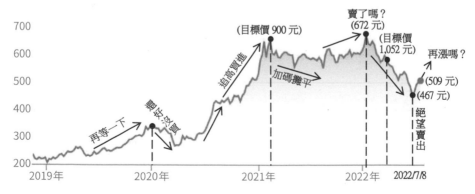

參考資料：Google財經

投資與投機的主要差異在於操作方法與期間的長短，投機未必一定虧損，投機有機會獲取暴利，然而，專業性不足的「短線投機」操作，則可能賺少賠多，所以，對於只想追求安穩小富者，不僅不宜以「投機」方式，進行期貨、權證、選擇權及當沖之短線交易，若把基金、ETF 及股票當成投機工具用，也可能難逃虧損套牢的下場。

台積電（2330）是 1994 年 9 月 5 日上市，如表 4-6 所示，開盤價 96 元，在 2022 年 1 月曾創下 688 元的歷史上新高，很難想像台積電也有三次出現 40 元以下的年度（2002、2008、2009 年），台積電現在是否可進場？平心而論，現在買入台積電，以歷史股價做「馬後炮」分析，「投機、投資」均可能賺錢，但是，若想持有 5 年以上，最好暫緩，畢竟現在有許多股票比台積電更適合「持有≧5 年」。

看表 4-6 之台積電上市以來的股價漲跌起伏，可以了解四件事：
1.沒有永遠的績優股
2.高價買進績優股也會套牢
3.逢低買進攤平成本，才能早解套獲利
4.長年持股，股票股利可能優於現金股利

台積電雖然號稱是「護國神山」，其實早就成為不折不扣的外商公司，外資持股比例最高曾達 80.1%（2017／5），在 2022 年 8 月初時，外資的持股僅剩下約 71%，股價又跌破 500 元大關，足見外資於 2021 年 6 月喊出 900 元的目標價，是吸引小資族進場、準備倒貨的策略。

由表 4-6 的「最高／最低比值」欄，可知短線買賣台積電，很可能數日即獲利 10%以上，對於資金雄厚的三大法人、政府基金或大戶，均樂此不疲；2022 年 1 月 5 日，台股指數曾創下 18,619.6 點之歷史新高，台積電也在 2022 年 1 月 17 日盤中創下 688 元的新高紀錄，時隔 9 個月，卻在 2022 年 10 月 26 日，創下近一年新低 376 元。

表 4-6 . 台積電歷年之股利與股價

股利年度	現金股利			股票股利			股價年度	股價統計（元）			最高／最低比值
	盈餘	公積	合計	盈餘	公積	合計		最高	最低	年均	
2021	10.50	0.00	10.50	0.00	0.00	0.00	2021	(679.0)	518.0	598.0	1.31
2020	10.00	0.00	10.00	0.00	0.00	0.00	2020	530.0	235.5	379.0	2.25
2019	12.50	0.00	12.50	0.00	0.00	0.00	2019	345.0	206.5	262.0	1.67
2018	8.00	0.00	8.00	0.00	0.00	0.00	2018	268.0	210.0	237.0	1.28
2017	7.00	0.00	7.00	0.00	0.00	0.00	2017	245.0	179.0	210.0	1.37
2016	6.00	0.00	6.00	0.00	0.00	0.00	2016	193.0	130.5	166.0	1.48
2015	4.50	0.00	4.50	0.00	0.00	0.00	2015	155.0	112.5	140.0	1.38
2014	3.00	0.00	3.00	0.00	0.00	0.00	2014	142.0	100.5	123.0	1.41
2013	3.00	0.00	3.00	0.00	0.00	0.00	2013	116.5	92.9	104.0	1.25
2012	3.00	0.00	3.00	0.00	0.00	0.00	2012	99.4	73.8	84.1	1.35
2011	3.00	0.00	3.00	0.00	0.00	0.00	2011	78.3	62.2	72.1	1.26
2010	3.00	0.00	3.00	0.00	0.00	0.00	2010	75.0	57.0	62.0	1.32
2009	3.00	0.00	3.00	0.02	0.03	0.05	(2009)	65.2	38.7	55.5	1.68
2008	3.03	0.00	3.03	0.02	0.03	0.05	(2008)	69.8	36.4	56.4	1.92
2007	3.00	0.00	3.00	0.02	0.03	0.05	2007	73.1	57.4	65.5	1.27
2006	2.50	0.00	2.50	0.15	0.15	0.30	2006	70.0	52.3	61.3	1.34
2005	2.00	0.00	2.00	0.50	0.00	0.50	2005	64.3	46.2	54.1	1.39
2004	0.60	0.00	0.60	1.41	0.00	1.41	2004	68.5	40.7	52.4	1.68
2003	0.00	0.00	0.00	0.80	0.00	0.80	2003	72.5	40.1	56.4	1.81
2002	0.00	0.00	0.00	1.00	0.00	1.00	(2002)	97.5	34.9	67.4	2.79
2001	0.00	0.00	0.00	4.00	0.00	4.00	2001	105.5	43.6	77.7	2.42
2000	0.00	0.00	0.00	2.56	0.24	2.80	2000	222.0	74.5	146.0	2.98
1999	0.00	0.00	0.00	2.30	0.00	2.30	1999	171.0	68.0	120.0	2.51
1998	0.00	0.00	0.00	4.50	0.00	4.50	1998	173.0	56.5	101.0	3.06
1997	0.00	0.00	0.00	5.00	0.00	5.00	1997	173.0	55.5	109.0	3.12
1996	0.00	0.00	0.00	8.00	0.00	8.00	1996	106.0	49.1	63.8	2.16
1995	0.00	0.00	0.00	8.00	0.00	8.00	1995	196.0	77.0	128.0	2.55
(1994)	1.00	0.00	1.00	2.48	0.00	2.48	1994	177.0	(96.0)	159.0	1.84
累計	88.63	0.00	(88.63)	40.76	0.48	(41.24)	平均	172.5	101.6	136.1	1.70

資料來源：Goodinfo! 台灣股市資訊網。

台積電最近 1 年的股價漲跌起伏，如圖 4-7 所示，有如坐雲霄飛車，持股近 1 年的投資者，明顯尚住在套房中，但是，以 10%為停利點的專業投機客，已經來回賺好幾波了。所以，「投機」未必會虧損，就看個人的能耐了。

圖 4-7 . 台積電(2330)近 1 年(2021/8/27～2022/8/26)股價走勢

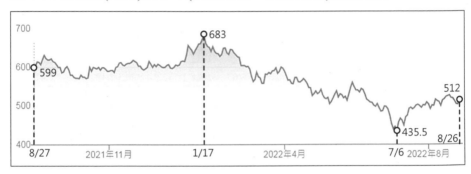

資料來源：google 財經（2022.08.26）

　　最後，以股神巴菲特的 3 句名言來定義「投資」：
（1）買進股票之後，要假設明日起，股市將休市 5 年。
（2）如果你在乎明天股市是否開盤，是「投機」，反之則是「投資」。
（3）買股票的最愚蠢理由（dumbest reason），是因為股價正在上漲中。

殖利率 vs.累積報酬率 vs. 年化報酬率 vs.平均報酬率

　　第 4-1 節的債券，衍生出「殖利率」的投資用語，「殖利率」與投資人將錢存銀行，依公告（年）利率，按月領取利息或是到期時，一次領回複利計算之本利和的意思近似，但不盡相同，購買債券是投資人將錢借給政府（公債）或大企業（公司債），按月／季領取固定的利息，此固定利息除以固定本金即是殖利率（Dividend yield）。

　　雖然債券也可能受到每期推出債券的利率波動，而產生買進／賣出的價差，但是，持有到最後的當期票面本金固定不變，當殖利率和本金均固定不變時，「殖利率＝投資報酬率」；這與基金和股票投資的交易不同，基金和股票除了價格會漲跌之外，配息也不固定，所以，當投資資本有漲跌變化時，則「殖利率≠投資報酬率」，投資報酬率是在投資期終止時，才總結計算，除了利息收入之外，尚需加入賣出與買進的價差（資本利得）。

　　基金或股票在配息（現金＋股票）之後，基金淨值或股價立即降低，如果在某一期間內（例如 30 天，沒有判定基準），基金淨值或股價未回到除權息前的價位，則為貼權／貼息，即是股票投資上常聽說的「賺股利、賠價差」。

除權息：買進一家公司的股票後，就成為該公司的股東，公司在年度
　　　　結束後，會將去年度經營所得的部份盈餘，回饋分配給股
　　　　東；「除權」就是分配股票股利，「除息」就是分配現金股
　　　　利。公司分配盈餘時，有時只分配股票股利，有時只分配現
　　　　金股利，但也可能兩者都有分配。除權後，股東的持股數量
　　　　增加，但總市值不變，故公司的股本會膨脹增加；除息之
　　　　後，公司的可用現金會減少，但股東的持股數量不變。不管
　　　　是除權或除息，除權息日後，股價均會立即降低！股價在除
　　　　權息當日的價格變化如下式：

$$A = (B - C) \div [1 + (D \div 10)] \cdots (E4\text{-}1)$$

　　A：除權息當天的開盤價(元)
　　B：除權息日前一天的收盤價(元)
　　C：現金股利(元)
　　D：股票股利(元)

　　　例如：某公司擬分配現金股利（C）3 元，並分配股票股利（D）2
元，除權息日為 7／15，7／14 收盤價 51 元（B），則 7／15 當天的開
盤（參考）價格（A）為：（A）＝（51－3）÷〔1＋（2÷10）〕＝
40 元。

　　　如果您有一張（＝1,000 股）股票，則在除權息日後的指定日期，
除了可領到 3,000 元（＝3 元×1,000）現金利息外，並可增加 200 股
（＝2÷10×1,000）的股票，亦即是您的股票存摺中的股票數量，將增
為 1,200 股。

　　　若僅分配現金股利（C）3 元，則 7／15 當天開盤價（A）＝51－3
＝48 元；若僅分配股票股利（D）2 元，則 7／15 當天的開盤價（A）
＝（51－0）÷〔1＋（2÷10）〕＝42.5 元。

填權息：股東們領到的現金股利或股票股利，其實是領自己既有的
　　　　錢，並未立即有實質上的獲利，真正能實質上享受到現金股
　　　　利或股票股利，是當除權息日後的某一天，股價若能超過除
　　　　權息日當天的開盤價，則開始有股利、股息的獲利；若股價
　　　　能回升到除權息日前一天的價格時，才算是擁有全部之股
　　　　利、股息的獲利。

　　填權，就是股價回升到配發股票股利前的價格；填息，就是股價
回升到配發現金股利前的價格；填權息，就是股價回升到除權息日前
一天的價格；反之，如果在除權息日後，股價仍低於除權息日當天的
開盤價，就是貼權、貼息。※大多數的股票，均會填權、填息，只是
時間長短的差異而已，對定存股族而言，只要能在一年內填權息，均
為合理期間，但對於短線操作的投資客，多只看到現金股利，希望能
在 10 天內填息，以便下一波的價差操作。

　　一般常說的殖利率多是指現金息殖利率，股票的盈餘分配有現金
股利和股票股利，當賣出股票時，為了與銀行儲蓄存款的年利率作比
較，應先計算累積報酬率（公式 E4-2），再以公式（E4-3）回歸計算
出年化報酬率，才能與銀行年利率（%）作比較才適當。平均報酬率
（E4-4）則是一種「算術平均數」，常見於一般金融商品 DM 上，讓
商品的報酬率看起來較高，提高吸引力。

累積報酬率(%)＝〔(賣出總價＋現金息總和)÷買入總價－1〕×100%…(E4-2)

年化報酬率(%)＝〔(1＋累積報酬率)$^{(1/持股年數)}$－1〕× 100%…(E4-3)

平均報酬率(%)＝累積報酬率(%)÷持股年數…(E4-4)

　　例如，以買入總價 120 萬元、持股 5 年、累計 5 年的現金利息 30
萬元、賣出總價為 180 萬元為例，則
　　（1）累積報酬率（E4-2）＝〔（180＋30）÷120－1〕×100%＝
　　　　　75%

（2）年化報酬率（E4-3）＝〔（1＋75%）$^{(1/5)}$－1〕× 100%＝11.84%

（3）平均報酬率（E4-4）＝75%÷5＝15%

平均報酬率（15%），可供美化投資報酬率用；年化報酬率（11.84%），是一種複利計算的「幾何平均數」，較能精確的反應出投資報酬率的多寡，才是與銀行存款年利率相當的實質報酬率。若以複利計算（見表 3-12），11.84%的年化報酬率，約持股 6.5 年可獲利一倍（接近年利率 12%和年數 6.5 之交叉格 2.089）！

看了一些基金的公開說明書，發現累積報酬率（投資績效）之計算，至少可分為四種計算公式：

累積報酬率＝
(1)〔贖回金額(扣贖回費…)÷買入總額－1〕×100%…(E4-5a)
(2)〔贖回淨值÷買入淨值－1〕×100%…(E4-5b)
(3)〔(贖回淨值＋配息)÷買入淨值－1〕×100%…(E4-5c)
(4)以「假設收益分配均再投資於基金中」計算…(E4-5d)

公式 E4-5a 較適合定期定額投資用，例如，定期定額買基金，因為每次買入時的單位淨值（及匯率）不同，故買入的單位數量也不同，等到結束投資，決定贖回基金時，最終的〔累積單位數×淨值（×匯率）〕，才是贖回金額，而買入總額則是每次定期定額的支出資本總和（含手續費…）；公式 E4-5b 適合不配息（或累積）投資用，公式 E4-5c 適合定期現金配息投資用，均很容易理解。

然而，公式 E4-5d 則需用軟體計算，很難看得懂，投資人只能相信基金公司提供的數據了。其實，金管會對於基金績效之計算，訂有「基本規範」，所以，所有的資金月報上，均會列有近 3 個月、近 1 年、近 3 年及成立迄今等參考值，只是這些參考值，有以公式（E4-5b）計算，但以公式 E4-5d 計算居多（美化數據）。例如，以下的公式

E4-5e，即加註「本公式假設分配之收益均再投資於本基金」，只要是如此計算，就並非如公式 E4-5e 所見的公式那麼單純了，以下是元大台灣 50（0050）ETF 公開的累計報酬率計算式：

（註）依金管會規定，基金淨資產價值累計報酬率之計算式：

$$TR = \frac{ERV}{P} - 1 \quad \cdots(E4\text{-}5e)$$

TR：基金評估期間之累計報酬率

P：評估期間期初投資之金額(如含銷售費者應予扣除)

ERV：評估期間期末贖回時之金額(如有贖回費者應予扣除)

本公式假設分配之收益均再投資於本基金

資料來源：0050 公開說明書(111.7.28 刊印，第 33 頁)

（本書註：對投資者而言，P 應是指所有投入之總資金，內含所有外加費用）

由於股市投資者，以短線操作居多，所以，如未特別強調「合計殖利率」時，多是指「現金殖利率」，可能有以下的 5 種計算方式，這就是為何同一檔股票，不同報導的現金殖利率可能不一樣的原因。

現金殖利率＝

(1)現金股利÷除息前實際買入價×100%···(E4-6a)

(2)現金股利÷除息前一天之收盤價×100%···(E4-6b)

(3)現金股利÷股利發放年度之收盤均價×100%···(E4-6c)

(4)現金股利÷股利所屬年度之收盤均價×100%···(E4-6d)

(5)現金股利÷文章發表前之收盤價×100%···(E4-6e)

不少報導或網站的殖利率，多以公式 E4-6e 計算，以表 4-7 所示的殖利率排行榜為例，排名第一的陽明海運（2609），其 2021 年現金股利 20 元，除息日（6／27）參考價是 78.3 元，除息前一天股價為 98.3 元，假設 A 君在 6／13 以 120 元買入，則 A 君的實際殖利率為 16.7%（E4-6a），若以除息前一天的股價 98.3 元計算，則殖利率為 20.35%（E4-6b）。

然而，表 4-7 的殖利率每日均不同，即是以股市最新日期的成交價計算（E4-6e），所以，9／2 與 9／5 的現金殖利率不一樣，分別為 28.1%及 28.2%；股價每日均在變化，僅 3 天（9／2 及 9／5）的第 3 名也隨之變化。

表 4-7. 殖利率排行榜

目前顯示項目：熱門排行 – 合計殖利率 (最新年度) (共計 2039 筆)

資料顯示依據：股利政策(發放年度) ∨　股利分配資料(以最後成交價統計) ∨

* 「股利政策(發放年度)」是依據股利發放的年度為統計基準，例如2021年的獲利，於2022年發放股利。

排名	代號	名稱	股價日期	成交	股利發放年度	最後成交價	所屬EPS	現金股利	股票股利	合計股利	現金殖利率	股票殖利率	合計殖利率
1	2609	陽明	09/02	71.1	2022	71.1	48.73	20	0	20	28.1	0	28.1
2	5603	陸海	09/02	29.05	2022	29.05	9.2	4	3	7	13.8	10.3	24.1
3	9105	泰金寶-DR	09/02	3.79	2022	3.79		0.02	0.83	0.86	0.64	22	22.6

排名	代號	名稱	股價日期	成交	股利發放年度	最後成交價	所屬EPS	現金股利	股票股利	合計股利	現金殖利率	股票殖利率	合計殖利率
1	2609	陽明	09/05	70.8	2022	70.8	48.73	20	0	20	28.2	0	28.2
2	5603	陸海	09/05	28.5	2022	28.5	9.2	4	3	7	14	10.5	24.6
3	6582	申豐	09/05	65.1	2022	65.1	32.74	15	0	15	23	0	23

資料來源：Goodinfo! 台灣股市資訊網

　　為了了解（現金）殖利率與各種報酬率的差異，以下是股素人持有台積電（2330）17 年的實例說明；股素人在 1998 年時，將買房殺價不成的 600 多萬元現金，轉而進場投資股票，當時他對股票投資一竅不通，買股票靠朋友推薦；在股市衝刺了 3 年多，共虧損現金 300 多萬元，另有 300 多萬元買了第一金、開發金、國泰金、華碩及鍊德五檔股票，持股迄今逾 20 年以上，均尚未賣出。

　　股素人在 2000 年 8 月 3 日買進最後一筆台積電之後，股市正值金融風暴，受不了股價持續下跌，抱著「不賣就沒有虧損」的鴕鳥心態

而退出股市,直到 2014 年才又回到股市,專心致力於「收租定存股理財」。

　　表 4-8 是股素人買進(2000 年)、賣出(2017 年)台積電期間的股價、股利變化,台積電是 1994 年上市,上市價格 96 元,在 2000 年 2 月創下最高價 222 元之後一路下滑,此後 10 年股價的最低價在 34.9〜57 元間,這是現在(2022 年,股價在 380〜650 元間)很難想像的事。此外,2001 年除權息之後,等了 2141 天才填權息。不過,大多數的績優股票,不管是配發現金股利或股票股利,多會在 1 年內填權息,如果選對績優股,「股價倍漲」?總有一天等到你!

表 4-8. 台積電(2330)歷年股利政策

股利所屬及發放年度	現金股利 盈餘	股票股利			股利合計	填息花費日數	填權花費日數	股價統計(元)			年均殖利率(%)		
		盈餘	公積	合計				最高	最低	年均	現金	股票	合計
2017	8.00	0.00	0.00	0.00	8.00	20	-	245.0	179.0	210.0	3.33	0.00	3.33
2016	7.00	0.00	0.00	0.00	7.00	32	-	193.0	130.5	166.0	3.61	0.00	3.61
2015	6.00	0.00	0.00	0.00	6.00	3	-	155.0	112.5	140.0	3.22	0.00	3.22
2014	4.50	0.00	0.00	0.00	4.50	154	-	142.0	100.5	123.0	2.45	0.00	2.45
2013	3.00	0.00	0.00	0.00	3.00	90	-	116.5	92.9	104.0	2.88	0.00	2.88
2012	3.00	0.00	0.00	0.00	3.00	8	-	99.4	73.8	84.1	3.57	0.00	3.57
2011	3.00	0.00	0.00	0.00	3.00	49	-	78.3	62.2	72.1	4.16	0.00	4.16
2010	3.00	0.00	0.00	0.00	3.00	3	-	75.0	57.0	62.0	4.84	0.00	4.84
2009	3.00	0.00	0.00	0.00	3.00	11	-	65.5	38.7	55.5	5.41	0.09	5.50
2008	3.00	0.02	0.03	0.05	3.05	7	7	69.8	36.4	56.4	5.36	0.09	5.45
2007	3.03	0.02	0.03	0.05	3.08	3	3	73.1	57.4	65.5	4.58	0.08	4.65
2006	3.00	0.02	0.03	0.05	3.05	8	8	70.0	52.3	61.3	4.07	0.49	4.56
2005	2.50	0.15	0.15	0.30	2.80	43	43	64.3	46.2	54.1	3.70	0.92	4.62
2004	2.00	0.50	0.00	0.50	2.50	112	112	68.5	40.7	52.4	1.15	2.69	3.84
2003	0.60	1.41	0.00	1.41	2.01	109	109	72.5	40.1	56.4	0.00	1.42	1.42
2002	0.00	0.80	0.00	0.80	0.80	-	2	97.5	34.9	67.4	0.00	1.48	1.48
2001	0.00	1.00	0.00	1.00	1.00	-	2,141	105.5	43.6	77.7	0.00	5.15	5.15
2000	0.00	4.00	0.00	4.00	4.00	-	112	222.0	74.5	146.0	0.00	1.91	1.91
累計	54.63	7.92	0.24	8.16	62.79	-	平均	111.8	70.7	91.9	2.91	0.80	3.70

資料來源:Goodinfo! 台灣股市資訊網

買入成本:977,389 元(=157.2 元×2 張(5/31)+148.2 元×2 張(6/20)+122.1 元×3 張(8/3)）

賣出總額:3,491,431 元(=239.5 元×14.578 張) ※1 張=1,000 股

股素人買進台積電分三次，分別在 2000 年 5 月 31 日，買進 157.2 元×2 張、6 月 20 日買進 148.2 元×2 張及 8 月 3 日買進 122.1 元×3 張，買進 7 張的支出成本共 977,389 元（平均 139.63 元／股），到了 2014 年底時，仍未轉虧為盈（長住套房 14 年），直到 2017 年 10 月 18 日，以 239.5 元／股賣出，因為早期（2000 年～2009 年）均有配發股票股利，如表 4-8 所示，共配了 8.16 元股票股利，故賣出時，股票共有 14,578 股（2000 年共只買進 7,000 股），所以，賣出時的總收入為 3,491,431 元，買賣損益整理如下：

（一）持股 18 年現金股利≒54.63 元×10,000 股（概估）＝546,300 元
（二）總獲利＝賣出總價＋現金股利－買入總價
　　　　　　＝3,491,431＋546,300－979,389＝3,060,342 元
（三）累積報酬率（E4-2）＝（4,037,731÷977,389－1）×100%＝313.11%
　　　　　　　　　　　　＝3,060,342÷977,389×100%＝313.11%
（四）年化報酬率（E4-3）＝（1＋313.11%）$^{1/17}$－1＝8.70%
（五）平均報酬率（E4-4）＝313.11%÷17＝18.42%

此例的平均報酬率（18.42%），幾乎是年化報酬率（8.70%）的 2.12 倍，然而，平均報酬率不是正規的算法，只是在玩弄數字遊戲而已，但是，因為似乎言之有理，所以不少人信以為真，姑且再以下列說明平均報酬率的不可靠性：
假設春嬌一次出資 100 萬元開冷飲店，6 年後一次領取分紅 50 萬元，則
累積報酬率＝（50 萬元÷100 萬元）×100%＝50%（6 年）
志明同樣一次出資 100 萬元開烤肉店，3 年後一次領取紅利 25 萬元，則
累積報酬率＝（25 萬元÷100 萬元）×100%＝25%（3 年）

春嬌 6 年分紅 50 萬元（6 年累積報酬率 50%），志明 3 年分紅 25 萬元（3 年累積報酬率 25%），要知道哪一個人的投資績效較佳，則要以「年化報酬率」計算：

年化報酬率（%）＝〔（1＋累積報酬率）$^{(1/年)}$〕－1
春嬌的年化報酬率＝〔（1＋50%）$^{(1/6)}$〕－1＝6.99%
志明的年化報酬率＝〔（1＋25%）$^{(1/3)}$〕－1＝7.72%

　　雖然志明（3 年）的累積報酬率 25%看似少於春嬌（6 年）的累積報酬率 50%，但投資講求效率，所以志明 3 年每年獲利 7.72%，優於春嬌的 6 年每年獲利 6.99%，如果志明的年化報酬率不變的話，則志明在相同的 6 年後之累積報酬率為 56.2%，高於春嬌的 50%。若依公式 E4-4 計算平均報酬率，則

春嬌的平均報酬率＝50%÷6＝8.33%
志明的平均報酬率＝25%÷3＝8.33%

　　春嬌與志明的平均報酬率均為 8.33%，不分勝負，然而，您想 3 年賺 25%，還是 5 年賺 50%？想一想就知道；有些報導或商品 DM，會選擇對自己有利的數據宣傳，所以，眼見的數據不一定為真，這就是「數據會說謊」！（詳見股素人著作《數據會說話？做伙來找碴！》）

基金投資的「３選３買２賣法則」

01

基金買入前應先了解
其風險性

　　共同基金（Mutual Fund），簡稱基金，就是將許多投資人的資金集合在一起，由兩個專業機構，分別負責投資操作與資金保管的理財方式。（共同）基金有許多的分類方式，例如，股票型／債券型／平衡型、全球型／區域型／單一國家型、原物料型／能源型／新能源型、科技股／生技股／中概股、新興亞洲／拉丁美洲／東歐、公債／公司債／其他債、A 股／B 股／C 股、成長型／收益型、積極型／保守型、配息型／無息型、單筆投資／定期投資、手續費前收型／手續費後收型，以及境內型／境外型等不同類型的基金，項目、類型區分多到令人眼花撩亂，不知如何選擇。

　　投資基金的最大優點是請專業經理人代勞，但衍生出的各種管理費，削減了投資人應有的獲利，而且投資人還得面對「要選擇哪一檔基金」，或者基金何時該換檔操作等困擾，選基金時，不管是「單筆投資」還是「定期投資」，至少宜有「持有 1～3 年」的打算，而且要以不配息的累積型基金為宜，才能加速累積複利的成果。

　　基金的本質是鼓勵（≧1 年）中長期投資用，但是，基金專業投資人多以短線操作（≦30 天）來賺取淨值價差，導致金管會要求證券投資信託基金銷售機構自律，訂定「短線交易標準」及「提高贖回費率」等短線交易（7～14 天）的防制措施，事實上，若是小金額的短線

交易，基金公司多未扣「短線交易贖回費」，此贖回費（≦0.3%）歸入基金之資產，而非歸基金公司或保管公司所有。

每檔基金均須依金管會規定，揭露風險告知事項，常見的警語如：「本基金經金管會核准，惟不表示絕無風險，以往之經理績效不保證未來之最低投資收益；基金經理公司不負責本基金之盈虧，亦不保證最低之收益，投資人申購前應詳閱基金公開說明書，充分評估基金投資特性與風險；此外，基金配息率不代表基金報酬率，且過去配息率不代表未來配息率」。這就印證「投資必有風險，投資人應自負盈虧」的老話，投資基金與否，就看您為想要投資之基金的了解程度。

因為基金理財的管理費用偏高，而且也不保證獲利，因此，想要投資基金的人，可先看看表 5-1 之「十大人氣排行」的國內基金；在 2022 年 5 月 30 日，往前推的一年內，當台灣股市指數由 18,500 點跌到 14,000 點時，十大人氣排行的共同基金，在近 3 個月、近 6 個月及近 1 年的報酬率均為負值，無一倖免，而且均是在「六個月」時的跌幅最大（可能受 2022 年 2 月俄烏戰爭之影響）；在股市呈上漲趨勢（牛市）時，就造就了許多投資高手，但是，在股市呈走跌趨勢（熊市）時，投資狗熊滿地爬，足見基金投資亦有高風險。

表 5-1 . 十大人氣排行之國內基金

人氣排名	基金名稱	日期(2022)	報酬率(%)					
			三個月	六個月	一年	二年	三年	五年
1	元大台灣高股息優質龍頭基金B配息(本基金之配息來源可能為收益平準金)	07/21	-14.35	-22.66	-22.06	0.67	N/A	N/A
2	中國信託越南機會基金(台幣)	07/20	-14.04	-10.84	-2.26	N/A	N/A	N/A
3	安聯台灣大壩基金-A累積型(台幣)	07/21	-14.62	-20.64	-18.83	27.28	84.33	168.87
4	野村優質基金	07/21	-10.90	-19.24	-7.92	42.50	123.20	132.27
5	安聯收益成長多重資產基金-B月配型(台幣)(有投資於高風險債券且配息來源可能為本金)	07/20	-9.34	-12.38	-14.05	2.89	12.32	
6	安聯台灣智慧基金	07/21	-14.13	-19.22	-12.52	33.64	108.72	197.61
7	安聯台灣科技基金	07/21	-13.96	-19.41	-8.41	46.02	100.96	206.75
8	元大台灣高股息優質龍頭基金A不配息	07/21	-14.31	-22.58	-22.17	0.61	N/A	N/A
9	國泰台灣高股息基金-B配息(台幣)	07/21	-11.07	-12.67	-6.14	58.62	N/A	N/A
10	統一黑馬基金	07/21	-12.70	-14.46	-12.66	60.76	111.70	149.70
99	野村積極成長基金	07/21	-11.68	-18.95	-10.39	38.07	102.64	118.07

資料來源：MoneyDJ 理財網（2022.7.29 列印）

　　表 5-1 中的十大人氣排行基金，其中有 5 檔尚未滿 5 年，人氣是一時的表現，投資基金時，宜看基金的規模和淨值，相對於其他基金，基金規模愈大和淨值較大，應該也是下市風險較低的基金，但這並非「投資報酬率」較佳的保證。表 5-1 中人氣排名第 1、5、9 名配息型基金，「配息與否」，可看各基金的「簡式說明書」之「收益分配」或「配息頻率」欄。

　　此外，基金的公開月報，多列有「成立以來」的累積報酬率（投資績效），這些績效可能好得嚇人，讓人不禁想到「20 年前如果買進此基金，現在不就是暴發戶了」，然而，對於長達一、二十年的累積報酬率之計算方式，可能跟我們想的不一樣（公式 E4-5a～E4-5e），多是假設每個月的收益，再用於投資的複利計算結果，實際上，國人偏好的配息基金，並無複利增值效果。

　　圖 5-1 是摘自表 5-1 排名第 10 之「統一黑馬基金月報」，累積報酬率為 1,511.6%，在第 4-3 節中之累積報酬率的計算式有 5 種，不知是否有人確認過實際績效是如何而來？此外，所謂的累積報酬率（投資

績效），應是在持續投資行為終止時，才能計算的，因為可能有尚未加入的外加費用，而降低實際的投資績效。

圖 5-1.「統一黑馬基金」之累積報酬率(投資績效)

資料來源：統一投信 /基金投資月報 2022.6.30

　　如圖 5-1 的統一黑馬基金之「可理解」累積報酬率，應如公式 E4-5b 的 1,107.9%〔＝（120.78 ÷ 10－1）× 100%〕，低於圖 5-1 的公開值 1,511.6%；顯然，圖 5-1 之投資績效，是以公式 E4-5d 或依基金公司自訂的計算式計算。註：統一黑馬基金並無收益分配，但是，在其簡式公開說明書上，註明「收益分配均假設再投資於本基金」，這可能是成立以來之基金表現為 1,511.6%之故。

　　圖 5-1 的統一黑馬基金，是成立於 1994 年 11 月 1 日的老牌基金，若看其成立以來（約 28 年）的（累積）總報酬率 1,511.6%，確實很有吸引力，只不過，若進一步分析的話，可以看出此檔基金的績效，是自 2020 年 4 月股市因新冠肺炎，先劇跌再回穩之後才開始飆升的，若再往前看，約在 2007 年時，歷經約 12 年的總報酬率才首次達 200%，因而這 12 年 200%報酬率的年化報酬率為 9.6%〔＝（1＋200%）^{1/12}－

1〕，若再扣掉一些可能的外加費用，投資人的實質報酬率不知剩多少？同時，如果是在投資績效 1,511.6%水平線以上的時間區域進場投資，則迄今仍在虧損中，似乎得等到股市指數回到 18,000 點以上，才有機會轉虧為盈。

再看圖 5-2 另一檔已成立 23 年的「野村優質基金」（表 5-1 中人氣排名第 4），成立迄今（2022.6.30、約 23.2 年）的總報酬率為 677.1%，但是，近 3 個月、近 6 個月、近 1 年及 2022 年迄今（2022.6.30）的投資績效，均和圖 5-1 一樣，為負值的虧損狀態，而且，也是跟「統一黑馬基金」一樣，約在 2020 年 4 月以後才飆漲的。顯然，此兩檔優質基金能否維持高累積績效，還得看台股指數能否持續維持在 15,000 點以上，否則「成立迄今」的累積績效即會下跌。

圖 5-2. 野村優質基金之累積報酬率（投資績效）

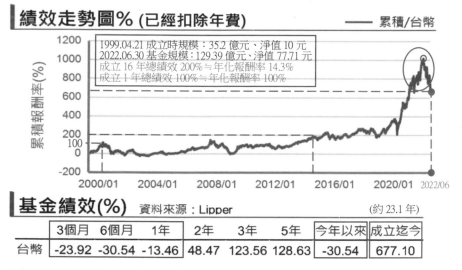

基金績效(%) 資料來源：Lipper （約 23.1 年）

	3個月	6個月	1年	2年	3年	5年	今年以來	成立迄今
台幣	-23.92	-30.54	-13.46	48.47	123.56	128.63	-30.54	677.10

資料來源：野村投信 / 基金投資月報 2022.6.30

圖 5-2 野村優質基金的累積報酬率應等於 677.1%〔＝（77.71 ÷ 10－1）× 100%〕，與圖 5-2 的公開值 677.1%相符，故圖 5-2 之投資

績效，是以公式 E4-5b 計算，而此基金花了 16 年時間，投資績效才達到 200%，然而，約在成立 1 年後，即達到 100%的投資績效，似乎有新基金效應。

　　圖 5-3 是表 5-1 中排名第 99 的野村積極成長型基金，亦為無收益分配的基金，但是，在其簡式公開說明書上，亦註明「收益分配均假設再投資於本基金」，即可知為何月報上的「成立迄今」基金績效299.14%（公式 E4-5d）；但是，若依公式 E4-5b 計算其較實際的累積報酬率，應只為 152.7%〔＝（25.27 ÷ 10－1）× 100%〕。

　　圖 5-2 及圖 5-3 同樣是屬於野村投信公司的基金，也許是基金經理人不同，而採用不同之「基金績效」（累積報酬率）計算方式，顯然，圖 5-3 的績效計算方式有「美化」效果，實際上，此基金花了 26.5 年時間，才達到投資績效 200%。

圖 5-3. 野村積極成長基金之累積報酬率（投資績效）

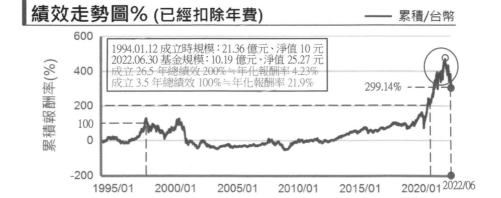

基金績效(%)		資料來源：Lipper					（約 28.4 年）	
	3個月	6個月	1年	2年	3年	5年	今年以來	成立迄今
台幣 累績	-24.50	-29.92	-17.04	41.97	103.30	112.00	-29.92	299.14

資料來源：野村投信 / 基金投資月報 2022.6.30

圖 5-3 之「野村積極成長型基金」成立迄今已 28.4 年，能不被清算下市已屬相當不容易，在成立後約 3.5 年的投資績效就達 100%（≒年化報酬率 21.9%），看圖 5-3 的績效走勢圖，如為設立停利點／停損點（±10%）的短線操作者，在 2001 年之前，至少已贖回／買入 4 次了。

市面上的共同基金，不僅種類多，也有不同等級的風險，其投資的技術分析困難度，高於 ETF／（定存股）股票的投資分析，目前國內銷售的境內和境外基金多達近 4 千檔，但是，每年也約有近百檔的基金會（被清算）下市。

小資族多喜歡配息型基金，基金依配息方式，可分為（1）配息型、（2）累積型及（3）不配息型三種，（1）配息型基金較受多數投資人喜愛，基金公司依約定日，分配現金息給投資人（配息可能來自本金或收益平準金），在配息基準日後，基金淨值會減少（基金除息）；（2）累積型基金則不配現金息，而是將收益再投入轉購基金的單位數（基金除權），以複利效應增加投資人持有的基金單位數；（3）不配息型基金與累積型基金稍微不同，係將收益以複利累積到基金的淨值上，然而，現在的（2）累積型基金，好像多不會增加個人的持有基金單位數，只是（3）不配息型基金而已。

對於一般只懂得簡單算術的投資人，如果以 100 萬元（一次買進）買了一檔基金（不配息），經過 20 年後成為 300 萬元，這 20 年的累積報酬率＝〔（300 ÷ 100－1）〕 × 100%＝200%（不計基金任何外加費用），不知「成立以來」的累積報酬率是否也可以如此簡單計算？也不禁想問：「不知是否有投資人，真的有人能在持有基金 20 多年之後，在累積報酬率 1,511.6%（圖 5-1）或 677.1%（圖 5-2），才獲利了結、買回基金」？問了兩位基金投資經歷逾 10 年以上的基金老手，其手中持有的基金均不超過 2 年，而未贖回的理由是尚未達到停利點或停損點。顯然，「成立迄今」的累積報酬率，只是吸引投資人進場的數據噱頭而已，不宜當真。

此外，（共同）基金是委託經營團隊公司運用、操作、管理，所

以，其中可能包含經理費、管理費、保管費及手續費等內扣或外加費用（表 5-15），加上有不少無法預知的風險，所以，對於投資新手或保守型投資者，宜採用「3 選 3 買 2 賣法則」（表 5-16），選擇投資國內市場的境內型基金，以降低風險。

大多數的基金，會遵守金管會的「短線交易限制」規定，多會在基金說明書的「買回計算方式」中，加註「本基金不歡迎受益人進行短線交易，若於基金申購日≦（7 或）14 日曆天內買回或轉換，應該繳交額外的短線交易費⋯」，然而，利用「短線交易」操作基金的人依舊不少（基金公司嘴上說不歡迎「短線交易」，但是，交易愈頻繁，基金公司的交易費收入就愈多，何樂不為？）。

提醒：投資必有風險，基金雖然是投資標的一籃筐的分散風險投資方式，但並非是如某些資訊所告知的低風險投資工具，基金投資的風險性均大同小異，以下是摘自「野村積極成長基金」公開說明書上的 5 點最常見的風險告知事項，在買基金之前，宜詳閱公開說明書之所有內容。

註 1：基金並非存款，非屬存款保險條例、保險安定基金或其他相關保障機制之保障範圍，投資人應注意投資相關風險並自負盈虧，最大可能損失為全部之信託本金。

註 2：投資人應自行承擔投資基金之相關風險與損失，包括但不限於：本金虧損、匯率損失、基金解散、清算、移轉、合併等風險。

註 3：基金的配息可能由基金的收益或本金中支付，任何涉及由本金支出的部份，可能導致原始投資金額減損，或有基金配息前未先扣除應負擔之相關費用。

註 4：基金績效計算皆有考慮配息，基金配息率不代表基金報酬率，且過去配息率不代表未來配息率。所有基金績效，均為過去績效，不代表未來之績效表現，亦不保證基金之最低投資收益。

註 5：經金管會核准或申報生效在國內募集及銷售之基金並不表示絕對無風險，基金之績效係由經理公司所提供，投資人應注意，基金之過往績效並不代表基金未來之投資收益，除善良管理人注意義務外，經理公司與基金銷售機構／受託機構（本行）並不對基金之盈虧負責，亦不保證最低收益，投資人於申購前應詳閱公開說明書。

02

基金績效排名的迷思

現在網路資訊發達，有些人買基金會自己先做功課，會以「基金績效」排名，來挑選基金，一般言之，「基金績效」之排名應與同類型基金做比較，然而，光是基金的分類就很多，以一般民眾為主的共同基金（公募基金）而言，依投資標的的發行方式、管理方式、發行區域、區域範圍、投資產業及風險等級等分類，若以投資標的物來說，可分為股票型、債券型、平衡型、組合型及貨幣型等，而且很多的分類界線並不明顯，對投資新手而言，很難取捨。

推薦基金時，最能吸引小資族的利器有兩種，一是「投資績效」，另一種是「得獎基金」，然而，「投資績效」不可能一個月、一季、一年、三年及五年的績效均佳；「得獎基金」，也難以年年得獎，也可能得獎的前一年或次一年是後段班的基金。投資人務必了解，目前的「投資績效」與「得獎基金」，無法保證日後有相同的績效，仍有潛在的風險！

此外，光是「基金績效」之排名，就有 10 多個不同單位，依自己訂定的基準來排名，例如，公會排名、週轉率排名、四四三三法則排名、熱門點閱（人氣）排名、基金（不同月數、年數）報酬率等排名方式，尚有 Lipper（理柏）、MorningStar（晨星）、台灣金鑽及 Smart 智富等單位的（不同年度）得獎名單排名，各種排名的前十名大多不同，得獎排名人人有機會，基金發行／代銷公司各取對自己有利的排名做廣告，投資人到底要以哪一種排名做為選購基金的基準，也難以

決定，最後，多只能選擇買自己往來的銀行或證券商所代銷的基金。

表 5-2a 是國際知名的基金評價公司 Lipper（理柏），依「近三年績效」排名所列出的近 3 年得獎名單，「安聯台灣智慧基金」連續三年（2020、2021 及 2022 年）均名列 3 年期、5 年期及 10 年期「台灣股票基金獎」，這應表示「安聯台灣智慧基金」是一檔近 10 年來均穩定獲利的基金。但是，為何仍有人在近 1 年內定期定額買入，降至停損點（－15％）而虧損贖回？現在可以買進嗎？（見第 5-4 節）

表 5-2a. Lipper 之「近 3 年」得獎名單前 3 名

基金名稱 (2020 年)	得獎名稱	三年% ↑	五年%	十年%
安聯台灣智慧基金	台灣基金5年期台灣股票基金	100.75	189.90	573.46
安聯台灣科技基金	台灣基金5年期資訊科技股票基金	99.05	200.31	519.19
野村中小基金	台灣基金10年期台灣中小型股票基金	97.23	122.29	340.14
基金名稱 (2021 年)	得獎名稱	三年% ↑	五年%	十年%
安聯台灣智慧基金	台灣基金3年期台灣股票基金	100.75	189.90	573.46
安聯台灣智慧基金	台灣基金5年期台灣股票基金	100.75	189.90	573.46
野村中小基金	台灣基金3年期台灣中小型股票基金	97.23	122.29	340.14
基金名稱 (2022 年)	得獎名稱	三年% ↑	五年%	十年%
野村優質基金	台灣基金3年期台灣股票基金	110.30	124.76	349.78
安聯台灣智慧基金	台灣基金5年期台灣股票基金	100.75	189.90	573.46
安聯台灣智慧基金	台灣基金10年期台灣股票基金	100.75	189.90	573.46

資料來源：MoneyDJ 理財網（2022.8.12 列印）

表 5-2b 同樣是國際知名的基金評價公司 MorningStar（晨星），依「近三年績效」排名列出的近 3 年（2020、2021、2022 年）得獎名單（共 9 檔基金），卻不見表 5-2a 連續 3 年得獎的「安聯台灣智慧基金」，此基金也未進入表 5-2b 中 2021 年的「（最佳）台灣股票基金」的排名中，其中的「富邦台灣采吉 50 基金」之「近 3 年」績效僅 66.10%，遠低於「安聯台灣智慧基金」的 100.75%，可能是不同績效排名公司的績效計算方式及分類方法不同之故，投資人若想由表 5-2b 中選出適合自己的基金，就得先決定要買哪一區域的基金。

表 5-2b. 晨星之「近 3 年」得獎名單前 3 名

基金名稱（2020 年）	得獎名稱	三年%↑	五年%	十年%
安聯台灣大壩基金-A累積型(台幣)	台灣股票基金	80.21	164.30	481.36
MFS全盛美國密集成長A1(美元)	美國股票基金	39.25	95.07	229.81
摩根太平洋證券	亞太區股票基金	18.51	27.20	115.11
基金名稱（2021 年）	得獎名稱	三年%↑	五年%	十年%
富邦台灣采吉50基金	台灣股票基金	66.10	77.15	217.60
富坦-美國機會美元A(acc)	美國股票基金	34.40	77.72	223.89
摩根基金-大中華A股(美元)(累計)(已撤銷核備)	大中華股票基金	25.00	29.04	119.14
基金名稱（2022 年）	得獎名稱	三年%↑	五年%	十年%
野村中小基金	最佳台灣股票基金	97.23	122.29	340.14
盈信世界領先可持續發展	最佳全球股票基金	26.19	37.55	130.58
施羅德亞洲收益股票(美元)A1-月配固定(基金之配息來源可能為本金)	最佳亞洲股票基金	10.86	11.84	41.57

資料來源：MoneyDJ 理財網（2022.8.12 列印）

基金排名的「四四三三法則」，是由基金評比專家之台大財金系邱顯比和李存修兩位教授，所提出的基金挑選法則，認為「基金目前的績效排名會對未來的績效有正面的影響」，其目的是挑選在某一期間內表現比同類型基金好的基金，做為挑選優質基金的參考，其選擇

步驟為：

步驟（1）四：在同類型基金中，挑選出「近 1 年期」績效排名前
1／4 的基金。

步驟（2）四：從步驟（1）挑選出來的基金中，再挑選出「近 2、
3、5 年期」以及「今年以來」績效在排名前 1／4
的基金。

步驟（3）三：從步驟（2）挑選出來的基金中，再挑選出「近 6
個月」績效在排名前 1／3 的基金。

步驟（4）三：從步驟（3）挑選出來的基金中，再挑選出「近 3
個月」績效在排名前 1／3 的基金。

　　此 4 個步驟是否有前後順序關係，網路上有不同的做法，若依上
述之「四四三三法則」的順序選基金，有時候可能選不到完全符合的
基金；表 5-3 是「復華金管家」網站的「4433 法則試算器」，結果只
有找到一檔符合的基金：「兆豐第一證券投資信託基金」（簡稱兆豐
第一基金），由其各期間的績效來看，此與表 5-1 之十大人氣基金比
較，並不遜色。

　　註：依「四四三三法則」順序選基金，可能選不到符合之基金；
假設有 160 檔基金，步驟（1）選出 40 檔，步驟（2）剩 10 檔，步驟
（3）剩 3.3 檔，步驟（4）則剩下 1.1 檔，不同時間使用表 5-3 試算
器，所得的基金可能不同，在 2022／8／30 上網時，又多了一檔「凱

基開創基金」。

表 5-3.「四四三三法則」試算器

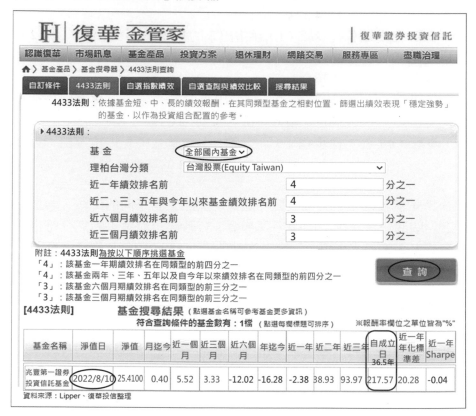

資料來源：復華投信網站（2022.8.11 列印）

然而，自「成立日以來」（36.5 年）的累積績效僅 217.57%（≒年
化報酬率 3.2%），此績效僅算是差強人意（四四三三法則不看「成立
以來」績效）；此基金 1986 年 1 月 4 日成立時的規模僅 3,050 萬元
（似無申購熱潮），至 2022.6.30 的規模已增為 2.24 億元。

表 5-4 的「四四三三法則」不一樣，4 個步驟沒有順序關係，可分
別點選今年以來、近 3 個月、6 個月、1 年、2 年、3 年及 5 年的績效

排名，點選之後，分別列出各期間的績效排名，表 5-4 是點選「近一年」績效排名的前 5 名，每一期間之基金名單均不同。此外，表 5-4 中，有 13 種基金排名種類及 5 種「基金得獎名單」，再點選進去，又有多種分類。所以，投資人還是要自己決定，要以哪一期間的排名來選基金。

表 5-4 . 基金之績效排名與得獎基金分類

註：績效計算為原幣別報酬率，且皆有考慮配息情況。
資料來源：MoneyDJ 理財網（資料日期：2022.8.9）

家母約在 20 多年前，單筆投資共買了 3 檔當時算是熱門的基金，結果在 10 多年前，其中一檔基金「被清算」，另一檔基金等了 10 多年，才以原價（不虧本金、虧利息）贖回，而最後一檔基金，迄今已逾 22 年，雖然尚未下市，但仍然是「無配息的虧損本金」中，這是我們對基金僅有的接觸。

表 5-5 是家母迄今持有 22 年的「單筆投資」基金，2000 年 2 月 3 日以 10 萬元台幣買了摩根日本日圓基金，此為不配息型基金，在 2022

年 4 月份的對帳單上，迄 2022 年 4 月 28 日時，只剩下 49,034 元台幣，虧損達 50,966 元台幣（－50.966%）。

表 5-5. 持有 22 年迄今仍然虧損的基金

特定金錢信託投資國內外有價證券						
共同基金總覽					E＝B×D÷C	F＝E-A	G＝F-A
基金名稱		總投資本金/幣別	持有單位數	參考淨值	不含息參考市值	不含息參考損益	含息參考損益
效投註記	交易編號	原始投資日期	參考匯率	淨值日期	累積配息金額	不含息報酬率	含息報酬率
摩根日本（日圓）日		A 100,000 NTD	B 4.7500	D 45,859.0000 JPY	49,034 NTD	-50,966 NTD	-50,966 NTD
	FS00538362	89/02/03	C 0.2251 →	111/04/28		-50.966%＝F÷A-50.966%	
	合計：	100,000 NTD	匯率0.2852，淨值44,532 JPY		49,034 NTD	-50,966 NTD -50.966%	-50,966 NTD -50.966%

投資警示通知
一、提醒您，您的信託投資組合淨值減損已超過本行所訂之風險值上限，建議再次檢視您的投資組合及風險承受能力或洽詢本行理財專員。

上網查了 2000／2／3 的基金淨值是 44,532 JPY，當時匯率是 1 日圓＝0.2852 台幣，而基金結算日（2022／4／28）之淨值為 45,859 JPY（＋2.98%），匯率為 1 日圓＝0.2251 台幣，匯率僅虧了 21.1%。「單筆投資」買入基金時，是在扣除申購等費用之後，以當時的淨值及匯率，計算所買入的基金單位數，此單位數在贖回之前一直維持不變（4.7500 單位），但是，為何對帳單上的虧損為 50.966%？因為基金淨值與匯率是每天均在變動，其內扣費用如何算？不知其中的虧損玄機在哪裡？

以 2000／2／3 買入當日的淨值（44,532 日圓）及匯率（0.2852）計算，當時可買入的單位數應約為 7.8737（＝100,000 ÷ 0.2852 ÷ 44,532），然而，表 5-5 中的「4.7500 單位」，少了 3.1237 單位（－65.76%），買入手續費不可能如此高，匯率損失也沒有這麼大，除非我們引用的日圓匯率（0.2852）有誤（出處：三信商銀（0.2852）、上海銀行（0.2863），已查無台銀等官銀匯率）。

為何表 5-5 中的「持有單位數」只有 4.7500 單位？是否因有與其他基金合併而減少單位數，現在已無法查證了。如表 5-5 之「投資警示通知」所示，本投資之虧損程度，連信託銀行都看不下去，要投資人

趕快贖回（再買其他基金，可賺一筆）。

　　表 5-6 是家母所買的摩根日本（日圓）基金之「近十年」的投資績效，對於「近二年」以上的績效，均是「單筆投資」優於「定期定額」，因此，表 5-5 之虧損程度（－50.966%），並非「單筆投資」之罪，反而當時若採用「定期定額」方式，現在可能虧得更慘。

表 5-6.「摩根日本（日圓）基金」之績效表

| 報酬率(%)(08/17) 2022 | 摩根日本(日圓)基金(日圓)(累計) | | | | 單筆投資勝 | | | | 成立日 |
	一個月	三個月	六個月	一年	二年	三年	五年	十年	
單筆申購(原幣)(日圓)	9.13	10.26	3.87	-8.73	11.66	42.76	64.59	397.27	N/A
定期定額(原幣)	9.13	12.05	7.93	-3.23	-3.33	8.04	20.20	84.63	N/A
單筆申購(台幣)	12.04	6.49	-4.96	-20.35	-11.03	7.42	32.00	192.35	N/A
定期定額(台幣)	12.04	12.06	4.55	-9.21	-14.58	-8.53	-0.48	42.17	N/A

資料來源：MoneyDJ 理財網（2022.8.19 列印）

　　再由圖 5-4 的數據來看，摩根日本（日圓）基金，可算是不錯的國際性基金，在公開說明書中，顯示這是成立於 1969 年 8 月 6 日，迄今已逾 54 年的長壽基金，其成立迄今的累積報酬率高達 8,427.96%（如何驗證？）；網路上可查到的最早淨值是 10,077 日圓（1999／1／4），台灣之核准生效日為 2006／7／19），姑且以在台灣之「最近十年」的累積報酬率 388.88% 來看，相當於年化報酬率 17.2%（＝（1＋388.88%）$^{1/10}$－1），似乎是值得買進的基金；為何表 5-5 之實際對帳單的績效是大幅虧損的負值（－50.966%）；問題之一可能出在圖 5-4 中所告知的「收益分配均假設再投資於本基金」之計算方式。

圖 5-4. 摩根日本（日圓）基金近 10 年之報酬率

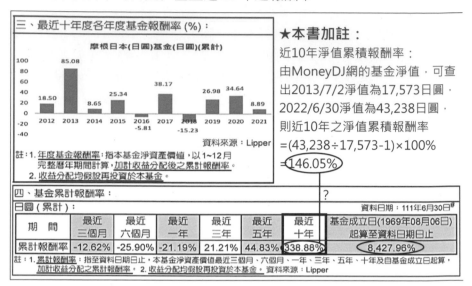

資料來源：摩根日本（日圓）基金/投資人須知（第一部分：基金專屬資訊）2022.7.29

　　若以近 10 年的淨值計算（不假設「收益分配再投資於本基金」），其累積報酬率僅為 146.05%（圖 5-4 之本書加註），遠低於圖 5-4 中的 388.88%。不過，這仍不是投資人的「實際報酬率」，要以基金之每月對帳單的報酬率（如表 5-5），再扣掉可能的贖回費及信託管理費用等，才是投資人想知道的「實際報酬率」。

　　圖 5-5 是摩根日本（日圓）基金自 2000／2／3（基金買進日期）迄 2022／4／28（表 5-5 中之結算日）的淨值走勢圖，依淨值計算，22 年的累積報酬率尚有 2.78%，而且，圖 5-4 左上角的最近十年各年度的報酬率柱狀圖，除了 2016 年（－5.81%）及 2018 年（－15.23%）外，均為正值，為何表 5-5 的累積報酬率是－50.966%？其正報酬率的收益，分配到哪裡去了？

　　此基金自家母買入以來，其淨值一路大跌至 2013 年 1 月才開始回升，在這長達 12 年的走跌局勢，匯率損失（－21.1%）與內扣費用，

大概才是 22 年累積績效腰斬的真正原因；扣掉匯率損失（−21.1%）之後，這 22 年的總內扣費用是−29.866%，相當於年化報酬率−1.6%〔＝（−29.866%＋1）½−1〕；所以，不要小看基金「內扣費用」的殺傷力，每年內扣費用−1.6%，22 年之的總內扣損失高達近−30%！在表 5-7 有此基金的各種最高費用。

圖 5-5. 摩根日本（日圓）基金 22 年之淨值走勢圖

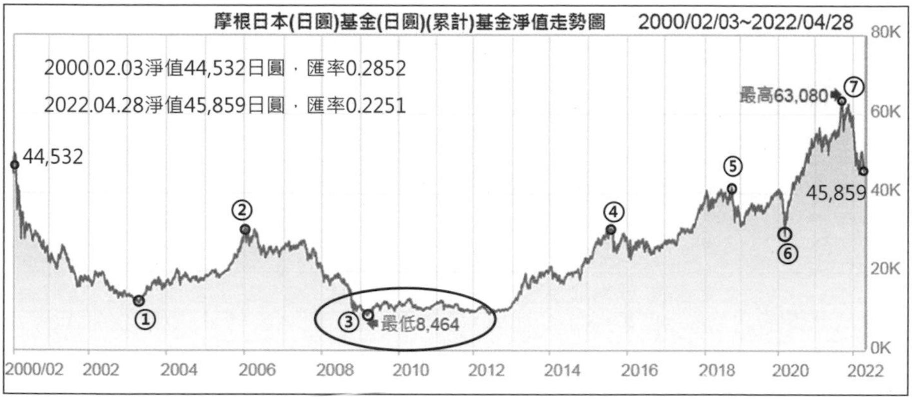

資料來源：MoneyDJ 理財網（2022.8.17 列印）

　　由此可見，基金月報或公開說明書上的累積報酬率，並非投資人的實際報酬率，「月對帳單」數據（表 5-5），才為「較真實」的累積報酬率；要如何看待基金的績效排名及累積報酬率？或許確實是「僅供參考」用吧？

　　境外基金是全球公開交易的基金，在台灣受歡迎，並不表示全球各地均一樣暢銷，點選圖 5-12d 之個別基金「基本資料」可得表 5-7 之國人投資比重 43.69%，圖 5-14a 基金占 21.79%，圖 5-14b 僅占 1.87%，足見台灣人對此基金的貢獻度。因境外基金的不確定性（Uncertainty）太高，比起以國內市場為標的物的境內基金，有匯率、匯兌手續費、政治因素、國際局勢及基金成立規模不詳等不可預測的風險；基本上，投資境外基金的風險較高，想以基金為投資工具者，宜先參考表 5-16 之「3 選 3 買 2 賣法則」。

表 5-7.「摩根日本（日圓）基金」之基本資料

| 基本資料 | 公司 | 淨值 | 績效 | 持股 | 五力 | 趨勢軌跡 | 配息 | 報酬比較 | 績效評比 | 報告書 | 行事曆 | 得獎 | 國人投資 |

基金名稱	摩根日本(日圓)基金(日圓)(累計)		(參照表5-17之國內型基金)
英文名稱	JPMorgan Japan (Yen) Fund - JPMorgan Japan (Yen) (acc) - JPY		
海外發行公司	摩根基金(亞洲)有限公司	註冊地	香港
台灣總代理	摩根投信	計價幣別	日圓
成立日期	1969/08/06	總代理基金生效日	2015/03/01
基金核准生效日	2006/07/19	國人投資比重	43.69% (2022/6/30) ※
基金規模	303.00 百萬美元(2022/6/30)	投資區域	日本　　國內型基金無此項
基金類型	單一國家型基金	風險報酬等級 ?	RR4
投資標的	股票型	基金評等 ?	⑤⑤⑤⑤⑤
最高經理費(%)	1.5	經理人	Nicholas Weindling/Shoichi Mizusawa/Miyako Urabe
最高銷售費(%)	5 (手續費)		
最高保管費(%)	0.06	單一報價	Y

資料來源：MoneyDJ 理財網（2022.8.24 列印）

03

小資玩基金：
單筆投資 vs. 定期定額

　　基金理財的投資人，可概分為二類，第一類是積極的專業投資者，具有基金理財的專業知識，其操作方式與股市理財的操作一樣，有短線操作（≦30 天）及 ≦2 年的中短期投資之分，也會訂定停損點、停利點而適時贖回基金，其買賣基金的窗口，多為投顧公司或投信公司（大筆交易）；第二類投資人是消極的散戶投資者，多缺乏基金的專業知識，其買賣基金的窗口，多為銀行或費用較低的基富通等基金平台，購買的基金多是「配息型基金」或是「定期定額型基金」居多。

　　第一類的專業投資者，有龐大資金與資訊的優勢，賺多賠少，但第二類的散戶投資者，多誤以為「定期定額型」基金是適合「固定領配息」的財源，不會虧本；然而，買進基金後，若不知何時應該停扣或贖回，虧損或套牢的機率相當高，特別是股市呈空頭下跌走勢時。例如在 2007 年年底前申購基金者，遇上 2008 年的金融風暴年，基金淨值劇跌，恐慌的散戶投資者，簡直就是「基金絞肉機」的絞肉一樣，任由宰割、血本無歸，就連「單筆投資」，放了 10 年、20 年之後，不斷地被無感的隱藏版內扣費用緩緩侵蝕，也照樣會套牢虧損（表 5-5）。

　　友人 A 君於 2007 年（28 歲）開始進行基金投資之上班族，開始投資時，是向銀行買了「單筆投資」的基金，因為自己沒有理財經驗，只聽說「長期投資基金就可以賺錢」，而聽從銀行理專的建議，2 年內陸續花了約 120 萬元積蓄，以「單筆投資」及「定期定額」方式，買了約 10 檔之境外不同區域的基金（分散風險），買了之後，基金淨值

是跌多漲少，最後又聽說「定期定額才會賺」，因此，從 2017 年開始，陸續賣掉 7 檔「單筆投資」的基金，其中，2 檔小賺、2 檔小賠、3 檔大賠，共虧了 40 多萬元，全改為「定期定額」方式。

表 5-8a 是 A 君在○○銀行「信託資金運用報告書」的明細表（2019 年 7 月），表中是當時的所有 9 檔基金，尚有 2 檔是「單筆買入」的基金（①及②），此 2 檔最後均是虧損收場，另外 7 檔「定期定額」基金互有輸贏。投資基金的困難點，不是如何選基金？而是何時買基金？

表 5-8a . A 君「○○銀行信託資金運用報告書」（108/7）

表 5-8a . A 君「OO銀行信託資金運用報告書」(108/7)

基金交易明細 (108/7)

交易性質 基金名稱	基金帳號	交易日期 幣別	單位價格 信託本金	單位數 兌換匯率	手續費用 其他費用	入帳金額 實際損益 =A×C×D-E
贖回 ※	902TS600938	108/07/09	A 77.4100	C 37.9100	E 200	90,656.00
1644 貝萊德拉丁美洲／美元		NTD	B 80,000.00	D 30.9600	(13.32%)	10,656.00

如下第⑦檔又重新買入(108/07/31)　　　　　　　　　　合計　　NTD　95,651.00

基金庫存資產及預估損益 (108/7)

基金帳號 基金名稱	投資起始日	信託幣別/性質 累計信託本金	基金計價幣別 累計單位數	參考價格 市值基準日	預估市價總值 累計配息	預估損益 報酬率
902DN108623 ① 3823 保德信全球資源	96/07/25	NTD / 單筆 150,000.00	NTD 7,683.8000	7.3500 108/07/31	56,476.00 0.00	-93,524.00 -62.349%
902TN116312 ② A417 富達新興市場基金除權	96/12/28	NTD / 單筆 70,000.00	USD 單位數固定 81.9400	28.4100 108/07/31	72,177.00 0.00	2,177.00 3.110%
902DS106130 ③ 5311 安聯全球綠能趨勢基金	97/02/25	NTD / 定額 100,000.00 已繳20期	NTD 11,134.2000	9.2500 108/07/31	102,991.00 0.00	2,991.00 2.991%
902DS220704 ④ 5303 安聯全球生技趨勢台幣	101/12/18	NTD / 定額 240,000.00 已繳48期	NTD 6,900.9000	33.9500 108/07/31	234,286.00 0.00	-5,714.00 -2.381%
902TS550570 ⑤ C921 安本標準東歐股票累積	103/08/15	NTD / 定額 90,000.00 已繳18期	EUR 26.5700	107.2470 108/07/31	98,139.00 0.00	8,139.00 9.043%
902TS597761 ⑥ A6A9 景順太平洋基金年權	106/12/18	NTD / 定額 90,000.00 已繳18期	USD 45.8700	62.2100 108/07/31	88,475.00 0.00	-1,525.00 -1.694%
902TS600938 ⑦ 1644 貝萊德拉丁美洲／美元 ※	107/03/05	NTD / 定額 5,000.00 已繳1期	USD 重新買入 2.0800	75.3600 108/07/31	4,860.00 0.00	-140.00 -2.800%
902TS600939 ⑧ 2713 法百美國增長股票基金	107/03/05	NTD / 定額 85,000.00 已繳17期	USD 32.6150	94.3200 108/07/31	95,379.00 0.00	10,379.00 12.211%
902TS601169 ⑨ B509 天達歐洲股票基金美權	107/03/12	NTD / 定額 85,000.00 已繳17期	USD 34.0170	79.2700 108/07/31	83,606.00 0.00	1,394.00 -1.640%
合計	幣別	累計信託本金		預估市價總值	預估損益	報酬率
	NTD	915,000.00		836,389.00	-78,611.00	-8.591%

他買的第一檔基金，也是最後贖回的「單筆投資」基金，是拖了14年5個月，到2022年1月13日，虧了－60.54%才贖回的「（PGIM）保德信全球資源基金」（表5-8a①），A君是在2007年7月25日買入此基金的前身「大俄羅斯基金」，可能因規模縮小、績效不佳，而被併入目前的基金（※通常被併而消滅的基金，其原有的單位數多會減少），此基金在公開資料的上架日期是2007／6／30，成立日期是2007／9／11，此基金成立時規模為98.38億元，到2022／6／30的規模僅剩26.82億元，似乎已經退燒了。

圖5-6是該基金自成立日（2007／9／11）以來的累積報酬率及淨值趨勢，其近3個月、近6個月及近1年的績效，均比表5-1的十大基金還佳，甚至其近2年的累積報酬率（59.03%），也與統一黑馬基金的60.76%旗鼓相當，近一年績效（26.1%），遠比「四四三三法則」步驟1（近1年績效）排名前5名的基金（表5-4）還優，那麼，為何會讓A君虧損50.2%？現在可以進場投資嗎？

A君虧損的原因，是進場時機點不對（馬後炮）；A君買入的時間是2007／9／11，正值2008年「全球金融危機」的初期，金融風暴在2008年5月大爆發後，引發全球性金融崩潰，經濟衰退，此檔基金的淨值也隨之劇跌。不過，這畢竟是事後的馬後炮分析，要決定開始進場的時機，宜有過去5年的淨值作參考，也就是除非是≦1年的短線操作投資客，否則不宜買成立不到5年的基金。

圖 5-6. 保德信全球資源基金之累積報酬率（投資績效）

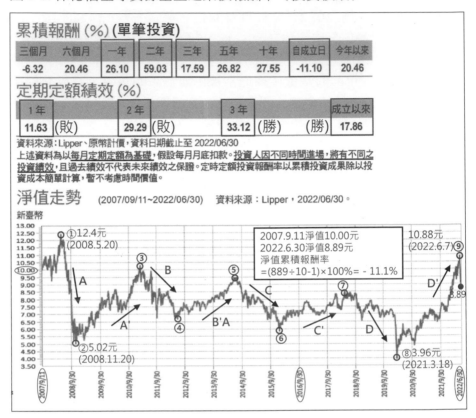

累積報酬 (%) (單筆投資)

三個月	六個月	一年	二年	三年	五年	十年	自成立日	今年以來
-6.32	20.46	26.10	59.03	17.59	26.82	27.55	-11.10	20.46

定期定額績效 (%)

1 年		2 年		3 年		成立以來
11.63	(敗)	29.29	(敗)	33.12	(勝)	(勝)	17.86

資料來源：Lipper、原幣計價，資料日期截止至 2022/06/30
上述資料為以<u>每月定期定額為基礎</u>，假設每月月底扣款。投資人因不同時間進場，將有不同之
<u>投資績效</u>，且過去績效不代表未來績效之保證。定時定額投資報酬率以累積投資成果除以投
資成本簡單計算，暫不考慮時間價值。

淨值走勢 (2007/09/11~2022/06/30)　資料來源：Lipper，2022/06/30。

資料來源：保德信投信 / 基金投資月報 2022.6.30

　　由圖 5-6 的淨值走勢圖來看，點②、④、⑥、⑧均是適合的低價買
進時間點，但實務上，不可能未卜先知，何時會降至最低價，所以，
退而求其次，宜以「近 5 年」的淨值〔（最高價⑨＋最低價⑧）
÷2〕，作為下一次進場的買價，亦即現在進場的本書建議買價為
≦7.42 元〔＝（10.88＋3.96）÷2〕，可降低風險（第 5-5 節）。

　　在圖 5-6 中有「定期定額」績效，其近 1 年、近 2 年、近 3 年及成
立以來的同期間績效，與「單筆投資」報酬率互有勝負，並非如圖 5-8
的「安聯台灣智慧基金」一樣，一年以上之「定期定額」的績效全輸

給「單筆投資」的績效，原因在於圖 5-6 的淨值走勢，漲跌互見，而圖 5-8 的淨值走勢，平穩上升，較適合「單筆投資」。

圖 5-6 中的淨值走勢，有密集的（①～⑨）9 個漲跌點，可和股票一樣「低買高賣」，並訂定停利點（如＋15%），在不同的時間點買入，一段時間之後會有不同的累積績效，適合做區間操作，賺取淨值價差。A 君是在 2007／7／25 以 10 元「單筆投資」買入後，僅在第一年內曾站上 10 元以上（新基金效應），迄 2022 年 1 月 13 日賣出時，淨值從未回到 10 元之上。

A 君的基金投資，全憑自己研究摸索，買的全是不配息型基金，剛開始時，認為「單筆投資」較有勝算，由表 5-8b 可知，「保德信全球資源基金」是 A 君在 2007／7／25 以 15 萬元單筆買入，到 2021／4／29 時僅剩 52,557 元（－64.962%），A 君仍未認賠贖回，一直拖到 2022／1／13 才贖回，此時基金淨值略有回升，贖回淨值為 8.21 元，扣掉贖回費用 4,050 元，持有 14.5 年的 15 萬元資金僅贖回 59,034 元（＝8.21 × 7,683.8－4,050），共虧了 90,966 元（－60.54%）。

表 5-8b．A 君「○○銀行信託資金運用報告書」（110/4）

基金帳號 基金名稱	投資起始日	信託幣別／性質 累計信託本金	基金計價幣別 累計單位數	參考價格 市值基準日	預估市價總值 累計配息	預估損益 報酬率
902DN108623 ※ 3823 保德信全球資源	96/07/25	NTD／單筆 150,000.00	NTD 7,683.8000	6.8400 110/04/29	52,557.00 0.00	－97,443.00 －64.962%
902TS550570 C921 安本標準東歐股票累積	103/08/15	NTD／定額 5,000 15,000.00 元/月 已繳3期	EUR 3.9020	115.4531 110/04/30	拖至111/01才認賠贖回 15,137.00 0.00	137.00 0.913%
902TS597761 A6A9 景順太平洋基金年權	106/12/18	NTD／定額 5,000 25,000.00 元/月 已繳5期	USD 10.8610	84.6800 110/04/30	25,559.00 0.00	559.00 2.236%
902TS600938 1644 貝萊德拉丁美洲／美元	107/03/05	NTD／定額 5,000 110,000.00 元/月 已繳22期	USD 62.2700	63.0200 110/04/30	109,055.00 0.00	－945.00 －0.859%
902TS600939 2713 法巴美國增長股票基金	107/03/05	NTD／定額 5,000 45,000.00 元/月 已繳9期	USD 12.1280	146.3300 110/04/30	49,319.00 0.00	4,319.00 9.598%
合計 幣別		累計信託本金	預估市價總值	預估損益		報酬率
	NTD	345,000.00	251,627.00	－93,373.00		27.065%

基於「單筆投資」虧損的前車之鑑，A 君改採用「定期定額」投資方式，並訂定停利點 12%，亦即累積本利和比累計投入本金高 12% 時，則自動贖回，重新自動按月扣繳本金（5,000 元）。表 5-8c 是 A 君目前持有 5 檔定期定額（每月 5,000 元）基金，全是境外基金，依名稱來看，為分屬不同地區的基金，有「分散風險」的考量。

表 5-8c. A 君「○○銀行信託資金運用報告書」（110/4）

| 基金交易明細｜　(110/4) | | | | | 外扣費用 | |
交易性質 基金名稱	基金帳號	交易日期 幣別	單位價格 信託本金	單 位 數 兌換匯率	手續費用 其他費用	入帳金額 實際損益
①購買 定期定額 C921 安本標準東歐股票累積	902TS550570 NTD	110/04/06	115.5407 5,000.00	1.2790 33.8300	89.00	(1.78%)
②購買 定期定額 A6A9 景順太平洋基金年權	902TS597761 NTD	110/04/06	84.7500 5,000.00	2.0710 28.4800	89.00	(1.78%)
③購買 定期定額 1644 貝萊德拉丁美洲／美元	902TS600938 NTD	110/04/06	A 60.9500 B 5,000.00	2.8800 C 28.4800	=B÷C÷A 74.00	(1.48%)
④購買 定期定額 2713 法巴美國增長股票基金	902TS600939 NTD	110/04/06	141.8100 5,000.00	1.2380 28.4800	89.00	(1.78%)
⑤購買 定期定額 B509 晉達歐洲股票基金美權 設定獲利≧12%時贖回	902TS601169 NTD	110/04/06 定期扣款日	96.2600 5,000.00	1.8240 28.4800	45.00	(0.9%)
⑥贖回 B509 晉達歐洲股票基金美權	902TS601169 NTD	110/04/13 達停利點12%	A 97.4200 190,000.00	B 78.2210 28.3000	D 280 獲利13.4%	=A×B×C-D 215,374.00 25,374.00
		共繳38期				合計 NTD 215,374.00

　　表 5-8c 中的第①檔基金，自 103／8／15（5-8b）首次買入以來，迄 110／4 止，共 4 次達到停利點（12%）而贖回本利和；第②、③、④檔基金，則均有一次達到停利點（12%）而贖回本利和。

　　第⑤檔「晉達歐洲股票基金美權」，於（2018 年）107 年 3 月 12 日（表 5-8a⑨）開始定期定額扣款（5,000 元／月），並於 2021 年 4 月 13 日第 1 次贖回，累計投入的本金共 190,000 元（5-8c⑤），共繳了 38 期（3 年 2 個月），依表 5-8c 的對帳單所示，帳面上的累積報酬率為 13.4%〔＝（215,374 ÷ 190,000－1）× 100%〕，相當於年化報

酬率 4.05%；不過，對投資人而言，投資本金應再加上每月 45 元的手續費共 1,710 元（＝45 元 × 38），則實際的累積報酬率為 12.45%（≒年化報酬率 3.77%）。註：真正贖回時，尚須繳一筆銀行信託管理費，存的愈久、繳愈多。

值得注意的是，晉達在 110／4／6 尚自動扣繳一筆 5,000 元（表 5-8c⑤），但卻在 111／4／13 因達停利點（12%）而自動贖回，此舉浪費了一筆手續費 45 元，並無實質的複利效果，對投資人而言，此是「定期定額」自動扣繳的損失。

圖 5-7 是第⑤檔「晉達歐洲股票基金美權」基金的淨值走勢圖，若依「單筆投資」方式，其 3 年 2 個月投資期間的累積報酬率僅為 6.33%，低於「定期定額」的 13.4%（表 5-8c），不過，這並非「定期定額」方式的必勝績效，例如，如果此基金是賣在最高點（102.13 元），則「定期定額」的績效，必然低於「單筆投資」的績效（11.5%）。

圖 5-7. A 君在停利點（12%）贖回基金之淨值走勢圖

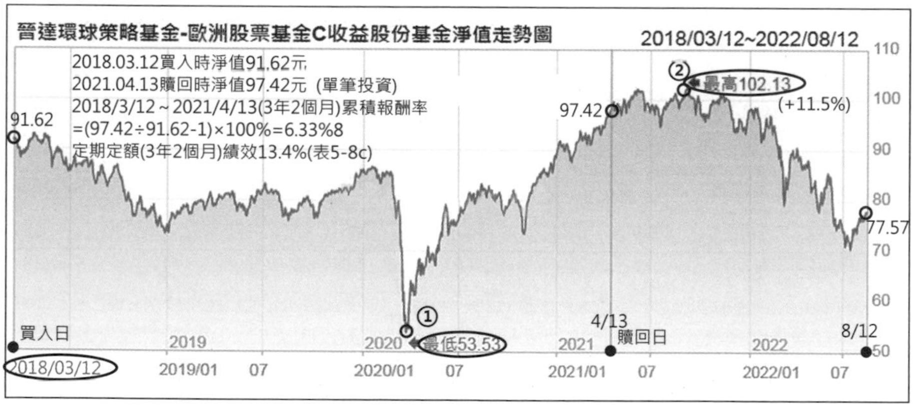
晉達環球策略基金-歐洲股票基金C收益股份基金淨值走勢圖
2018/03/12~2022/08/12
2018.03.12買入時淨值91.62元
2021.04.13贖回時淨值97.42元 (單筆投資)
2018/3/12 ~ 2021/4/13(3年2個月)累積報酬率
=(97.42÷91.62-1)×100%=6.33%8
定期定額(3年2個月)績效13.4%(表5-8c)
91.62
97.42
②
最高102.13
(+11.5%)
77.57
①
最低53.53
買入日
4/13
贖回日
8/12
2018/03/12
2019
2020
2021
2022
2019/01
07
2020/01
07
2021/01
07
2022/01
07
110
100
90
80
70
60
50

資料來源：MoneyDJ 理財網（2022.8.17 列印）

「定期定額型基金」，其投資方式是每隔一段「固定時間」，就扣繳一筆「固定金額」到投資的基金商品上，通常多是每個月的固定

日期，扣繳一次。「定期定額型基金」的理財方式，之所以吸引人，在於它有一套「似是而非」，卻又「近乎完美」的理論，不仔細思考、多做比較的話，很容易不自覺地申購「定期定額型」基金，但是，「定期定額」的績效真的優於「單筆投資」嗎？

基金專家都說：「定期定額投資在淨值走跌時，可攤平成本」，然而，當淨值回升持續走高時，「定期定額」不就反成為墊高成本的致命傷嗎？「定期定額」的投資績效，是否優於「單筆投資」，全看買進時間點與基金淨值的漲跌波動幅度而定。

表 5-8d 是 2022 年 6 月的報告書，可能是受到俄烏戰爭的影響，A 君目前持有的 5 檔（定期定額）基金之 111 年 6 月的累積報酬率均為負值，其中的「安本標準東歐股票累積型基金」，自 2022 年 3 月起，因俄烏戰爭開打，淨值劇跌之故，已暫停交易（扣款），否則可能難逃被清算下市的命運。

表 5-8d. A 君「○○銀行信託資金運用報告書」（111/6）

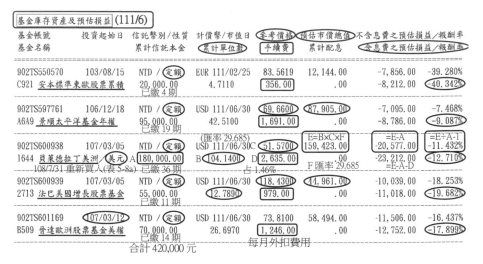

A 君自 2014 年全改用「定期定額」方式以來，雖然共有 8 次達停利點（12%）而贖回，但是，即使不計入之前「單筆投資」方式的虧

損，目前尚有 42 萬元的累計本金「套牢中」（表 5-8d），其中的「貝萊德拉丁美洲（美元）基金」，已套牢 36 期（即 3 年）（表 5-8d），他的銀行（活期）帳戶內，尚有約 180 萬元的存款，只等著每月定期定額扣款（5,000 元／月 × 5 檔）買基金，似乎不符合常識邏輯，是否該買適當的基金做「單筆投資」用？（見第 5-4 節）

04

基金績效：「定期定額」 優於「單筆投資」？

　　表 5-2a 之得獎多次的「安聯台灣智慧基金」，成立於 2008 年 4 月 24 日，成立時規模為 14.2 億元，至 2022／7／31 的規模為 141.26 億元，已成長 10 倍。表 5-9 是「安聯台灣智慧基金」近 10 年內（單筆投資）的績效表現，確實是一檔表現亮眼的基金，但是，買入基金前，永遠要提醒自己、也是基金說明書上必有的風險警語：「本基金過去的績效，並不代表未來有相同的績效，…」，重點是買進的價格、以及停利點／停損點的設定（表 5-16）。

表 5-9. 「安聯台灣智慧基金」近 10 年內的績效表現

績效表現(%)　　　　（單筆投資）　　　　　　　(14 年 3 個月)

三個月	六個月	年初至今	一年	二年	三年	成立至今
-23.83	-28.24	-28.24	-12.89	43.24	119.37	621.50

近十年單年報酬率(%)

2021	2020	2019	2018	2017	2016	2015	2014	2013	2012
64.00	32.71	68.49	-1.69	37.46	13.61	5.43	12.71	32.19	17.46

定期定額績效(%)　　※「定期定額」績效均低於「單筆投資」

一年	二年	三年	成立至今
-17.84	-1.54	22.41	352.84

定期定額資料為每月月底為扣款日，每月扣款 3000 元，並計算至 2022/6/30 之報酬率。「投資人因不同時間進場，將有不同之投資績效，過去之績效亦不代表未來績效之保證。」

資料來源：安聯投信／基金投資月報 2022.6.30

不少投資人誤以為「定期定額」買基金，是近乎「零風險」的簡單投資方式，事實的真相並非如此，由表 5-9 的**數據**可知，不管是近 1 年、近 2 年、近 3 年，還是「成立至今」，此基金的定期定額的績效均低於單筆投資的績效，當然，也有「定期定額」的績效，比同期間「單筆投資」的績效還佳的基金，原因在於基金淨值的漲跌波動幅度。

★定期定額的投資績效（累積報酬率）如何計算？

　　以表 5-9 之（近）一年的定期定額績效－17.84%為例，每月月底扣款 3,000 元，自 2021／6／30 開始的投資金額與買入單位數如表 5-10 所示，於 1 年後（2022／6／30）贖回時的淨值為 72.15 元，投資績效為－17.87%，與表 5-9 之－17.84%的誤差僅 0.17%；若為近一年的單筆投資績效，依 2021／6／30 之淨值 82.83 元與 2022／6／30 之淨值 72.15 元計算，等於－12.89%（＝72.15 ÷ 82.83－1），與表 5-9 的績效相同。

表 5-10.「安聯台灣智慧基金」近 1 年定期定額績效（%）

序號	交易日期	投資金額	單位淨值	買入單位
1	2021／06／30	3,000	82.83	36.2188
2	2021／07／30	3,000	72.96	41.1184
3	2021／08／31	3,000	85.41	35.1247
4	2021／09／30	3,000	86.04	34.8675
5	2021／10／29	3,000	92.44	32.4535
6	2021／11／30	3,000	97.03	30.9183
7	2021／12／31	3,000	100.55	29.8359
8	2022／01／26	3,000	90.16	33.2742
9	2022／02／25	3,000	94.72	31.6723
10	2022／03／31	3,000	94.72	31.6723
11	2022／04／30	3,000	81.24	36.9276
12	2022／05／31	3,000	84.04	35.6973
合計		36,000	1,062	409.7807
贖回日期	2022／06／30	-	72.15	41.5800

贖回日期	投資成本 A	贖回單位數 B	贖回淨值 C	贖回總額 D=B×C	近 1 年績效（D÷A-1）×100%
2022／6／30	36,000 元	409.7807	72.15 元	29,565.7 元	－17.87%

此檔基金之「定期定額」的（≧1 年）中長期績效，為何均遠低於「單筆投資」績效，看圖 5-8 之點①及點②即可略知一二，此基金的走勢極為平穩，不若圖 5-7 基金之淨值漲跌波動大，「定期定額」在淨值上漲期間（點①→點②）持續買進時，等於持續墊高成本而降低績效。

圖 5-8.「安聯台灣智慧基金」之淨值走勢圖

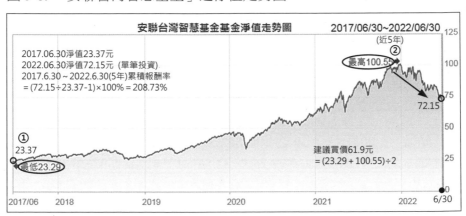

資料來源：MoneyDJ 理財網（2022.8.17 列印）

　　由此可知，淨值走勢平穩的基金較適合「單筆買進」投資，至於「定期定額」在「近三個月」及「近六個月」之績效，會優於「單筆投資」（表 5-11），原因是近六個月以來，淨值持續下跌（圖 5-8），正好發揮「定期定額」的「攤平成本」功能。不過，一旦淨值止跌回升時，是不是應暫停「定期定額」扣款，以免「墊高成本」而降低獲利速度？

表 5-11.「安聯台灣智慧基金」之績效表

報酬率(%)	2022 (08/16)	一個月	三個月	六個月	一年	二年	三年	五年	十年	成立日
單筆申購(原幣)		6.31	-8.83	-23.81	-5.01	30.12	102.85	197.19	579.52	640.00
定期定額(原幣)(台幣)		6.31	-2.46	-9.65	-13.13	1.57	24.68	75.50	217.67	364.79

定期定額勝　安聯台灣智慧基金　單筆投資勝

資料來源：MoneyDJ 理財網（2022.8.17 列印）

　　圖 5-9 是 A 君曾達停利點（12%）而贖回的「晉達歐洲股票基金美權」（定期定額）基金（表 5-8c⑤），跟圖 5-7 一樣是淨值漲跌起伏波動大的基金，只不過其近 5 年的漲幅大於跌幅，所以，如表 5-12 所示，近 2 年以上的中長期績效，仍然是「單筆投資」較優，「定期定額」僅在近 1 年內，淨值下跌期間的績效勝出。

圖 5-9.「晉達歐洲股票基金 A 累積股份(美元避險)」之淨值走勢圖

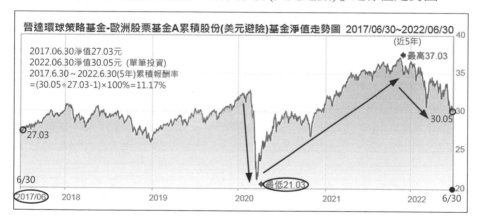

資料來源：MoneyDJ 理財網（2022.8.17 列印）

表 5-12.「晉達歐洲股票基金美權」之績效表

報酬率(%)	2022 (08/16)	晉達環球策略基金-歐洲股票基金A累積股份(美元避險)				單筆投資勝				
		一個月	三個月	六個月	一年	二年	三年	五年	十年	成立日
單筆申購(原幣)(USD)		5.86	-1.27	-9.13	-11.15	8.86	11.36	13.74	N/A	59.80
定期定額(原幣)		5.86	3.47	-1.48	-6.36	-3.11	2.16	5.73	N/A	18.80
單筆申購(台幣)		6.03	-0.67	-2.28	-4.30	10.52	6.49	12.35	N/A	59.76
定期定額(台幣)		6.03	4.04	1.24	-1.51	1.85	5.12	6.88	N/A	16.87

(定期定額勝)

資料來源：MoneyDJ 理財網（2022.8.17 列印）

　　再看以「四四三三法則」挑選出的唯一基金，圖 5-10 的「兆豐第一基金」，其淨值走勢與圖 5-8 一樣呈平穩上升走勢（僅 3 次小跌），同樣是不利於「定期定額」的投資方式；所以，如表 5-13 所示，近一年以上的中長期績效，均是「單筆投資」優於「定期定額」。

圖 5-10.「兆豐第一基金」近 5 年之淨值走勢圖

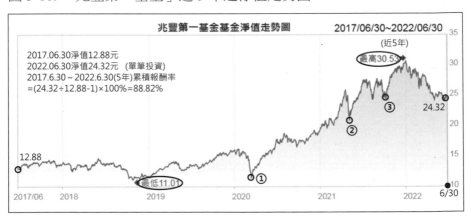

資料來源：MoneyDJ 理財網（2022.8.17 列印）

表 5-13. 「兆豐第一基金」之績效表

報酬率(%) 2022 (08/16)	一個月	三個月	六個月	一年	二年	三年	五年	十年	成立日
單筆申購(原幣) (台幣)	7.68	6.07	-9.40	5.35	43.93	100.08	97.66	155.21	162.10
定期定額(原幣)	7.68	6.93	1.86	-0.70	14.55	35.75	61.76	96.14	102.22

定期定額勝 ▼　兆豐第一基金 ▼ 單筆投資勝

資料來源：MoneyDJ 理財網（2022.8.17 列印）

　　圖 5-11 是 A 君於 2018 年 3 月 5 日以「定期定額」方式買入的基金，「貝萊德拉丁美洲美元基金」的淨值走勢，漲跌起伏波動大，且跌多漲少，因此，如表 5-14 所示，除了「近二年」績效外，均是「定期定額」方式的績效較佳，其「近三年」之績效為 1.66%，但是，為何自 2019 年 7 月 31 日重新買入後，卻套牢 3 年，迄 2022 年 6 月時，尚虧損-11.432%？其實際的內扣費用到底是多少（表 5-8d，2,635 元是外扣手續費）？

　　點圖 5-12d 之此檔基金的「基本資料」，查到最高「經理費、銷售費及保管費」，分別為「1.75%、3% 及 0.45%」，其實際的內扣費用仍然不知；若以表 5-8d 所示的預估報酬率-11.432%計算，其年化報酬率為-3.97%〔＝（-11.432%＋1）$^{1/3}$-1〕，難怪一些基金本身（不含任何費用）的操作績效若低於 8%，其累積績效就可能為負值。顯然，偏高的費用，已讓共同基金的績效輸在起跑點（表 5-15）。

圖 5-11.「貝萊德拉丁美洲美元基金」近 5 年之淨值走勢圖

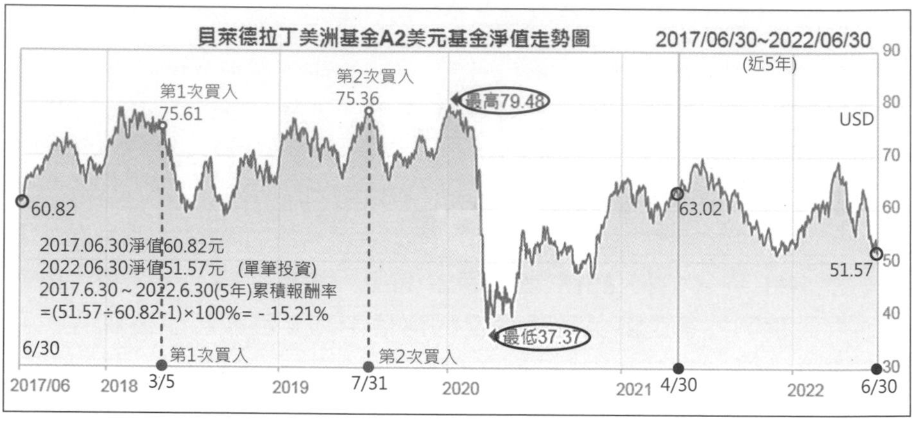

資料來源：MoneyDJ 理財網（2022.8.17 列印）

表 5-14.「貝萊德拉丁美洲美元基金」之績效表

貝萊德拉丁美洲基金A2美元 → 除「近二年」外，定期定額勝

報酬率(%)(2022 08/16)	一個月	三個月	六個月	一年	二年	三年	五年	十年	成立日
單筆申購(原幣) (USD)	22.33	2.90	-2.35	-4.58	12.38	-12.47	-11.65	-23.87	N/A
定期定額(原幣)	22.33	11.80	4.03	4.24	1.93	1.66	-4.62	-4.79	N/A
單筆申購(台幣)	22.53	3.52	5.01	2.77	14.10	-16.29	-12.73	-23.93	N/A
定期定額(台幣)	22.53	12.39	6.87	9.78	7.20	4.91	-3.16	-5.71	N/A

→表 5-8d 為－11.432%？

資料來源：MoneyDJ 理財網（2022.8.17 列印）

「定期定額」投資，是指不管基金淨值的高低及市場景氣的好壞，強迫性的扣款買進，「跌時買多（單位數）、漲時買少（單位數）」，看似可以「攤平成本」，其實卻有套牢虧損的風險；當市場前景轉差而呈空頭下跌走勢時，持續扣款確實可降低成本，但是，當市場前景轉好而呈多頭上漲走勢時，若仍繼續「扣款買進」，顯然會墊高持有成本，而降低投資報酬率。

專業的基金理財者，會長期「定期定額」買基金的人並不多，因

為逢低買進「單筆投資型」基金可有較高的報酬率；會採用「定期定額型」基金者，多是缺乏足夠的基金理財專業知識、有點閒錢卻又不知如何妥善投資的小資族。

迄 2022 年底，基金種類多達 4,000 檔以上（上市櫃股票僅約 2,000 檔），投資者可經由各地銀行、證券商及基金平台購買共同基金，但是基金的數量實在太多，反而增加選擇時的困擾。

小資族買基金，多認為交由基金公司的經營團隊投資操作，應該會較能獲利，並認為支付「經理費」是理所當然的事；然而，「經理費」只有少部份是基金經理人的薪資及紅利，大部份是基金公司的行政費、維護費、以及為了賣基金的廣告行銷費用等。基金投資的專業需求高，但不少上班族認為基金投資是「傻瓜投資法」，很簡單，交由基金經理人操作即可。

共同基金是主動型基金，由專業經理人（團隊）管理經營的投資組合，包含股票、債券、貨幣及原物料等多種金融商品，因此，購買基金有管理費、經理費、保管費、手續費、贖回費及轉換費等由基金淨值內扣或者另外支付的外加費用，而影響到最後的（累積）總報酬率。

各基金的各種費用，可查「公開說明書」，或參考表 5-7 及表 5-17 之案例，概略的費用，如表 5-15 所示，基金理財的交易成本是股市理財交易成本的 4～8 倍，對於精打細算的投資人，若沒有把握在基金理財上，獲得高報酬率，顯然宜考慮交易成本較低之 ETF 或股票的理財方式，費用較高的共同基金，多已輸在起跑點上。

表 5-15. 基金、ETF 及股票之費用比較

序號	交易成本項目	共同基金	ETF	股票
1	買進／申購手續費（外加）	0.5%～4%	≦0.1425%	≦0.1425%
2	賣出／贖回手續費（外加）	0%～0.3%	≦0.1425%	≦0.1425%
3	賣出交易稅（外加）	0%	≦0.10%	0.3%
4	轉換費（外加）	0%～0.5%	0	0
5	保管費（內扣）	0.1%～0.3%	0.02%～0.15%	0
6	經理費（內扣）	1%～2.5%	0.1%～1.5%	0
7	其他費用（內扣／外加）	0%～1.5%	0	0
	合計	2%～5.0%	0.25%～2.5%	≦0.585%

註：其他費用包含短線交易費、（後收型）分銷費、匯兌費、銀行信託管理費等可能費用。

因為共同基金的總費用太高，長期持有基金可能如表 5-5（家母之基金）一樣，雖然基金淨值仍略升 2.98%，但是，實際的報酬率且已經腰斬。此外，基金理財之風險，可能高於存股理財；所以，無論是「單筆投資」或「定期定額」方式，基金不宜如定存股一樣，當成長達 5 年以上的投資用，宜訂定停損點／停利點，並果斷地買賣基金（表 5-16）。

基金「3選3買2賣法則」之操作實務

　　投資理財的研究分析，多是以過去的歷史資料為依據，本章的基金分析，亦是以基金的歷史淨值走勢，做「馬後炮」分析，因此，看似理所當然；然而，在實務上應如何選買基金？如何操作？依舊是有許多盲點；即使以第 5-2 節的常用「績效排名法」，因種類太多而難以取捨，若採用極專業的「四四三三法則」，卻可能找不到完全符合四步驟的基金，即使找到績效佳的基金，也不知道現在是否適合進場買入。

　　若上網搜尋「台積電、台灣 50 或台塑的合理價」，可看到不同評估的合理價或參考價，雖然這些合理價並不一致，但至少是專家們依其評估方式，提供他個人看法的「合理價」；然而，若上網搜尋表 5-1 十大人氣基金的任何一檔基金，卻完全沒有任何基金專家提出「合理價」，專家們可以告訴您如何選基金，卻無法給個買基金的「合理價／建議價」，這就是買基金的最大盲點。

　　網路資訊、媒體文章或實體基金書籍，有許多大同小異的選買基金準則，不再贅述，本單元提供包含何時買、何時賣之不同看法的基金投資「3選3買2賣法則」。

表 5-16.「基金 3 選 3 買 2 賣法則」

法則	內 容 概 要
3 選	（1）近 5 年的淨值績效≧130%（≒年化報酬率 18%，合理獲利中）。
	（2）近 1 年內的淨值績效≦0%（目前淨值下跌中或低潮中）。
	（3）（圖 5-12c）近 1 個月人氣排名≦20 名（可望持續 2 年不退燒）。
3 買	（4）首次買入價≦近 5 年（最高值＋最低值）÷2（降低高價買而套牢的風險）。
	（5）買跌不買漲，每跌≧15%再加碼（攤平成本、加速獲利）。
	（6）定期定額：淨值連漲 2 個月時即停扣，回跌時再續買（避免墊高成本）。
2 賣	（7）停損點：人氣排名退至≧第 50 名即贖回（避免搭上末班車而虧損）。
	（8）停利點：淨值漲 30%時贖回，再檢討（1）（2）（3）（4）（贖回後不宜立即再買入）。

「3 選法則（1）（2）（3）」是決定買何種基金，「3 買法則（4）（5）（6）」是決定何時買基金，是目前坊間唯一的「參考價評估法」，「2 賣法則（7）（8）」是決定何時賣基金（賣比買更困難）；此「3 選 3 買 2 賣法則」是邏輯思考法則，並不保證獲利，只是為了降低風險，以加速基金投資獲利的看法而已。

「3 選法則（1）（2）（3）」是否會面臨如「四四三三法則」一樣，找不到符合要求基金的困擾？不太可能！在表 5-1 中的十大人氣基金，就可以找到 5 檔符合「3 選法則」的基金，接著，就等「3 買、2 賣法則」的時機。

邏輯思考選基金（「3 選 3 買 2 賣法則」）的實作很簡單，可上「MoneyDJ 理財網」首頁，如圖 5-12a 依序點選「①基金→②基金排名→③熱門點閱排名→④國內基金（或國外基金）→⑤近 5 年績效排名」，挑選「近 1 個月」人氣排名在 20 名內（圖 5-12c），且符合「3 選法則（3）」的基金。以下是上 MoneyDJ 理財網的實際操作步驟：

圖 5-12a. 步驟①：進入 MoneyDJ 理財網首頁→點選基金選項

資料來源：MoneyDJ 理財網（手機請點選「電腦版」或搜尋 moneydj 基金排名，點選 FundDJ 排名）

圖 5-12b. **步驟②、③、④：點選基金排名→熱門點閱排名→國內基金**
　　　　　（或國外基金）

資料來源：MoneyDJ 理財網（https://www.moneydj.com/funddjx/default.xdjhtm）
本書註：**熱門點閱排名**與**熱門排行榜**疑似顛倒，將來如果修正，則步驟③需改點**熱門排行榜**。

圖 5-12c. 步驟⑤、⑥：（點步驟④即出現此畫面）

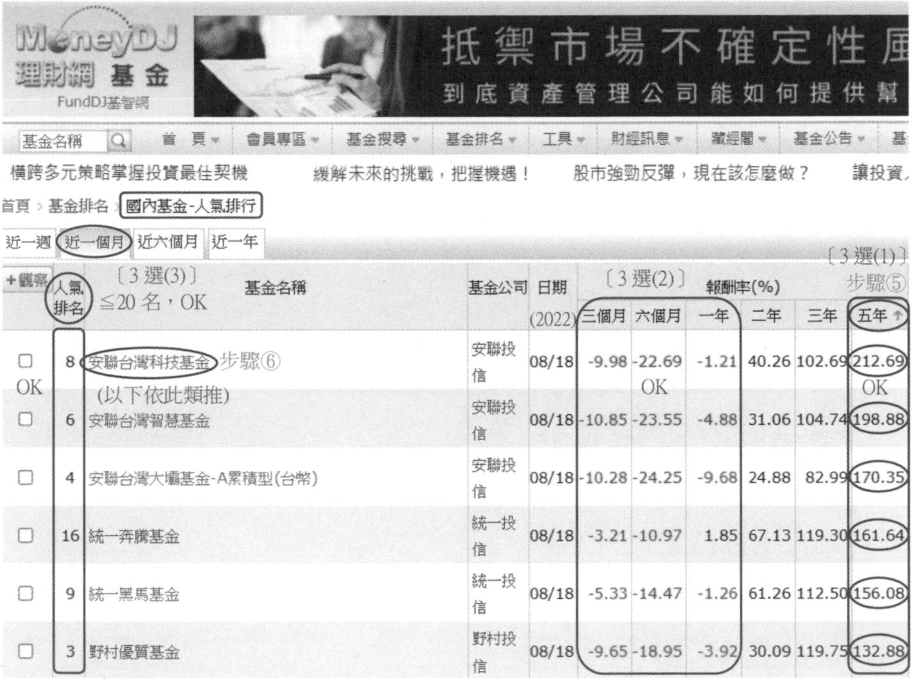

+觀察	人氣排名	基金名稱	基金公司	日期	報酬率(%) 三個月	六個月	一年	二年	三年	五年
☐	8	安聯台灣科技基金	安聯投信	08/18	-9.98	-22.69	-1.21	40.26	102.69	212.69
☐	6	安聯台灣智慧基金	安聯投信	08/18	-10.85	-23.55	-4.88	31.06	104.74	198.88
☐	4	安聯台灣大壩基金-A累積型(台幣)	安聯投信	08/18	-10.28	-24.25	-9.68	24.88	82.99	170.35
☐	16	統一奔騰基金	統一投信	08/18	-3.21	-10.97	1.85	67.13	119.30	161.64
☐	9	統一黑馬基金	統一投信	08/18	-5.33	-14.47	-1.26	61.26	112.50	156.08
☐	3	野村優質基金	野村投信	08/18	-9.65	-18.95	-3.92	30.09	119.75	132.88

資料來源：MoneyDJ 理財網（https://www.moneydj.com/funddj/yb/YP081010.djhtm）

圖 5-12d. 點選步驟⑥後之畫面

資料來源：MoneyDJ 理財網（https://www.moneydj.com/funddj/ya/yp010000.djhtm?a=ACDD04）

圖 5-12e. 個別基金之單筆/定期績效及走勢圖

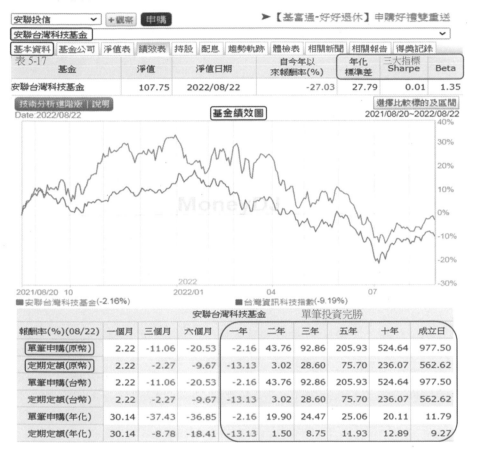

資料來源：MoneyDJ 理財網（https://www.moneydj.com/funddj/yp/yp012000.djhtm?a=ACDD04）

　　在點選圖 5-12e 之「基本資料」後，即進入表 5-17 畫面，此為國內型基金，不同於表 5-7 之海外型基金「基本資料」，除了有目前基金規模外，尚有「成立時規模」，通常當「目前規模 ≦ 成立時規模時」，表示此基金可能已退燒，不再吸引國人關愛的眼神。

表 5-17.（國內型）安聯台灣科技基金之「基本資料」

基本資料	基金公司	淨值表	績效表	持股	配息	趨勢軌跡	體檢表	相關新聞	相關報告	得獎記錄

基金名稱	安聯台灣科技基金		（參照表 5-7 之海外型基金）
成立日期	2001/04/03	興櫃交易代碼	海外型基金無此項
基金規模	186.75億元(台幣)　規模日期:2022/07/31	成立時規模	7.79億元(台幣)
基金總規模	186.75億元(台幣)　規模日期:2022/07/31	基金公司	安聯投信
基金類型	國內股票開放型 科技類	基金經理人	潘育憲　蕭惠中
計價幣別	台幣		
投資區域	台灣	保管銀行	華南商業銀行
基金評等 ?	⑤⑤⑤⑤⑤	主要投資區域	台灣
基金統編	18480065	配息頻率	
單筆最低申購	10,000元	風險報酬等級 ?	RR5
定時定額	有	最高管理年費(%)	1.600
手續費(%)	4.000	保管費(%)	0.150
買回手續費率	0%-1%		

資料來源：MoneyDJ 理財網（2022.8.25 列印）

　　圖 5-13a～圖 5-13f 是圖 5-12c 中，符合「3 選法則（1）（2）
（3）」的 6 檔國內型基金，在圖 5-12c 之畫面，點選基金名稱（步驟
⑥），即出現該檔基金的畫面（圖 5-12e），不過，這 6 檔基金之目前
淨值，仍高於「3 買法則（4）」的建議價，宜暫緩買入，以降低（套
牢）風險。

圖 5-13a.「安聯台灣科技基金」之淨值走勢圖及績效表

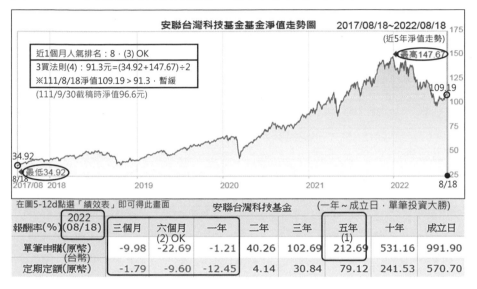

安聯台灣科技基金基金淨值走勢圖　2017/08/18~2022/08/18
（近5年淨值走勢）

近1個月人氣排名：8，(3) OK
3買法則(4)：91.3元=(34.92+147.67)÷2
※111/8/18淨值109.19 > 91.3，暫緩
(111/9/30截稿時淨值96.6元)

最高147.67
109.19
最低34.92

在圖5-12d點選「績效表」即可得此畫面　安聯台灣科技基金　（一年～成立日，單筆投資大勝）

報酬率(%)	2022 (08/18)	三個月	六個月 (2) OK	一年	二年	三年	五年 (1)	十年	成立日
單筆申購(原幣) (台幣)		-9.98	-22.69	-1.21	40.26	102.69	212.69	531.16	991.90
定期定額(原幣)		-1.79	-9.60	-12.45	4.14	30.84	79.12	241.53	570.70

資料來源：MoneyDJ 理財網（2022.8.19 列印）

圖 5-13b.「安聯台灣智慧基金」之淨值走勢圖及績效表

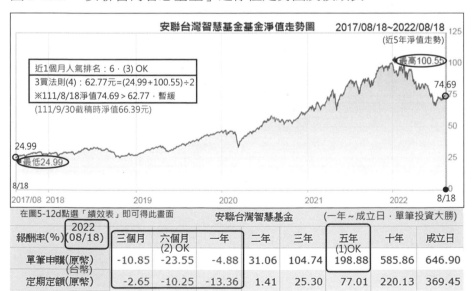

安聯台灣智慧基金基金淨值走勢圖　2017/08/18~2022/08/18
（近5年淨值走勢）

近1個月人氣排名：6，(3) OK
3買法則(4)：62.77元=(24.99+100.55)÷2
※111/8/18淨值74.69 > 62.77，暫緩
(111/9/30截稿時淨值66.39元)

最高100.55
74.69
最低24.99

在圖5-12d點選「績效表」即可得此畫面　安聯台灣智慧基金　（一年～成立日，單筆投資大勝）

報酬率(%)	2022 (08/18)	三個月	六個月 (2) OK	一年	二年	三年	五年 (1)OK	十年	成立日
單筆申購(原幣) (台幣)		-10.85	-23.55	-4.88	31.06	104.74	198.88	585.86	646.90
定期定額(原幣)		-2.65	-10.25	-13.36	1.41	25.30	77.01	220.13	369.45

資料來源：MoneyDJ 理財網（2022.8.19 列印）

圖 5-13c. 「安聯台灣大壩基金-A 累積型」之淨值走勢圖及績效表

資料來源：MoneyDJ 理財網（2022.8.19 列印）

報酬率(%)	2022(08/18)	三個月	六個月(2) OK	一年	二年	三年	五年(1)OK	十年	成立日
單筆申購(原幣)(台幣)		-10.28	-24.25	-9.68	24.88	82.99	170.35	488.38	487.20
定期定額(原幣)		-2.21	-10.31	-15.07	-1.49	19.62	61.27	183.46	525.02

圖 5-13d. 「統一奔騰基金」之淨值走勢圖及績效表

資料來源：MoneyDJ 理財網（2022.8.19 列印）

報酬率(%)	2022(08/19)	三個月	六個月(2) OK	一年	二年	三年	五年(1)OK	十年	成立日
單筆申購(原幣)(台幣)		-2.24	-10.55	5.89	69.01	117.68	162.88	355.38	1,237.00
定期定額(原幣)		3.05	-1.92	-3.91	18.57	47.46	84.07	169.41	504.85

圖 5-13e.「統一黑馬基金」之淨值走勢圖及績效表

資料來源：MoneyDJ 理財網（2022.8.19 列印）

報酬率(%)	2022 (08/18)	三個月	六個月 (2) OK	一年	二年	三年	五年 (1)OK	十年	成立日
單筆申購(原幣) (台幣)		-5.33	-14.47	-1.26	61.26	112.50	156.08	364.98	1,636.30
定期定額(原幣)		1.08	-4.85	-7.12	13.88	41.93	77.25	163.18	629.39

圖 5-13f.「野村優質基金」之淨值走勢圖及績效表

資料來源：MoneyDJ 理財網（2022.8.19 列印）

報酬率(%)	2022 (08/18)	三個月	六個月 (2) OK	一年	二年	三年	五年 (1) OK	十年	成立日
單筆申購(原幣) (台幣)		-9.65	-18.95	-3.92	30.09	119.75	132.88	366.54	737.90
定期定額(原幣)		-1.50	-7.47	-11.37	0.01	31.41	78.21	151.70	367.39

圖 5-14a～圖 5-14c，是在圖 5-12b 點選「海外基金」時，挑選出之 3 檔符合「3 選法則（1）（2）（3）」的海外型基金，可見「3 選法則（1）（2）（3）」有其實用性，而且，有 2 檔（圖 5-14a 及圖 5-14c）基金之淨值，目前已低於「3 買法則（4）」的建議價，對於其他目前淨值仍高於「3 買法則（4）」的 7 檔國內外基金，建議再耐心等待適當價格時再買入，以降低風險。

圖5-14a.「摩根基金-美國科技基金A股（美元）（累計）」之淨值走勢圖

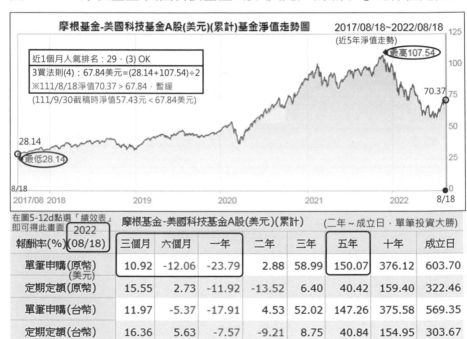

報酬率(%)(08/18)	三個月	六個月	一年	二年	三年	五年	十年	成立日
單筆申購(原幣)(美元)	10.92	-12.06	-23.79	2.88	58.99	150.07	376.12	603.70
定期定額(原幣)	15.55	2.73	-11.92	-13.52	6.40	40.42	159.40	322.46
單筆申購(台幣)	11.97	-5.37	-17.91	4.53	52.02	147.26	375.58	569.35
定期定額(台幣)	16.36	5.63	-7.57	-9.21	8.75	40.84	154.95	303.67

資料來源：MoneyDJ 理財網（2022.8.22 列印）

圖 5-14b. 「摩根基金-美國科技基金 A 股（美元）（分派）」之淨值走
勢圖

在圖5-12d點選
「績效表」即得畫面　摩根基金-美國科技基金A股(美元)(分派)(本基金之配息來源可能為本金)

報酬率(%) (08/18)	三個月	六個月	一年	二年	三年	五年	十年	成立日
單筆申購(原幣)(美元)	10.93	-12.07	-23.80	2.88	58.96	149.96	374.25	254.26
定期定額(原幣)	15.55	2.73	-11.92	-13.53	6.39	40.39	158.95	337.16
單筆申購(台幣)	11.98	-5.38	-17.92	4.52	52.00	147.15	373.71	235.69
定期定額(台幣)	16.36	5.63	-7.57	-9.22	8.73	40.81	154.50	308.21

（二年～成立日，單筆投資大勝）

資料來源：MoneyDJ 理財網（2022.8.22 列印）

圖 5-14c.「貝萊德世界科技基金 A2 美元基金」之淨值走勢圖

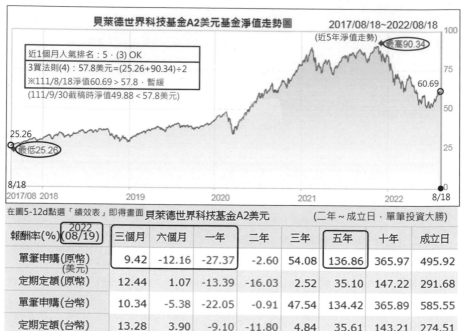

資料來源：MoneyDJ 理財網（2022.8.22 列印）

貝萊德世界科技基金A2美元 （二年～成立日，單筆投資大勝）

報酬率(%) 2022(08/19)	三個月	六個月	一年	二年	三年	五年	十年	成立日
單筆申購(原幣)(美元)	9.42	-12.16	-27.37	-2.60	54.08	136.86	365.97	495.92
定期定額(原幣)	12.44	1.07	-13.39	-16.03	2.52	35.10	147.22	291.68
單筆申購(台幣)	10.34	-5.38	-22.05	-0.91	47.54	134.42	365.89	585.55
定期定額(台幣)	13.28	3.90	-9.10	-11.80	4.84	35.61	143.21	274.51

　　股票投資有很多資訊告訴你「合理價」是多少，然而，基金投資的專家，卻沒有告訴你某檔基金的「合理價」是多少，頂多是以「Beta值」、「Sharpe 值及標準差」（圖 5-12e 右上角）來衡量，不過，此三項指標之應用仍然不夠明確，對專業不足的小資族，依舊是一頭霧水，不知基金的「合理價」是多少。在網路上可查到 Beta 值、Sharpe值及標準差的說明，不再贅述。

　　此外，因為 Beta 值、Sharpe 值及標準差的三大指標，也無法告知一個明確的「合理價」，所以，小資族也只能相信「定期定額」是低風險的基金理財法，真的是如此嗎？姑且先看本節的 9 檔目前超人氣優質基金（6 檔國內型＋3 檔海外型），≧2 年以上的中長期投資，「單筆投資」均完勝「定期定額」的投資方式，再看前述 A 君的 5 檔

「定期定額」投資基金（表 5-8d），仍然尚有 42 萬元的本金套牢在 5 檔基金中。

平心而論，「單筆投資」與「定期定額」不能相提並論、互作比較，因為比較基準點不平等，就像是不能拿西瓜與番茄比大小，對於每個月只能存三、五千元的小資族，也只能以「定期定額」方式買基金；反之，如果你有 50 萬元、100 萬元放在銀行裡，那就應優先考慮「單筆投資」買基金（假設不想買 ETF 或股票）。

如前述的 A 君尚有 180 萬元的存款，放在基金信託帳戶（無息）內，等著每個月扣 25,000 元（5,000 元 × 5 檔）的「定期定額」投資，似乎有違其「想投資加速累積資產」的理念。順便一提，因為「海外基金」是全球各地均有的交易市場（在圖 5-12d 點「基本資料」，可查海外基金之國人投資比重%），故除了一般的風險性之外，尚有原幣與台幣之間的匯率損失與匯兌手續費、總經銷費等費用，故保守型投資者宜選擇國內型基金。

買基金會虧損的兩大理由是「買入價太高」及「不知何時贖回」，「3 買法則（4）」提出明確的參考價，「單筆投資」及「定期定額」的方式均適用，至少木節的說明，已證明其可行性。但是，基金理財宜至少每 2 年或贖回時，應重新檢討「3 選法則（1）（2）（3）」及「2 賣法則（7）（8）」，不宜抱著「定期定額」任憑扣款的心態買基金。

最後，再以 A 君曾經在達 12%停利點贖回之後，又立即買入並套牢迄今的「貝萊德拉丁美洲美元基金」（表 5-8a 及圖 5-11），做「3 買法則（4）」之說明；A 君在第二次買入的時間是 2019／7／31，圖 5-15 是「貝萊德拉丁美洲美元基金」在 A 君第二次買入之前 5 年迄今的淨值走勢圖。

圖 5-15. A 君第二次買入之參考買價

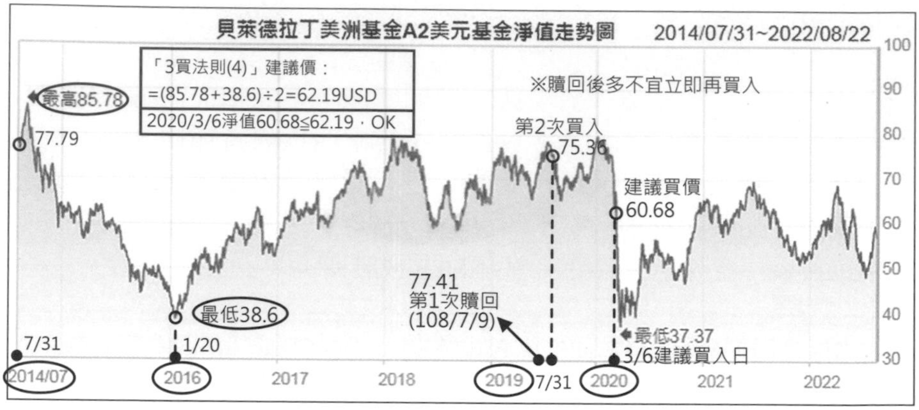

資料來源：MoneyDJ 理財網（2022.8.23 列印）

由表 5-8a 及圖 5-15 中可知，A 君在 2019／7／31（第 2 次）是以 75.36USD 買入，比「3 買法則（4）」的建議價 62.19USD 高 22.4%，若延至 2020／3／6 時，其淨值已降至 61.58USD 以下（60.68USD），這也說明，在達停利點贖回基金之後，通常淨值已漲一波了，應不宜再立即買入；因此，「定期定額」的自動扣款方式，有修正的必要，宜改為手動重新設定扣款日，如果你已有二、三十萬元的存款，實不宜採用每月自動扣款二、三千元的方式投資基金。

很多人說基金適合中長期投資，但是，持有多久算是中期、長期的投資，卻沒有定論，3 個月對基金專業投資者而言，已算是長期投資了，也有人以「定期定額」方式買基金之後，就不聞不問，一直定期扣繳下去，等到要用錢時才贖回，是否有獲利，就看運氣了；反之，如果訂個±10%的停利點／停損點，則很可能在 30 天內就獲利了結或停損贖回了。

概略來說，基金持有時間若≤30 天，算是短線操作；若≤3 個月，算是短期投資；若≤2 年，算是中期投資；若持有 2 年以上，大概就算是長期投資了。

用圖 5-12d 之方式，可查看看任何一檔基金之「單筆投資」與「定期定額」的績效比較，本章所分析的 14 檔基金中，「單筆投資」對「定期定額」的勝率是 12 勝、1 和（圖 5-6）、1 敗（表 5-14），「定期定額」買基金？切莫成為名符其實的「傻瓜投資術」！

基金的投資，沒有像股票投資一樣，有殖利率、本益比、淨值比、EPS 及 ROE 等數據，來推估「合理買價」；因此，想靠基金投資穩定獲利，並不容易。「定期定額」的投資方式之獲利機率，多低於「單筆投資」方式，對於意志力不夠且沒有儲蓄的月光族而言，「定期定額」不失為強迫自己省吃儉用，每月存下二、三千元來儲蓄的方法，如果你已是有三、五十萬元的閒錢存款，宜優先考慮「單筆投資」方式，不過，因為基金的費用高（表 5-15），若改為投資 ETF 或股票，應可提高獲利性，詳見第六章。

ETF 投資的「3 選 3 買 2 賣法則」

01

ETF 不是低風險的
投資萬靈丹

　　ETF（Exchange Traded Fund），中文稱為指數股票型基金，是指追蹤某一特定指數，而買賣方式和股票一樣的指數型基金，兼具傳統基金與股票的特色，中文直譯為「可在股票交易所買賣的基金」。傳統基金是指共同基金，ETF 也是基金之一種，因此，仍有手續費、管理費、經理費等費用，只是費用低於共同基金（表 5-15）而已，ETF 和共同基金一樣，也是分散投資標的，理論上，可避免投資單一標的之大波動漲跌風險。

　　「臺灣證券交易所」官網的「ETF 簡介」指出，現行 ETF 依法規架構分類，只有三大類型，包括（一）證券投資信託 ETF（證信託ETF）、（二）期貨信託 ETF（期貨 ETF）及（三）跨境上市 ETF（境外 ETF）。

（一）「證信託 ETF」：指依法在臺募集發行及上市交易之ETF。
　　（1）「國內成分證券 ETF」：指 ETF 之標的指數成分證券全為國內證券。
　　（2）「國外成分證券 ETF」：指 ETF 之標的指數成分證券含一種以上之國外證券；「連結式 ETF」指國內投信

公司將國外 ETF 再包裝後來臺上市交易之 ETF。代號數字為 4～6 碼，代號後面 B 為債券型，C 為外幣型，K 為外幣債券型。

（3）「槓桿型及反向型 ETF」：槓桿型 ETF 為每日追蹤、模擬或複製標的指數報酬正向倍數的 ETF；反向型 ETF 則為每日追蹤、模擬或複製標的指數報酬反向倍數的 ETF。代號後面有 L 或 R 者。

（二）「境外 ETF」：指境外基金機構委託國內總代理人，將國外 ETF 直接跨境來臺交易之 ETF。代號為英文字者，如 SPY、IVV。

（三）「期貨 ETF」：指國內期貨信託事業依法在臺募集發行及上市交易之 ETF。

（1）「原型期貨 ETF」：係以投資期貨契約方式，追蹤期貨指數報酬的 ETF。（代號最後為 U）。

（2）「槓桿型及反向型期貨 ETF」：槓桿型期貨 ETF 係以投資期貨契約方式，每日追蹤、模擬或複製標的期貨指數報酬正向倍數的 ETF；反向型期貨 ETF 則為每日追蹤、模擬或複製標的期貨指數報酬反向倍數的 ETF。

對於 ETF 新手，建議只從（一）「證信託 ETF」之「國內成分證券 ETF」的 33 檔 ETF（迄 2022／8／31 止）挑選，因為 ETF 依舊有不可輕忽的風險，一般性的投資風險有六項：（1）市場因素風險、（2）集中度風險、（3）流動性風險、（4）折溢價風險、（5）追蹤誤差風險及（6）終止上市風險；而（二）「境外 ETF」尚有（1）無漲跌幅限制的市價波動風險及（2）原幣／台幣之匯率風險。至於（三）「期貨 ETF」的風險更多，保守型投資人不宜，詳細資訊可查「臺灣證券交易所」的 ETF 簡介。

ETF 和傳統基金一樣，有其實際的價值（淨值），除了淨值之

外，ETF 尚有所謂的「折溢價」，投資人買賣交易的「出價」，即是交易所的買賣「市價」；當 ETF 的「市價」高於「淨值」時，即是「溢價」，若「市價」低於「淨值」，則為「折價」，就長期走勢而言，「折溢價」會趨近於零，正常 ETF 的折溢價率多 ≦ ±0.3%，正溢價率愈高，表示投資人看好此檔 ETF 的成長性，願意以較高的價格買入，折溢價率的絕對值過大，均會增加投資的風險。

　　一般商品性的 ETF 分類，至少可分為（一）股票型、（二）債券型、（三）不動產型、（四）貨幣型、（五）（原物料）商品型及（反向、槓桿）特殊工具型五種，其中，又可細分國家／地區、規模、產業、主題等分類，以及投資策略等不同的 ETF，這和傳統的共同基金有些近似。

　　傳統型基金是一種依基金經理人的專業判斷與主觀意識，決定選擇基金與買賣基金的主動型基金，基本目標是至少要打敗大盤的績效，以吸引投資人進場買基金，例如，市售的共同基金，或是政府的各種（委外經營）的基金，均是至少要高於大盤的績效，才能勉強算是合格級的經理人。ETF 則應是被動式投資（不選股、不選時），是被動跟隨某一特定指數的波動，其投資績效，因為有內扣之管理費用，故多會略低於「被追蹤指數」的績效。

　　台股 ETF 的買賣方式和一般台股市場的股票買賣交易方式一樣，不過，台股 ETF 尚有一如同共同基金一樣的「定期定額」交易方式，需要時，用手機下載證券商的 APP，依指示進入「定期定額」介面之後，選定填入每月扣款金額及指定扣款日期，即可搞定「定期定額買 ETF」，事後也可在 APP 中變更投資標的、金額及日期等。

　　此外，證券商對於某些熱門的股票，亦提供「定期定額」的投資方式，表 6-1 是 2022 年 7 月之排名前 20 名「定期定額」投資方式的 ETF 和股票，其中「定期定額」投資 ETF，標榜高股息的 ETF 有 5 檔（25%），而 20 檔「定期定額」投資股票中，金融股占了 11 檔（55%）。

表 6-1 .2022 年 7 月定期定額交易戶數統計排行月報表

排名	ETF			股票		
	代號	名稱	交易戶數	代號	名稱	交易戶數
1	0050	元大台灣 50	154,070	2330	台積電	57,479
2	0056	元大高股息	121,626	2886	兆豐金	27,038
3	00878	國泰永續高股息	80,404	2884	玉山金	23,688
4	006208	富邦台 50	67,685	5880	合庫金	13,895
5	00692	富邦公司治理	27,658	2892	第一金	11,742
6	00881	國泰台灣 5G+	23,808	2412	中華電	10,170
7	00850	元大臺灣 ESG 永續	12,256	1101	台泥	8,666
8	00885	富邦越南	11,924	2891	中信金	8,451
9	00893	國泰智能電動車	9,483	2317	鴻海	7,284
10	00701	國泰股利精選 30	7,760	2887	台新金	7,268
11	00646	元大 S&P500	6,931	2881	富邦金	7,058
12	00891	中信關鍵半導體	5,262	2885	元大金	6,512
13	006205	富邦上証	5,120	2883	開發金	6,214
14	0052	富邦科技	4,483	2890	永豐金	5,479
15	00662	富邦 NASDAQ	4,404	2882	國泰金	5,353
16	00900	富邦特選高股息 30	4,119	2002	中鋼	5,224
17	00830	國泰費城半導體	4,061	2454	聯發科	4,240
18	00713	元大台灣高息低波	3,827	2308	台達電	4,101
19	00895	富邦未來車	3,681	9945	潤泰新	3,597
20	00876	元大全球 5G	3,426	1216	統一	3,326

資料來源：臺灣證券交易所（證券商服務）

　　自 2020 年 3 月，台灣股市因新冠肺炎劇跌而回穩之後，不斷地吸引散戶進場，迄今約有 250 檔的上市 ETF，有不少人以為 ETF 是分散風險的投資工具，然而，ETF 有二大下市的衡量指標：（一）規模太小（近 30 個營業日之平均規模：股票型 ETF≦1 億元，債券 ETF 為≦2 億元），（二）淨值跌幅太大（近 3 個營業日之平均淨值，較發行價的累積跌幅達 90%）。

　　自 2003 年 6 月台灣首檔 ETF（元大台灣 50）上市以來，迄今已有逾 40 檔 ETF 被下市了，原因不外乎是：投資範圍較冷門或太小，讓投

資人逐漸退場，成交量太低，所以，這二項 ETF 下市指標，是想以 ETF 為投資工具者，應考慮的重點。在「臺灣證券交易所」首頁，點選「ETF 最新消息」，即可查得某檔 ETF 何時終止上市的訊息，迄 2022 年 8 月底，約有 15 檔 ETF 的基金規模已低於 1 億元，隨時有終止上市的可能。

ETF 在空頭走勢時，亦會慘跌，例如，在 2020 年 3 月股市因新冠肺炎而劇跌時，金管會曾於 2020 年 3 月 19 日宣佈放寬 ETF 下市的門檻（將 3 個營業日放寬為 30 日），以免許多 ETF 被迫下市，其中，首檔受惠於此「免下市豁免條款」的，是曾經為全球規模最大的「原油槓桿型 ETF（00672L）」。

在台灣曾創下 388 億元規模的「元大 S&P 原油正 2 基金」（00672L），於 2020 年 8 月時，尚約有 35 億元規模且受益人數約 6 萬人，但終究逃不過劫數，依然於 2020 年 11 月 13 日正式下市，最後清算時的受益人數尚有 2 萬多人，每單位僅分配到 0.749 元（原發行價 20 元）。2022 年 9 月，投資人組成「原油正 2 自救會」，赴金管會及元大投信陳情、抗議，元大投信公司的最後回應是：「無操作不當，已善盡管理人責任」，顯然，投資人忘了金融商品的適用警語：「投資必有風險，投資人應自行承擔風險」。

緊接著於 2021 年 6 月 3 日，也曾風光過的期富邦 VIX（00677U）ETF，以期貨為投資標的，2016 年 12 月 22 日成立，最大基金規模曾達 234 億元，也下市了，因而嚇到不少投資人，這才驚覺到「原來 ETF 也有下市、虧損」的風險。

通常，ETF 的投資標的多分散在 30 檔以上之不同的股票，理論上是分散投資風險，例如投資某一特定產業（如半導體類）的 ETF，雖然有 30 檔的成分股，但畢竟是屬於同一產業的股票，當遇上產業景氣循環的不景氣時，其股價淨值也會進入熊市期的下跌走勢。以「台灣 50」（0050）為例，其成分股是台灣股市市值的前 50 大公司，光是台

積電的比例就占 45%，所以，其股價必然會隨台股指數而波動。

　　如圖 6-1 所示，歷年來的台股指數與〔台灣 50〕股票的股價變化趨勢，近乎雷同；亦即是，股市指數劇漲時，〔台灣 50〕的股價也會隨之劇漲，例如，股市指數由 2020 年的 12075 點劇漲至 2021 年的 16938 點（漲幅 40.3%）時，〔台灣 50〕的股價也由 2020 年的 96.9 元，劇漲至 2021 年的 137 元（漲幅 41.4%），而 2007 年～2008 年，台股跌 17.5%（8510 點跌至 7024 點）時，〔台灣 50〕的股票也跌了 17.3%（62 元跌至 51.3 元）。

圖 6-1 . 台股指數與（台灣 50）股票的股價變化趨勢（2005～2022 年）

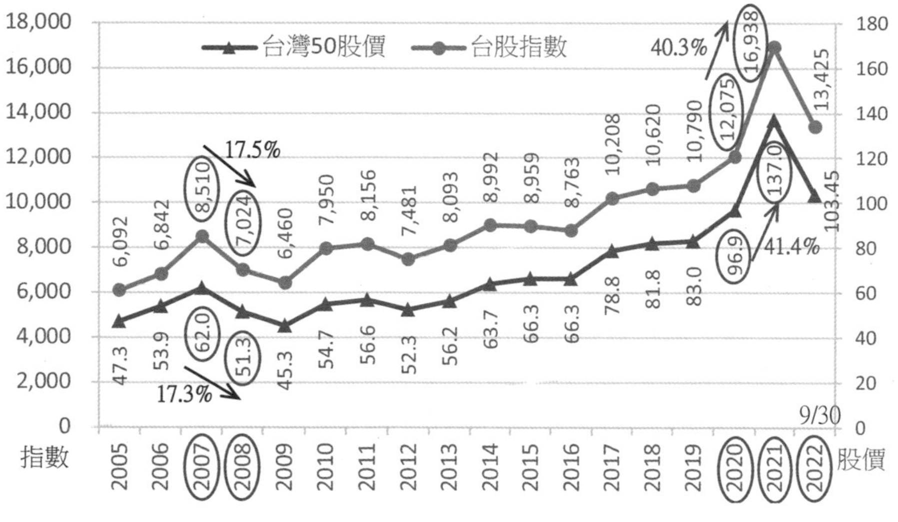

資料來源：臺灣證券交易所（本書製圖）

　　由此來看，0050 的投資績效必然與台股大盤的殖利率有互動關係；圖 6-2 是台股殖利率與元大台灣 50（0050）殖利率之比較，0050ETF 的殖利率僅在 2006 年、2010 年及 2020 年時高於台股殖利率，17 年來的 0050ETF 之平均殖利率 3.41%，低於台股平均殖利率 4.34%，因為台股大盤殖利率永遠為正值，而 0050 是追蹤台股大盤指數，所以，0050 仍然有 3.41%的平均殖利率。

圖 6-2 . 台股殖利率 vs. 元大台灣 50 殖利率

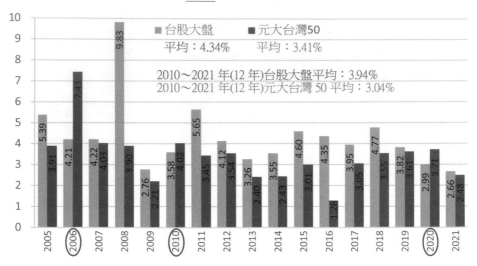

資料來源：臺灣證券交易所（本書製圖）

　　反之，如果是買到上市年度輩份第 5 名（2007／7／16 上市）的
「元大台商 50（0054）」，其成分股是在大陸獲利前 50 名之台商，理
論上，這 50 家台商不可能全倒，但是，這檔 ETF 卻在 2022 年 5 月 27
日終止上市，下市前一天的股價是 28.56 元（成立時是 10 元），資本
規模為 1.17 億元（仍高於下市下限 1 億元），受益人數僅剩約 1,000
人，折溢價是－1.09%，應該是獲利已無法維持基金的正常運作，而不
得不下市。

　　表 6-2 是「元大台商 50（0054）」ETF 自 2007 年成立 15 年以
來，僅 2 年未配息，下市前 12 年的平均配息率為 3.17%，比同年份期
間之「元大台灣 50（0050）」ETF 的 12 年平均配息率 3.04%（圖
6-2）還高，由現金殖利率與填息花費日數來看，很難想像「元大台商
50（0054）」會下市；由此可知，ETF 不是低風險的投資萬靈丹！把
投資 ETF 當成傻瓜投資術，最後也可能成為真正的傻瓜，自己還是宜
稍做功課，才能將投資風險最小化。

表 6-2 .「元大台商 50」（0054）歷年之股利及股價

股利所屬年度	股利發放年度	現金股利		股利合計	填息花費日數	股價年度	股價統計（元）			年均殖利率（%）	
		盈餘	合計				最高	最低	年均	現金	合計
2021	2021	0.70	0.70	0.70	33	2021	32.77	27.90	31.10	2.25	**2.25**
2020	2020	0.75	0.75	0.75	11	2020	28.21	17.43	24.30	3.08	**3.08**
2019	2019	0.75	0.75	0.75	25	2019	25.09	19.19	22.40	3.35	**3.35**
2018	2018	0.75	0.75	0.75	8	2018	25.47	19.22	23.20	3.24	**3.24**
2017	2017	0.75	0.75	0.75	129	2017	26.33	21.13	24.20	3.10	**3.10**
2016	2016	0.70	0.70	0.70	43	2016	22.84	18.29	20.90	3.35	**3.35**
2015	2015	0.70	0.70	0.70	158	2015	25.00	18.07	22.50	3.12	**3.12**
2014	2014	0.60	0.60	0.60	43	2014	25.10	20.24	22.60	2.66	**2.66**
2013	2013	0.50	0.50	0.50	4	2013	22.20	18.44	20.00	2.49	**2.49**
2012	2012	0.65	0.65	0.65	2	2012	21.40	17.65	19.50	3.33	**3.33**
2011	2011	1.00	1.00	1.00	39	2011	23.40	16.75	20.80	4.80	**4.80**
2010	2010	0.70	0.70	0.70	15	2010	23.39	18.51	21.40	3.27	**3.27**
2009	2009	0.00	0.00	0.00	-	2009	22.36	10.00	16.60	0.00	0.00
2008	2008	0.00	0.00	0.00	-	2008	23.84	9.41	17.80	0.00	0.00
2007	2007	0.35	0.35	0.35	7	2007	28.78	21.18	25.30	1.38	1.38
累計		8.90	8.90	8.90							

（12 年平均 3.17%）

資料來源：Goodinfo! 台灣股市資訊網

元大台灣50（0050）報酬率有2種，何者為真？

　　不少的理財媒體報導或電視節目來賓，多直接引用元大台灣50（0050）ETF月報上的累積報酬率來與元大高股息（0056）等ETF做比較分析，其實，月報上的累積報酬率多被高估，並非實際的累積報酬率。

　　不知是否有人發現，0050之月報與公開說明書的同期累積報酬率不一樣？表6-3a之成立迄今的累積報酬率為209.34%，而表6-3b之成立迄今的累積報酬率為473.23%；此外，表6-3a之近3個月、6個月、1年、3年及5年的值均小於表6-3b之值，到底哪一個才正確？都正確！只是不合理。原因在於表6-3a是以「基金淨值報酬」計算（公式E4-5b），而表6-3b是以「假設分配之收益均再投資本資金」（公式E4-5e）計算，兩者之計算均「有所本」，只是並非投資人想知道的「那一本」。

表6-3a.（0050）**指數股票型基金**表現與**標的指數**表現之差異比較

期間	最近三個月	最近六個月	最近一年	最近三年	最近五年	最近十年	(共19年)基金成立日起
基金報酬率(%)	-16.68	-20.86	-17.1	42.05	43.2	129.01	209.34
標的指數(%)	-17.87	-20.39	-17.96	41.82	43.04	126.19	205.07

資料來源：元大投信整理。註：基金報酬為淨值報酬。

資料來源：0050公開說明書（111.7.28刊印，第32頁）

表 6-3b. 0050（2003/6/25）成立以來之累積報酬率

累積報酬率(%)								(共19年)
期 間	3個月	6個月	1年	2年	3年	5年	今年以來	成立以來
績 效	-16.68	-19.11	-15.06	35.25	56.01	69.17	-19.11	473.23

（註：累積報酬率係以基金本身計價幣別(即原幣)計算）註：假設分配之收益均再投資本資金(公開說明書第33頁)

成立以來基金淨值表現 / 單位：新台幣 （成立日2003/06/25）

累計現金息41.6元(2022.6.30止)

115.26
(6/30)

165
115
65
36.8
15
2003/06/25   2008/03   2012/12   2017/09   2022/06

以上資料來源：理柏、公會、元大投信。資料截止日期：2022/06/30。

資料來源：0050 基金月報（2022 年 7 月號）

表 6-3a 僅是以贖回及買入時的基金單位淨值計算，如公式 E4-5b 計算如下：

$$累積報酬率＝〔贖回淨值 ÷ 買入淨值－1〕× 100\%\cdots（E4-5b）$$
$$＝〔115.26 ÷ 36.8－1〕× 100\%＝213.2\%$$

213.2%與表 6-3a 報酬率 209.34%的誤差，可能來自贖回淨值時之淨值差異（115.26 元），因為「贖回淨值」可能是以基金之每月結算日的淨值計算。

其實，這兩種計算值均與投資人的實際投報率不符，因為表 6-3a 只計算淨值報酬率，未考慮現金配息，而在實務上，不太可能做到「假設分配之收益均再投資於本資金計算」，所以，對投資人而言，合理的累積報酬率，應加計累計現金息（41.6 元），依公式 E4-5c 計算如下：

$$累積報酬率＝〔（贖回淨值＋配息） ÷ 買入淨值 －1〕× 100\%\cdots$$
$$（E4-5c）$$
$$＝〔（115.26＋41.6） ÷ 36.8 －1〕× 100\%＝326.25\%$$

326.25%才是台灣 50（0050）成立迄今（19 年）的實際累積報酬率，其 19 年來的年化報酬率為 7.93%，計算式如下：

$$年化報酬率＝〔（1＋累積報酬率）^{(1/年)}〕－1$$
$$＝〔（1＋326.25\%）^{(1/19)}〕－1＝7.93\%$$

★再看元大高股息（0056），其公開資料的報酬率也有 2 種，跟元大台灣 50（0050）一樣，表 6-4a 是以贖回／買入時淨值計算（E4-5b），不含歷年現金配息 17.2 元，所以，淨值報酬率僅 9.76%（看到如此低的報酬率，不明就裡的人就不會想買了），而表 6-4b 是以「假設分配之收益均再投資本基金計算」（E4-5e），其成立以來之累積報酬率為 118.29%，遠高於淨值報酬率 9.76%。

表 6-4a.（0056）**指數股票型基金表現與標的指數**表現之差異比較

（共14.5年）

期間	最近三個月	最近六個月	最近一年	最近三年	最近五年	最近十年	基金成立日起
基金報酬率(%)	-18.19	-18.62	-21.96	3.12	6.9	16.87	9.76
標的指數(%)	-21.31	-21.77	-23.2	-0.71	2.67	8.22	-8.88

註：基金報酬為淨值報酬；資料來源：元大投信整理。

資料來源：0056 公開說明書（111.7.28 刊印，第 38 頁）

表 6-4b. 0056（2007/12/13）成立以來之累積報酬率

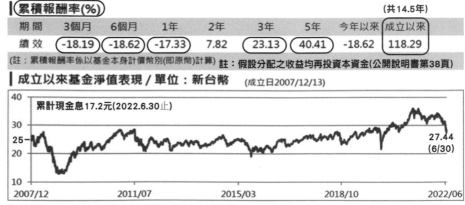

累積報酬率(%)							（共14.5年）
期間	3個月	6個月	1年	2年	3年	5年	今年以來	成立以來
績效	-18.19	-18.62	-17.33	7.82	23.13	40.41	-18.62	118.29

(註：累積報酬率係以基金本身計價幣別(即原幣)計算) 註：假設分配之收益均再投資本資金(公開說明書第38頁)

成立以來基金淨值表現 / 單位：新台幣　(成立日2007/12/13)

累計現金息17.2元(2022.6.30止)

27.44 (6/30)

以上資料來源：理柏、公會、元大投信。資料截止日期：2022/06/30。

資料來源：0056 基金月報（2022 年 7 月號）

表 6-5a. MoneyDJ 理財網的 ETF 排行榜

首頁 / ETF排行 / 基本資料排行 / 殖利率排行

■ 殖利率排行 排行範圍：[發行公司 ▼] [台灣 ▼] [股票型 ▼] [台幣 ▼] 查詢

市價報酬　淨值報酬　市價風險　淨值風險　交易狀況　**基本資料**　■ 固定 | ■ 解除

排名	代碼	ETF名稱	日期	市價 A	成立日期	成立年齡	殖利率% B	年報酬		C 2022配息	D 配息頻率	E 除息前1日股價	F= C÷A×D 法規
									(※本書加註)				
1	00692	富邦臺灣公司治理100基金	09/05	28.4700	2017/05/04	5	11.52	-13.16		1.483	2次/年	29.73	10.40%
2	00728	第一金臺灣工業菁英30ETF基金	09/05	22.0600	2018/04/10	4	9.02	-19.32		1.99	1次/年	33.51	9.02%
3	00713	元大台灣高股息低波動ETF基金	09/05	40.1000	2017/09/19	5	7.86	-2.91		NA	4次/年	2022/7改季配	NA
4	00701	國泰臺灣低波動股利精選30基金	09/05	24.3800	2017/08/09	5	7.79	2.53		1.90	2次/年	25.23	7.79%
5	00731	復華富時台灣高股息低波動基金(配息來源可能為收益平準金)	09/05	58.2500	2018/04/12	5	7.38	3.73		NA	1次/年	64.75	NA

資料來源：MoneyDJ 理財網/ETF 排行/基本資料排行/殖利率排行（2022.9.6 列印）

表 6-5b. yahoo! 股市的 ETF 排行榜

ETF排行 (殖利率)　　　　資料時間：2022/09/06

成交量　市值　成交金額　**配息**　**殖利率**　溢價差　折價差　績效排行

名次	股名/股號	9/6 股價 A	最高	最低	價差	殖利率% B		C 2022配息	D 配息頻率	E 除息前1日股價	F= C÷A×D 法規
							(※本書加註)				
1	國泰費城半導體 00830.TW	23.47	23.56	23.45	0.11	11.93%		2.8	1次/年	34.61	11.93%
2	富邦公司治理 00692.TW	28.56	28.72	28.42	0.30	11.52%		1.483	2次/年	29.73	10.39%
3	富邦特選高股息30 00900.TW	10.63	10.77	10.60	0.17	11.25%		1.2	1次/年	12.5	11.29%
4	富邦科技 0052.TW	96.60	97.35	96.20	1.15	10.58%		10.19	1次/年	120.45	10.55%
5	中信中國高股息 00882.TW	11.79	11.80	11.72	0.08	10.34%		0.85	2次/年	13.0	14.42%

資料來源：yahoo!股市/當日行情/ETF 總覽/殖利率（2022.9.6 列印）

　　由於目前的台股 ETF 多強調季配息或雙月配息，不少理財媒體文章在報導 ETF 的殖利率多高達 7%以上（如表 6-5a、表 6-5b），很容易誤導讀者／觀眾；所以，使用此資訊的人，要了解自己想以此資訊做何種用途，即時性數據多僅供短線操作用，對於 1 年以上的中長期投資，宜以至少 5 年份的年度殖利率為依據。想以殖利率當買入參考條件時，宜先弄清楚你看到的是哪一種殖利率。

　　「Goodinfo!台灣股市資訊網」的年均殖利率，算是比較中肯的參

考用殖利率，表 6-6「富邦公司治理（00692）」的年均殖利率；「年均」之意義是因為股價每天均在變動，可能買高，也可能買低，因此，以「年均價」來計算殖利率，算是較合理的概估值。然而，投資人在買入前，宜再以「已知股利 ÷ 欲買入價」來計算實際的「買入價殖利率」，做為是否買入的判定基準，而非直接採用表 6-5a 或表 6-5b 等計算方式之殖利率。

表 6-6. 富邦公司治理（00692）歷年股利、殖利率

股利發放年度	現金股利			股利合計	填息花費日數	股價年度	股價統計（元）			年均殖利率（%）	
	盈餘	公積	合計				最高	最低	年均	現金	合計
2022	1.48	0.00	1.48	1.48	19	2022	37.30	28.05	32.60	4.55	4.55
2021	1.97	0.00	1.97	1.97	-	2021	36.78	30.40	34.80	5.67	5.67
（2nd）	1.80	0.00	1.80	1.80	36	∟	-	-	-	5.17	5.17
（1st）	0.17	0.00	0.17	0.17	37	∟	-	-	-	0.49	0.49
2020	0.84	0.00	0.84	0.84	-	2020	30.46	17.35	24.70	3.39	3.39
∟	0.61	0.00	0.61	0.61	5	∟	-	-	-	2.46	2.46
∟	0.23	0.00	0.23	0.23	1	∟	-	-	-	0.93	0.93
2019	0.79	0.00	0.79	0.79	-	2019	24.29	18.60	21.50	3.66	3.66
∟	0.53	0.00	0.53	0.53	1	∟	-	-	-	2.47	2.47
∟	0.26	0.00	0.26	0.26	2	∟	-	-	-	1.19	1.19
2018	0.83	0.00	0.83	0.83	-	2018	23.10	18.90	21.30	3.88	3.88
∟	0.74	0.00	0.74	0.74	71	∟	-	-	-	3.49	3.49
∟	0.08	0.00	0.08	0.08	1	∟	-	-	-	0.39	0.39
2017	1.14	0.00	1.14	1.14	-	2017	22.30	19.68	21.20	5.39	5.39
∟	1.12	0.00	1.12	1.12	37	∟	-	-	-	5.29	5.29
∟	0.02	0.00	0.02	0.02	1	∟	-	-	-	0.10	0.10
累計	7.04	0.00	7.04	7.04							

資料來源：Goodinfo! 台灣股市資訊網（2022/9/30 股價 25.86 元）

「富邦公司治理（00692）」的股利與年均殖利率資料，每年配息 2 次，2022 年前半年配息 1.48 元（7 月除息）的年均殖利率是 4.55%，若依金管會之法規條文，則合理推估其「年化報酬率」為 9.1%

（＝4.55% × 2），可以美化數據；再看 2021 年的平均殖利率，前半年為 0.49%（配息 0.17 元），後半年為 5.17%（配息 1.80 元），則 2021 年全年年均殖利率合計為 5.67%。

　　反之，假設在 2021 年前半年（1st）除息之後，依金管會規定，計算所得的年化報酬率僅為 0.91%（＝0.49% × 2），由此可知，法規的「年化報酬率」不太合理，如何引用各網站提供的數據，就由使用者自行定奪了。

「ETF 3 選 3 買 2 賣法則」 之操作實務

　　ETF 和共同基金一樣，沒有 EPS、ROE、本益比、淨值比等參考數據，所幸買 ETF 的人多以現金配息為訴求，因此，現金殖利率可為參考指標；市售的境內型與境外型之 ETF 僅約 250 檔（基金約 4,000 檔），若僅談較適合新手投資之「國內成分證券 ETF」，其中之股票型 ETF（原型 ETF）尚不到 40 檔，所以，選擇 ETF 就比選擇基金容易多了，但是，依舊有「何時買」才較能避免長期套牢的困擾。

　　本章仿第五章的「基金 3 選 3 買 2 賣法則」，訂出如表 6-7 的「ETF 3 選 3 買 2 賣法則」。看了「MoneyDJ」、「玩股網」、「臺灣證券交易所」及「台灣股市資訊網」等公開網站，各有優缺點，經多方考量之後，我們選擇「玩股網」搭配「台灣股市資訊網」，以原型 ETF 為例，來示範「ETF 3 選 3 買 2 賣法則」的操作步驟。

表 6-7.「ETF 3 選 3 買 2 賣法則」

法則	內 容 概 要
3 選	（1）本月受益人數排名≦第 15 名（確保人氣不退燒）。
	（2）基金規模排名≦第 15 名（穩定獲利中）。
	（3）近 5 年"年均殖利率"平均≧4.0%（獲利最低需求）。
3 買	（4）首次買入價≦「近 5 年均價」平均值（降低高價買而套牢的風險）。
	（5）買跌不買漲，每跌≧20%再加碼（攤平成本、加速獲利）。
	（6）定期定額：連漲 2 個月時即暫停扣繳，回跌時再續買（避免墊高成本）。
2 賣	（7）停損點：「5 日成交均量」排名≧25 名（避免搭上末班車而虧損）。
	（8）停利點：上漲 50%時賣出，再檢討（1）（2）（3）（4）（賣出後不宜立即再買入）。

註 1：3 買 (4) 之**平均值**為最高買價上限，宜以「近 5 年均價」**最低值**為目標價。
註 2：停利：當股價上漲 50%時，再加上配息，則實際獲利率多已≧60%。

第 6-1 節的「國內成分證券 ETF」（原型）股票型 ETF 僅約 35 檔，不宜與台灣除外的「國外成分證券 ETF」混合比較；「國外成分證券 ETF」（內含債券型 ETF 約 85 檔）約有 150 檔，分別屬於不同投資區域的 ETF，「國外成分證券 ETF」雖然可適用「ETF 3 選 3 買 2 賣法則」，但是，「國外成分證券 ETF」之受益人數偏低，每日成交量也較低，且成立年數多不到 5 年，基於「分類比較」和「安穩獲利」原則，宜將「債券型 ETF」及其他的「國外成分證券 ETF」，分開歸類比較。

由表 6-2 下市之「元大台商 50（0054）」ETF 的案例，可知 ETF 的「受益人數」與「資產規模」是重要參考指標，所以，將基金用的（2）績效與（3）人氣排名，改為較適合 ETF 用的（1）受益人數與（2）基金規模，此兩項法則與「人氣排名」有互動關係，以「ETF 3 選法則（1）（2）」，各保留「受益人數」及「基金規模」之排名前 15 名的 ETF（消去法）。

「ETF 3 選法則（1）（2）」的操作步驟如圖 6-3a～圖 6-3c 所示；首先，進入「玩股網」首頁，依序點選步驟①、②、③，則進入圖 6-3b 畫面，再依序點選步驟④、⑤之後，即可出現「受益人數」排行，並選取排名前 15 檔 ETF，再圈選「成立年齡」≧5 年的 ETF（共 5 檔）。

圖 6-3a.「ETF 3 選 3 買 2 賣法則」操作步驟①②③

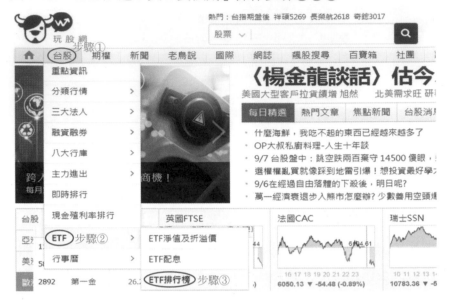

資料來源：「玩股網」首頁

圖 6-3b.「ETF 3 選 3 買 2 賣法則」操作步驟④⑤

排行	代碼	名稱	市價	折溢價 (%)	五日均量 (張)	資產規模 (億)	近四季 殖利率	年報酬率 (含息)	內扣費用 (保管+管理)	受益人數 本月▾	成立 年齡
1	0056 (1)	元大高股息	27.93	-0.43	29306.60	1362.40	10.49	-10.3%	0.335	729627	14.71
2	00878	國泰永續高股息	16.74	-0.53	64523.80	908.36	6.81	-1.3%	0.285	648011	2.14
3	0050 (2)	元大台灣50	112.3	-2.27	11447.60	2413.11	4.63	-17.3%	0.355	589320	19.20
4	00881	國泰台灣5G+	13.85	-1.28	13290.20	459.12	9.13	-17.2%	0.435	376916	1.74
5	00900	富邦特選高股息30	10.51	-1.04	15545.20	237.84	9.60	--	0.335	230527	0.71
6	006208 (3)	富邦台50	64.7	-1.93	4027.60	318.00	4.33	-16.8%	0.185	208984	10.15
7	00891	中信關鍵半導體	10.9	-1.45	11105.00	166.85	8.92	-27.5%	0.435	156073	1.28
8	00692 (4)	富邦公司治理	27.97	-1.79	2762.40	136.21	11.03	-13.7%	0.185	90641	5.31
9	00888	永豐台灣ESG	12.78	-1.39	1927.80	62.01	5.23	-17.6%	0.280	88526	1.44
10	00892	富邦台灣半導體	10.11	-1.65	5992.80	73.22	7.41	-34.0%	0.435	77182	1.25
11	00850	元大臺灣ESG永續	30	-1.80	537.40	100.19	5.37	-12.5%	0.335	66455	3.05
12	00701 (5)	國泰股利精選30	24.14	-1.67	722.80	82.46	8.52	2.2%	0.335	63865	5.06
13	00896	中信綠能及電動車	13.27	-1.56	1347.00	50.40	1.96	--	0.435	61874	0.98
14	00894	中信小資高價30	11.22	-1.58	1414.40	25.88	4.86	-21.7%	0.435	33942	1.07
15	00713	元大台灣高息低波	39.45	-1.05	2896.60	85.92	11.65	0.2%	0.335	31550	4.95

即將滿 5 年

資料來源:「玩股網」(2020.9.6 列印,數據每日更新)

然後，如圖 6-3c，依序點選步驟⑥、⑦，即可得「基金規模」排行，並選取排名前 15 名的 ETF，再圈選「成立年齡」≧5 年的 ETF（共 6 檔）。

圖 6-3c.「ETF 3 選 3 買 2 賣法則」操作步驟⑥⑦⑧

資料來源：「玩股網」（2020.9.6 列印，數據每日更新）

　　「ETF 3 選 3 買 2 賣法則」步驟⑧，是圈選在圖 6-3b 及圖 6-3c 同時存在，且「成立年齡」≧5 年的 ETF，圖 6-3c 中排名 14 之富邦科技（0052），雖已成立 16 年，但未進入圖 6-3b 之「受益人數」排名前 15 名，共只有（1）元大台灣 50（0050）、（2）元大高股息（0056）、（3）富邦台 50（006208）、（4）富邦公司治理（00692）及（5）國泰股利精選（00701）等 5 檔同時符合「ETF3 選法則（1）（2）」的 ETF。

然後，再進行「ETF 3 選法則（3）」步驟，亦即找出近 5 年「年均殖利率」平均≧4%（min≧3.5%）之 ETF；以手機或電腦，以「0050 配息」搜尋，隨即出現如圖 6-4a 之許多相關網站，點選「台灣股市資訊網」網站後，可進入圖 6-4b 之畫面，再下滑到最下面，即可看到台灣 50（0050）自成立以來的股利、股價及年均殖利率等數據。表 6-8a 只保留自 2017 年開始的近 5 年數據，作為分析用；依此類推，可分別列出如表 6-8b～6-8e 之其他 4 檔（0056、006208、00692 及 00701）的 ETF 近 5 年相關數據。

圖 6-4a. 搜尋「0050 配息」例

資料來源：google 搜尋

圖 6-4b. 0050 元大台灣 50 股利政策一覽表

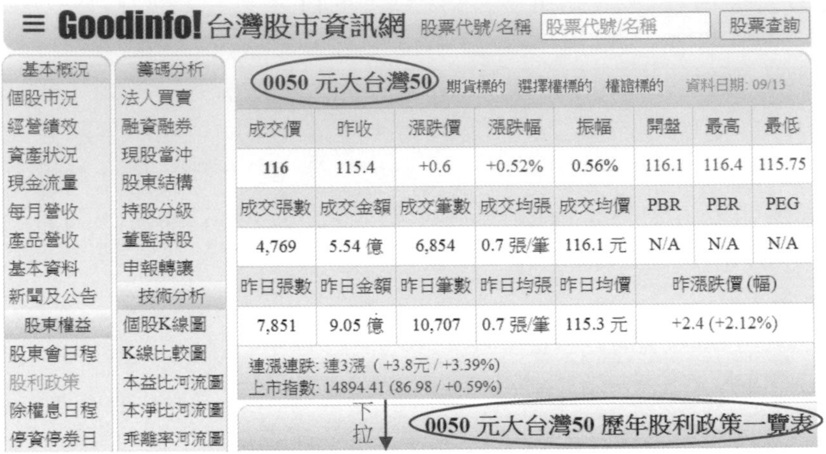

資料來源：Goodinfo!台灣股市資訊網

　　符合「ETF 3 選法則（1）（2）（3）」的原型 ETF，只剩下 4 檔，台灣首檔 ETF 之台灣 50（0050）被排除在外，如表 6-8a 所示，其年均殖利率平均值 3.45%＜4.0%，不過，台灣 50（0050）的股價，幾乎與台股指數連動，投資台灣 50（0050）有較高的機率賺取價差；而且，自成立以來 0050 的累積報酬率為 473.23%，遠高於（0056）的 118.29%，網站上有許多比較 0050 與 0056 的文章，總結來說，想伺機賺取累積報酬率者，宜選擇 0050，想每年有較高現金配息率者，則選 0056。

　　在表 6-8a～表 6-8e 中，均列有「近 5 年均價」平均值，及 2022／9／30（本書截稿日）的股價，是說明表 6-7 之「ETF 3 買法則（4）」步驟用，表 6-8a、表 6-8b 及表 6-8e 的股價（2022／9／30），均已低於「（4）首次買入價≦「近 5 年均價」平均值」。

表 6-8a.「元大台灣 50」（0050）近 5 年股利政策

股利所屬年度	股利發放年度	現金股利盈餘	現金股利合計	股利合計	股價年度	最高	最低	年均	年均殖利率 現金	年均殖利率 合計
2022	2022	5.00	5.00	5.00	2022	152.40	108.45	129.0	3.89	3.89
└	2022	1.80	1.80	1.80	└	152.40	108.45	--	1.40	1.40
└	2022	3.20	3.20	3.20	└	152.40	108.45	--	2.49	2.49
2021	2021	3.40	3.40	3.40	2021	146.15	121.20	137.0	2.48	2.48
└	2021	0.35	0.35	0.35	└	146.15	121.20	--	0.26	0.26
└	2021	3.05	3.05	3.05	└	146.15	121.20	--	2.23	2.23
2020	2020	3.60	3.60	3.60	2020	122.40	67.25	96.9	3.71	3.71
└	2020	0.70	0.70	0.70	└	122.40	67.25	--	0.72	0.72
└	2020	2.90	2.90	2.90	└	122.40	67.25	--	2.99	2.99
2019	2019	3.00	3.00	3.00	2019	98.30	72.00	83.0	3.61	3.61
└	2019	0.70	0.70	0.70	└	98.30	72.00	--	0.84	0.84
└	2019	2.30	2.30	2.30	└	98.30	72.00	--	2.77	2.77
2018	2018	2.90	2.90	2.90	2018	88.40	73.30	81.8	3.55	3.55
└	2018	0.70	0.70	0.70	└	88.40	73.30	--	0.86	0.86
└	2018	2.20	2.20	2.20	└	88.40	73.30	--	2.69	2.69
2017	2017	2.40	2.40	2.40	2017	85.60	71.35	78.8	3.05	3.05
└	2017	0.70	0.70	0.70	└	85.60	71.35	--	0.89	0.89
└	2017	1.70	1.70	1.70	└	85.60	71.35	--	2.16	2.16
累計		20.30	20.30	20.30	2018～2022（近5年）平均			105.54	—	3.45

資料來源：Goodinfo!台灣股市資訊網（2022/9/30 股價 103.45 元）

表 6-8b.「元大高股息」（0056）近 5 年股利政策

股利所屬年度	股利發放年度	現金股利盈餘	現金股利合計	股利合計	股價年度	最高	最低	年均	年均殖利率 現金	年均殖利率 合計
2021	2021	1.80	1.80	1.80	2021	36.17	29.80	33.2	5.42	5.42
2020	2020	1.60	1.60	1.60	2020	31.11	21.45	28.5	5.61	5.61
2019	2019	1.80	1.80	1.80	2019	29.06	23.11	26.9	6.70	6.70
2018	2018	1.45	1.45	1.45	2018	27.84	23.24	25.8	5.62	5.62
2017	2017	0.95	0.95	0.95	2017	26.85	23.07	25.2	3.78	3.78
累計		7.60	7.60	7.60	2017～2021（近5年）平均			27.92	—	5.43

資料來源：Goodinfo!台灣股市資訊網（2022/9/30 股價 25.78 元）

表 6-8c.「富邦台 50」（006208）近 5 年股利政策

股利政策					顯示依據：股利所屬年度				
股利所屬年度	股利發放年度	股東股利（元／股）			股價年度	殖利率統計			
		現金股利		股利合計		股價統計（元）			年均殖利率（%）	
		盈餘	合計			最高	最低	年均	現金	合計
2022	2022	1.25	1.25	1.25	2022	85.70	62.90	73.90	1.69	1.69
2021	2021	1.96	1.96	1.96	2021	82.35	68.75	78.50	2.49	2.49
└	2021	1.64	1.64	1.64	└	82.35	68.75	--	2.09	2.09
└	2021	0.31	0.31	0.31	└	82.35	68.75	--	0.40	0.40
2020	2020	1.62	1.62	1.62	2020	68.80	38.60	55.20	2.94	2.94
└	2020	1.14	1.14	1.14	└	68.80	38.60	--	2.06	2.06
└	2020	0.48	0.48	0.48	└	68.80	38.60	--	0.87	0.87
2019	2019	1.80	1.80	1.80	2019	54.40	39.97	47.00	3.83	3.83
└	2019	1.14	1.14	1.14	└	54.40	39.97	--	2.42	2.42
└	2019	0.66	0.66	0.66	└	54.40	39.97	--	1.41	1.41
2018	2018	2.65	2.65	2.65	2018	51.20	40.77	47.30	5.60	5.60
└	2018	2.00	2.00	2.00	└	51.20	40.77	--	4.23	4.23
└	2018	0.65	0.65	0.65	└	51.20	40.77	--	1.37	1.37
2017	2017	2.65	2.65	2.65	2017	52.90	40.70	46.10	5.75	5.75
└	2017	1.65	1.65	1.65	└	52.90	40.70	--	3.58	3.58
└	2017	1.00	1.00	1.00	└	52.90	40.70	--	2.17	2.17
累計		11.93	11.93	11.93	2017～2021（近 5 年）平均			54.82	—	4.12

資料來源：Goodinfo!台灣股市資訊網（2022/9/30 股價 59.35 元）

表 6-8d.「富邦公司治理」（00692）近 5 年股利政策

股　利　政　策				顯示依據：股利所屬年度					
股利所屬年度	股利發放年度	股東股利（元／股）			殖利率統計				
		現金股利		股利合計	股價年度	股價統計（元）			年均殖利率（%）
		盈餘	合計			最高	最低	年均	現金	合計
2022	2022	1.48	1.48	1.48	2022	37.30	27.94	32.5	4.56	4.56
2021	2021	1.97	1.97	1.97	2021	36.78	30.40	34.8	5.67	5.67
└	2021	1.80	1.80	1.80	└	36.78	30.40	--	5.17	5.17
└	2021	0.17	0.17	0.17	└	36.78	30.40	--	0.49	0.49
2020	2020	0.84	0.84	0.84	2020	30.46	17.35	24.7	3.39	3.39
└	2020	0.61	0.61	0.61	└	30.46	17.35	--	2.46	2.46
└	2020	0.23	0.23	0.23	└	30.46	17.35	--	0.93	0.93
2019	2019	0.79	0.79	0.79	2019	24.29	18.60	21.5	3.66	3.66
└	2019	0.53	0.53	0.53	└	24.29	18.60	--	2.47	2.47
└	2019	0.26	0.26	0.26	└	24.29	18.60	--	1.19	1.19
2018	2018	0.83	0.83	0.83	2018	23.10	18.90	21.3	3.88	3.88
└	2018	0.74	0.74	0.74	└	23.10	18.90	--	3.49	3.49
└	2018	0.08	0.08	0.08	└	23.10	18.90	--	0.39	0.39
2017	2017	1.14	1.14	1.14	2017	22.30	19.68	21.2	5.39	5.39
└	2017	1.12	1.12	1.12	└	22.30	19.68	--	5.29	5.29
└	2017	0.02	0.02	0.02	└	22.30	19.68	--	0.10	0.10
累計		7.05	7.05	7.05	2017～2021（近 5 年）平均			24.7	—	4.40

資料來源：Goodinfo!台灣股市資訊網（2022/9/30 股價 25.86 元）

表 6-8e.「國泰股利精選 30」（00701）近 5 年股利政策

股 利 政 策					顯示依據：股利所屬年度				
股利所屬年度	股利發放年度	股東股利（元／股）			殖利率統計				
		現金股利		股利合計	股價年度	股價統計（元）		年均殖利率（%）	
		盈餘	合計			最高	最低	年均	現金	合計
2022	2022	1.90	1.90	1.90	2022	28.51	22.80	25.4	7.47	7.47
└	2022	0.25	0.25	0.25	└	28.51	22.80	--	0.98	0.98
└	2022	1.65	1.65	1.65	└	28.51	22.80	--	6.48	6.48
2021	2021	0.98	0.98	0.98	2021	27.02	20.42	24.2	4.05	4.05
└	2021	0.25	0.25	0.25	└	27.02	20.42	--	1.03	1.03
└	2021	0.73	0.73	0.73	└	27.02	20.42	--	3.02	3.02
2020	2020	1.66	1.66	1.66	2020	25.89	16.43	20.9	7.94	7.94
2019	2019	0.47	0.47	0.47	2019	23.84	20.69	22.2	2.11	2.11
2018	2018	0.17	0.17	0.17	2018	23.08	19.97	21.4	0.80	0.80
累計		5.18	20.30	20.30	2018～2022（近 5 年）平均			22.82	—	4.47

資料來源：Goodinfo!台灣股市資訊網（2022/9/30 股價 22.75 元）

綜合以上分析，整理成表 6-9 的買入參考價，在 2022／9／7 製表時，只有元大高股息（0056）之股價（27.90 元），低於近 5 年股價年均平均值（27.92 元），可以買入其他 4 檔 ETF 之股價仍偏高，宜暫緩買入；結果，只等到 9／30，0050 及 00701 兩檔 ETF，也降至「近 5 年年均平均值」以下。

表 6-9.5 檔符合「3 選法則(1)(2)(3)」之買入參考價

項次	A	B	C	D	E
ETF（代號）	年均殖利率（近5年平均）	股價年均（近5年平均）	製表股價（2022.9.7）	3買法則（4）是否 C≦B	截稿股價（2022.9.30）
元大台灣 50（0050）	3.45%	105.54 元	112.2 元	否（暫緩）	103.45 元
元大高股息（0056）	5.43%	27.92 元	27.90 元	是（OK）	25.78 元
富邦台 50（006208）	4.12%	54.82 元	64.65 元	否（暫緩）	59.35 元
富邦公司治理（00692）	4.40%	24.70 元	27.95 元	否（暫緩）	25.86 元
國泰股利精選 30（00701）	4.47%	22.82 元	24.12 元	否（暫緩）	22.75 元

04

ETF 績效：「定期定額」優於「單筆投資」？

　　ETF 績效：「定期定額」優於「單筆投資」？結論是和第 5 章的基金一樣，ETF 的「單筆投資」完勝；本章以在圖 6-3c 中，成立滿 10 年且受益人數排名在 15 名之內的 4 檔 ETF（0050、0052、0056 及 006208）做比較分析；在 MoneyDJ 理財網（ETF）有「定期定額報酬率試算器」，可試算每一檔 ETF 成立迄今之任意期間的「定期定額」報酬率，再點選「報酬走勢」選項，可分析「單筆投資」在同一期間的績效，如圖 6-5a 及圖 6-5b 所示。

　　圖 6-5a 是台灣 50（0050）近 10 年（2012／7／1～2022／6／30）「定期定額」投資方式的試算結果；「定期定額」10 年的（累積）總報酬率是 84.74%，若假設股利不再投資，則總報酬率為 76.1%，在圖 6-5a（B）的走勢圖中，可看出每一年度的投資成本和資產終值。此計算均不含所有的內扣及外扣費用；圖 6-5b 是相同（10 年）期間之「單筆投資」總報酬率 216.38%。

　　圖 6-5a 及圖 6-5b 之計算，均是採用「股利再投資本基金」的計算方式做比較，結果「單筆投資 216.38%」vs.「定期定額 84.74%」（2.55 倍），在圖 6-5b 中的（2）（3），也分別計算出「單純市價報酬率」（公式 E4-5b）和「含配息總報酬率」（公式 E4-5c），供讀者參考。依此類推，可得其他三檔 ETF（圖 6-6、圖 6-7、圖 6-8）之結果。

圖 6-5a. 0050 定期定額報酬率試算

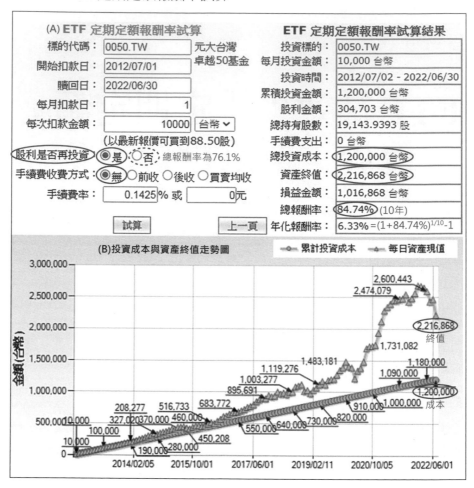

資料來源：MoneyDJ 理財網/工具/ETF 投資策略/定期定額

圖 6-5b. 0050 報酬走勢圖

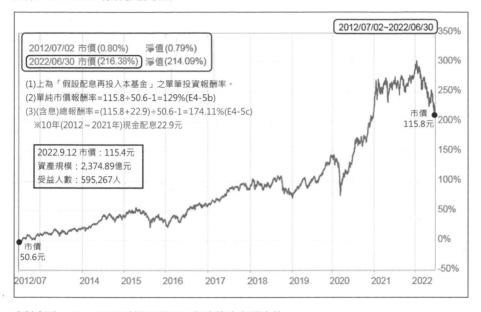

資料來源：MoneyDJ 理財網/工具/ETF 投資策略/報酬走勢

圖 6-6a. 0052 定期定額報酬率試算

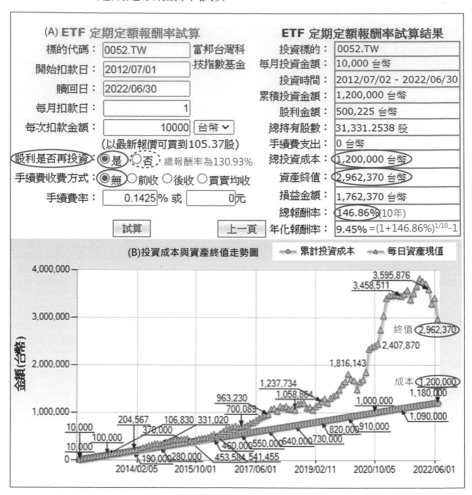

資料來源：MoneyDJ 理財網/工具/ETF 投資策略/定期定額

圖 6-6b. 0052 報酬走勢走勢圖

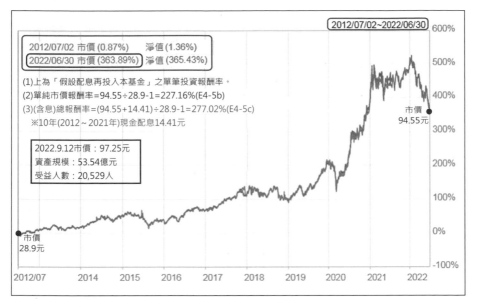

資料來源：MoneyDJ 理財網 /ETF 介紹/報酬走勢

圖 6-7a. 0056 定期定額報酬率試算

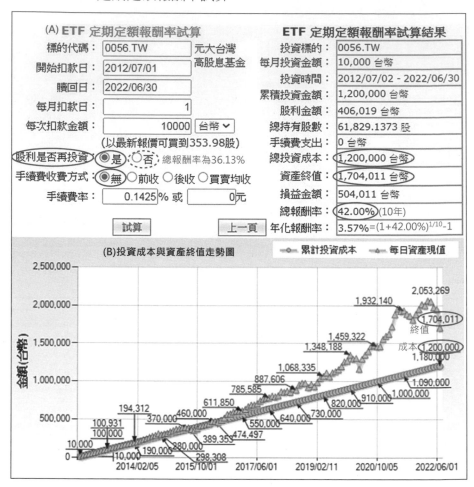

資料來源：MoneyDJ 理財網/工具/ETF 投資策略/定期定額

圖 6-7b. 0056 報酬走勢圖

2012/07/02~2022/06/30

2012/07/02 市價(1.15%)　淨值(1.02%)
2022/06/30 市價(94.57%)　淨值(93.97%)

(1)上為「假設配息再投入本基金」之單筆投資報酬率。
(2)單純市價報酬率=27.56÷23.67-1=16.43%(E4-5b)
(3)(含息)總報酬率=(27.56+13.05)÷23.67-1=71.57%(E4-5c)
　※10年(2012～2021年)現金配息13.05元

2022.9.12市價：28.56元
資產規模：1,371.63億元
受益人數：736,254人

市價
27.56元

市價
23.67元

資料來源：MoneyDJ 理財網/工具/ETF 投資策略/報酬走勢

圖 6-8a. 006208 定期定額報酬率試算

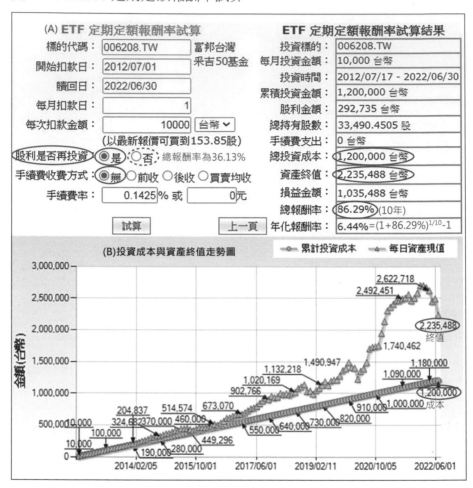

資料來源：MoneyDJ 理財網/工具/ETF 投資策略/定期定額

圖 6-8b. 006208 報酬走勢圖

資料來源：MoneyDJ 理財網 /ETF 介紹/報酬走勢

　　依圖 6-5～圖 6-8 之結果，可整理出如表 6-10 的「單筆投資」vs.「定期定額」比較表，四檔成立 10 年 ETF 的總報酬率，「單筆投資」均大勝「定期定額」，即使是（D）單筆投資且年領股利方式，其投資績效也優於（B）定期定額（再投資）方式。除非是少數如圖 5-11 之跌多漲少的「貝萊德拉丁美洲美元基金」，定期定額的績效，才有機會意外地略勝單筆投資。

表 6-10. 四檔成立 10 年之 ETF 的績效比較表

ETF （代號）	成立日期 （年數）	A 單筆投資 總報酬率 （I）（再投資）	B 定期定額 總報酬率 （II）（再投資）	C 定期定額 總報酬率 （III）（不再投資）	D（淨值+配息） 總報酬率 〔公式（E4-5c）〕	2022.9.30 股價 （元）
元大台灣 50 （0050）	2003.06.25 （19 年）	216.38% 圖 6-3b（1）	84.74% 圖 6-3a（A）	76.1% 圖 6-3a（A）	174.11% 圖 6-3b（3）	103.45
富邦科技 （0052）	2006.08.28 （15.8 年）	363.89% 圖 6-4b（1）	146.86% 圖 6-4a（A）	130.93% 圖 6-4a（A）	277.02% 圖 6-4b（3）	86.80
元大高股息 （0056）	2007.12.13 （14.5 年）	94.57% 圖 6-5b（1）	42.00% 圖 6-5a（A）	36.13% 圖 6-5a（A）	71.57% 圖 6-5b（3）	25.78
富邦台 50 （006208）	2012.06.22 （10 年）	221.76% 圖 6-6b（1）	86.29% 圖 6-6a（A）	76.58% 圖 6-6a（A）	181.46% 圖 6-6b（3）	59.50

註：採用相同 10 年期間（2012/7/1～2022/6/30）做比較。（2022.9.14 製表）

　　再由表 3-12 單筆投資之「本利和 ÷ 本金」倍比表及表 3-13 定期定額之「本利和 ÷ 本金和」倍比表來看，即可知道，在相同的投報率之下，「單筆投資」績效，均優於「定期定額」方式，例如，在投報率 10%的條件下，單筆投資只需 7.5 年，即可獲利一倍（表 3-12（2.044 倍）），而「定期定額」則需要 12.5 年，才能獲利一倍（表3-13（2.02 倍））。或者，同樣是以「投報率 5%、投資 10 年」做比較，「單筆投資」的總報酬率為 1.629 倍（表 3-12），而「定期定額」的總報酬率僅為 1.32 倍（表 3-13）。

　　其實，不管是 ETF、基金或股票，若在相同的投報率條件下，「單筆投資」之績效永遠優於「定期定額」；「定期定額」投資方式，多僅適合想強迫自己每月掙個三、五千元存款的上班族，對於已有三、五十萬元存款的人，宜採用適量（如 50%存款）的「單筆投資」方式，才能加速累積財富。

05

/

高股息 ETF 之 PK 戰：1 次／年 vs. 6 次／年

　　「配息型 ETF」有①年配息、②半年配息、③季配息、④雙月配息及⑤月配息之分，大多數人認為配息次數愈多愈好，如果是「月配息型 ETF」，感覺上就像多一份（外快）收入一樣，「季配息型」是目前的主流 ETF 商品；但是，基金／ETF 不可能永遠每月、每季均賺錢，虧損時勢必動用投資人的本金，來支付投資人利息，而使基金／ETF 淨值下降，投資人等於拿自己的錢當利息收入，「賺利息、賠本金」，可能得不償失。

　　「高股利、高配息」對不少散戶投資者，有著「致命吸引力」，查了一下迄 2022 年 9 月 30 日為止，冠以「高股利、高配息」為名的台股 ETF，共有①元大高股息（0056）、②國泰股利精選 30（00701）、③元大台灣高息低波（00713）、④富邦台灣優質高息（00730）、⑤復華富時高息低波（00731）、⑥國泰永續高股息（00878）、⑦富邦特選高股息 30（00900）、⑧永豐台灣優息存股（00907）及⑨凱基優選高股息（00915）等九檔 ETF，占目前台股（原型）ETF 總數（35 檔）的 25.7%，可見股民對高股息的喜愛程度。

表 6-11 是九檔以高股息為訴求之台股 ETF 的基本資料，高股息
ETF 是否符合自己的需求，就得自己衡量了。一般言之，配息頻率高
的 ETF，在配息之後，投資規模減少，也就是投資獲利的複利效果變
小了，如果不是每季／每月均需要現金配息來當生活費的話，每年配
息 1 次，可能比每年配息 4 次或 6 次有較高的殖利率。不過，當每年
股利多於 2 萬元而須扣繳 2.11%補充健保費時，「多次配息」則有「免
扣」的功能。

表 6-11. 台股高股息 ETF 一覽表

序號	ETF 名稱（代碼）	成立日期	資產規模（億元）	受益人數（持有人數）	5 日均量（張）	配息頻率	發行價（元）	2022.9.30股價（元）
1	元大高股息（0056）	2007.12.13（14.75年）	1,221.40	①706,693	18,868.6	1 次／年	25	25.78
2	國泰股利精選 30（00701）	2017.08.09（5.08 年）	80.40	④62,874	886.6	2 次／年	20	22.75
3	元大台灣高息低波（00713）	2017.09.27（4.99 年）	84.38	⑤28,962	512.8	4 次／年	30	36.61
4	富邦台灣優質高息（00730）	2018.01.30（4.67 年）	14.78	⑥20,248	218.6	1 次／年	20	16.60
5	FH 富時高息低波（00731）	2018.04.12（4.42 年）	10.87	⑧7,647	1,119.2	1 次／年	50	55.05
6	國泰永續高股息（00878）	2020.07.10（2.17 年）	785.71	②577,070	37,019.0	4 次／年	15	16.04
7	富邦特選高股息 30（00900）	2021.12.14（9 個月）	267.90	③197,934	7,304.8	4 次／年	15	9.97
8	永豐優息存股（00907）	2022.05.17（4 個月）	12.58	⑦13,476	1,543.8	6 次／年	15	13.92
9	凱基優選高股息（00915）	2022.08.09（1 個月）	27.61	⑨10,889	1,040.6	4 次／年	15	14.03

資料來源：玩股網（2022.9.6 列印，數據隨時更新）

然而，「高配息≠高獲利」，配息型基金必然有一項如「配息來
源可能為本金，將導致原始投資金額減損」的警語，也就是配息型基
金在沒有資本利得（淨值價差）和利息收入不足時，就只能拿本金來
配發現金息；那麼，高配息型的 ETF 是否也是如此？

理論上，配息型 ETF 不會拿本金來配息，因為配息型 ETF 在公開說明書上，多會註明類似「在收益評價日（非除息日）當天的淨值，若低於發行價則不配息」的「不配息條款」，例如「元大高股息（0056）」在 2008 年及 2010 年，未分配股利，但是不久之後，此條款就取消了，此後連續配息 12 年，站穩高配息型的 ETF 人氣王寶座。

事實上，「收益分配與否」的決定權在於 ETF 發行公司，即使公開說明書上有「不配息條款」，以現金息為導向的台股 ETF，多會照發股息不誤，若看近 3 年的台股 ETF 配息記錄，00730、00731、00733、00881、00891、00896 及 00900 等 ETF，均有跌破發行價，但照樣分配股利的紀錄；所以，以配息為號召的台股 ETF，多會順應潮流，即使不賺錢，也會硬撐場面繼續分配股息，以吸引投資人進場。

表 6-11 中的（序號 7）「富邦特選高股息 30（00900）」，成立未滿 1 年，2022／8／16（除息日）前一天之收盤價僅 12.5 元，低於發行價 15 元，卻單季配息 1.2 元（單季殖利率 9.6%），使受益人數激增逾 20 萬人，資產規模也達 230 億元以上，排名第 6（圖 6-3c）。以高股息為號召的 ETF 一旦不配息，就會嚇跑投資人，所以，不得不配息，而導致 ETF 淨值下跌，最後倒楣的還是投資人（2022／9／30 股價跌至 9.97 元）。

約自 2022 年起，有些台股 ETF 已開始加註：「本基金之配息來源可能為收益平準金」，例如表 6-5a 第 5 名的 00731 ETF；「收益平準金」機制是源自「海外型公司債基金」，其實，「收益平準金」也是投資人的錢，簡單來說，是基金公司將投資人的一小部份本金提撥出來，當基金／ETF 收益不足時，可用來彌補收益分配用，以維持穩定的配息；只是拿來投資的本金變少，獲利增值的功能降低了。所以，一樣是投資人「自己配息給自己」，但是，好歹先拿不吃虧，對於想要每季／每年有穩定現金息收入者，至少心裡稍微安心一些。

由於大多數的 ETF 殖利率，多以最近日期及配息頻率計算，導致

在某些報導所看到的殖利率已失真（如表 6-5a、表 6-5b），因此，本章以 Goodinfo!網站的「年均殖利率」做為比較依據，表 6-11 中滿 5 年之 0056（序號 1）及 00701（序號 2）的股利、殖利率，詳見表 6-8b 及表 6-8e，其餘滿 2 年之 ETF（序號 3、4、5、6）的股利、殖利率，詳見表 6-12～表 6-15，表 6-11 序號 7、8、9 的三檔 ETF，均未滿 2 年，暫不列表說明。

表 6-12.「元大台灣高息低波」（00713）近 4 年股利政策

股　利　政　策				顯示依據：股利所屬年度					
股利所屬年度	股利發放年度	股東股利（元／股）		股利年度	殖利率統計（**2022／7 改季配**）				
		現金股利	股利合計		股價統計（元）			年均殖利率（％）	
		盈餘	合計			最高	最低	年均	現金	合計
2021	2021	3.15	3.15	3.15	2021	46.35	34.20	41.6	7.58	7.58
2020	2020	1.70	1.70	1.70	2020	35.48	24.00	32.0	5.31	5.31
2019	2019	1.60	1.60	1.60	2019	33.90	26.95	31.3	5.12	5.12
2018	2018	1.55	1.55	1.55	2018	32.52	27.26	30.5	5.09	5.09
累計		8.00	8.00	8.00	2018～2021（近 4 年）平均			33.9	—	5.78

資料來源：Goodinfo!台灣股市資訊網（2022/9/30 股價 36.61 元）

表 6-13.「富邦台灣優質高息」（00730）近 4 年股利政策

股　利　政　策				顯示依據：股利所屬年度					
股利所屬年度	股利發放年度	股東股利（元／股）		股利年度	殖利率統計（年配）				
		現金股利	股利合計		股價統計（元）			年均殖利率（％）	
		盈餘	合計			最高	最低	年均	現金	合計
2021	2021	1.13	1.13	1.13	2021	22.47	18.07	20.4	5.52	5.52
2020	2020	0.84	0.84	0.84	2020	18.70	13.10	17.2	4.91	4.91
2019	2019	0.75	0.75	0.75	2019	19.15	16.83	18.3	4.07	4.07
2018	2018	0.98	0.98	0.98	2018	21.11	16.98	19.5	5.02	5.02
累計		3.70	3.70	3.70	2018～2021（近 4 年）平均			18.9	—	4.88

資料來源：Goodinfo!台灣股市資訊網（2022/9/30 股價 16.60 元）

表 6-14.「FH 富時高息低波」（00731）近 4 年股利政策

股 利 政 策					顯示依據：股利所屬年度					
股利所屬年度	股利發放年度	股東股利（元／股）			股價年度	殖利率統計（年配）				
		現金股利		股利合計		股價統計（元）			年均殖利率（%）	
		盈餘	合計			最高	最低	年均	現金	合計
2021	2021	4.30	4.30	4.30	2021	64.80	47.54	56.8	7.57	7.57
2020	2020	2.09	2.09	2.09	2020	49.62	36.33	46.0	4.55	4.55
2019	2019	2.27	2.27	2.27	2019	50.80	45.45	48.8	4.64	4.64
2018	2018	2.49	2.49	2.49	2018	54.90	45.30	50.9	4.90	4.90
累計		11.15	11.15	11.15	2018～2021（近 4 年）平均			50.6	—	5.42

資料來源：Goodinfo!台灣股市資訊網（2022/9/30 股價 55.05 元）

表 6-15.「國泰永續高股息」（00878）近 3 年股利政策

股 利 政 策					顯示依據：股利所屬年度					
股利所屬年度	股利發放年度	股東股利（元／股）			股價年度	殖利率統計（季配）				
		現金股利		股利合計		股價統計（元）			年均殖利率（%）	
		盈餘	合計			最高	最低	年均	現金	合計
2022	2022	0.90	0.90	0.90	2022	19.78	15.90	18.1	4.98	4.98
└	2022				└					
└		0.28	0.28	0.28		19.78	15.90	--	1.55	1.55
└		0.32	0.32	0.32		19.78	15.90	--	1.77	1.77
└		0.30	0.30	0.30		19.78	15.90	--	1.66	1.66
2021	2021	0.98	0.98	0.98	2021	19.28	16.02	18.1	5.41	5.41
└	2021	0.28	0.28	0.28	└	19.28	16.02	--	1.55	1.55
└	2021	0.30	0.30	0.30	└	19.28	16.02	--	1.66	1.66
└	2021	0.25	0.25	0.25	└	19.28	16.02	--	1.38	1.38
└	2021	0.15	0.15	0.15	└	19.28	16.02	--	0.83	0.83
2020	2020	0.05	0.05	0.05	2020	16.20	14.20	15.1	0.33	0.33
累計		1.93	1.93	1.93	2020～2021（近 2 年）平均			16.6	—	NA

資料來源：Goodinfo!台灣股市資訊網（2022/9/30 股價 16.04 元）

　　「國泰永續高股息（00878）」（表 6-15）是首創「季配息」機制的台股 ETF，導致後來的許多新 ETF，也跟著採用「季配息」方式，成立剛滿 5 年的「元大台灣高息低波（00713）」（表 6-12），也順應

投資者的「配息瘋」，自 2022 年 7 月起，將「年配息」改為「季配息」，如表 6-12 所示，2018 年至 2021 年為年配時的年均殖利率高達 5.78%，改為「季配息」之後，是否可維持高殖利率，姑且拭目以待、靜觀其變。

不過，「季配息」仍然不夠嗆，目前已出現「雙月配息」的台股 ETF 了；表 6-11 的（序號 8）「永豐台灣優息存股（00907）」，是 2022 年 5 月 24 日才上市，因為首創「雙月配息」，是目前配息頻率最高的高股息股，掛牌首日就衝出 2 萬張以上的成交量，可想而知，不管「高配息是否真的有獲利」，還是「以自己的錢來配息」，這股「高頻率配息」的 ETF 熱潮，短期內不會退燒，甚至將來可能出現「月月配息」的 ETF。

事實上，想要「月配息」的人，可以考慮「債券型 ETF」，目前國內的「債券型 ETF」以季配息型（4 次／年）居多，但是，有二檔「月配息型」的「國外成分證券 ETF」，分別是（1）中信優選金融債 ETF（00773B）和（2）中信高評級公司債（00772B）（表 6-16 排名 27 和 55 名），均是自 2020 年 3 月，將「季配息」改為「月配息」；債券型 ETF 的殖利率雖然可能較低於原型 ETF，但是，債券型 ETF 之配息是公司債券的借款利息，所以，配息很穩定，會依規定配息，不會間斷。

表 6-16 是依「受益人數」排名的「國外成分證券 ETF」（共約有 85 檔），前 3 名是「非債券型 ETF」，受益人數均在 10 萬人以上，ETF 代碼後面加 B 者，即為債券型 ETF，只是受益人數多在 5,000 人以下，每日成交量也不高；所以，想買債券型 ETF 者，宜如表 6-16 一樣，先列出「國外成分證券指數股票型基金」的受益人數排行，再將「債券型 ETF」集中歸類，然後依第 6-3 節的「ETF 3 選法則（1）（2）（3）」，選擇債券型 ETF。表 6-16 中排名 27 的 00772B 及排名 55 的 00773B 是月配型 ETF，其他的債券型 ETF 均為季配型。

表 6-16. 台股 ETF 受益人數排行（國外成分證券指數股票型基金）

排行	代碼	名稱	市價	五日均量(張)	資產規模(億)	近四季殖利率	年報酬率(含息)	內扣費用(保管+管理)	受益人數 本月	成立年齡
台股ETF受益人數排行		國外成分證券指數股票型基金◆		所有投信 ◆						2022/09/13
1	00893	國泰智能電動車 非債券型	13.48	17992.40	263.75	--	-10.1%	1.100	196882	1.21
2	00882	中信中國高股息	12.02	6774.80	256.06	9.31	-12.0%	0.610	129349	1.61
3	00885	富邦越南	14.78	6198.60	178.20	--	-8.3%	1.220	116408	1.41
10	00679B	元大美債20年	33.38	4408.00	241.58	2.88	-17.9%	0.160	27466	5.66
24	00710B	FH彭博非投等債 ※	18.22	322.80	60.60	5.38 ①	6.2%	0.400	7581	5.07
27	00772B	中信高評級公司債	36.27	1342.80	566.17	1.49	-15.7%	0.280 月配	5125	3.63
29	00696B	富邦美債20年	35.13	170.00	188.98	2.56	-17.3%	0.160	4759	5.27
31	00751B	元大AAA至A公司債	36.11	696.80	529.26	4.38 ③	-16.3%	0.240	4667	3.95
36	00720B	元大投資級公司債	35.1	894.60	316.20	4.79 ②	-17.7%	0.420	3609	4.62
42	00695B	富邦美債7-10	35.41	145.20	4.32	0.99	-3.8%	0.370	2390	5.27
46	00687B	國泰20年美債	35.05	1050.80	82.35	2.73	-17.7%	0.190	1900	5.43
49	00724B	群益10年IG金融債	33.93	138.60	824.77	4.32	-17.0%	0.260	1686	4.75
52	00722B	群益15年IG電信債	38.39	163.60	377.90	4.08	-16.5%	0.260	1433	4.75
53	00694B	富邦美債1-3	38.98	141.40	46.86	1.34	6.6%	0.150	1397	5.27
54	00725B	國泰投資級公司債	36.12	440.80	514.59	4.35	-15.7%	0.350	1356	4.60
55	00773B	中信優先金融債	36.44	843.00	578.29	1.59	-16.7%	0.260 月配	1307	3.63

資料來源：玩股網（2022.9.14 列印）。註：排行 **27** 及 **55** 為月配息，其餘均為季配息。

表 6-17 是月配息型 ETF「中信高評級公司債（00772B）」之月配息記錄（與排名 55 的 00773B 近似），自 2019 年成立以來，均穩定配息，不過限於篇幅（讀者可自行上網查閱），僅摘錄自 2022 年 1 月起的配息記錄（每月配息的金額並不高（約 0.13 元／股），假設擁有 10 張（市價約 38.1 萬元），每月的配息僅約 1,300 元（＝0.13 × 1,000 股 × 10 張），殖利率約 3.4%。

表 6-17.「中信高評級公司債（00772B）」每月配息記錄

股 利 政 策					殖 利 率 統 計（月配）					
股利所屬年度	股東股利（元／股）				填息花費日數	股價年度	股價統計（元）			年均殖利率（%）	
	現金股利			股利合計			最高	最低	年均	現金	合計
	盈餘	公積	合計								
2022	1.02	0	1.02	1.02	--	2022	43.74	35.12	38.1	NA	NA
└						└					
8 月	0.14	0	0.14	0.14	1	2022	--	--	--	0.36	0.36
7 月	0.13	0	0.13	0.13	1	2022	--	--	--	0.34	0.34
6 月	0.13	0	0.13	0.13	1	2022	--	--	--	0.34	0.34
5 月	0.13	0	0.13	0.13	3	2022	--	--	--	0.34	0.34
4 月	0.13	0	0.13	0.13	6	2022	--	--	--	0.34	0.34
3 月	0.12	0	0.12	0.12	1	2022	--	--	--	0.33	0.33
2 月	0.12	0	0.12	0.12	1	2022	--	--	--	0.32	0.32
1 月	0.12	0	0.12	0.12	5	2022	--	--	--	0.32	0.32
2021	1.51	0	1.51	1.51	--	2021	47.52	42.00	44.2	3.42	3.42
2020	1.36	0	1.36	1.36	--	2020	52.40	38.24	48.1	2.83	2.83
2019	1.00	0	1.00	1.00	--	2019	49.81	39.92	45.0	2.22	2.22

註：成立於 2019.1.19，自 2019Q2 開始改用月配息。
資料來源：Goodinfo!台灣股市資訊網（2022/9/30 股價 34.42 元）

債券型 ETF 的年均殖利率多在 2.5%～3.5%之間，如第 4-1 節（7）債券篇所說，「債券」是避險用的投資工具，並非在追求高殖利率或資本利得用。回顧第二章的「4%法則」，其建議的投資組合是（一）30%的≧10 年期政府公債⊕70%的長期股票，顯然，債券是供「資產配置」、分散投資風險用。

表 6-16 中之債券型 ETF，「年均殖利率」最高的是排名 24 的 00710B（FH 彭博非投等債），其成立 5 年來的平均年均殖利率高達 5%以上；不過，「非投資等級債券」即是俗稱的「高收益債券」（正評）或「垃圾債券」（負評），是一種信用等級較差（BB＋級或 Ba1 級以下）的債券，殖利率及風險均高於「投資等級債券」，不適合保守型投資人，表 6-16 中排名 31 之 00751B，所提之 AAA 級即是信用評等最高的「投資級公司債」。

「非投資等級公司債」之年均殖利率（表 6-18），多高於「投資等級公司債」（表 6-19 及表 6-20 例），但是，「非投資等級公司債」有違約（不付利息）等風險，被稱為「垃圾債券」不是沒有道理，2008 年全美排名第 4 之雷曼兄弟倒閉事件，曾拖垮全球一大堆的「公司債券」，想要高殖利率的「非投資型債券」，宜以「近 5 年均價」最低值為買入的目標價，並衡量自己承擔風險的能力。

表 6-18.「FH 彭博非投等債（00710B）」配息記錄

股 利 政 策						殖 利 率 統 計（季配）				
股利所屬年度	股東股利（元／股）			股利合計	填息花費日數	股價年度	股價統計（元）			年均殖利率（%）
	現金股利						最高	最低	年均	現金	合計
	盈餘	公積	合計								
2022	0.48	0	0.48	0.48	--	2022	18.24	16.77	17.6	2.72	NA
└						└					
└	0.24	0	0.24	0.24	15	└	--	--	--	1.36	1.36
└	0.24	0	0.24	0.24	9	└	--	--	--	1.36	1.36
2021	0.96	0	0.96	0.96	--	2021	18.75	17.82	18.3	5.25	5.25
└	0.24	0	0.24	0.24	175	└	--	--	--	1.31	1.31
└	0.24	0	0.24	0.24	--	└	--	--	--	1.31	1.31
└	0.24	0	0.24	0.24	--	└	--	--	--	1.31	1.31
└	0.24	0	0.24	0.24	11	└	--	--	--	1.31	1.31
2020	1.02	0	1.02	1.02	--	2020	20.50	15.55	18.8	5.44	5.44
└	0.24	0	0.24	0.24	37	└	--	--	--	1.28	1.28
└	0.26	0	0.26	0.26	--	└	--	--	--	1.39	1.39
└	0.26	0	0.26	0.26	33	└	--	--	--	1.39	1.39
└	0.26	0	0.26	0.26	10	└	--	--	--	1.39	1.39
2019	1.06	0	1.06	1.06	--	2019	21.27	19.61	20.7	5.11	5.11
└	0.27	0	0.27	0.27	--	└	--	--	--	1.29	1.29
└	0.28	0	0.28	0.28	5	└	--	--	--	1.33	1.33
└	0.26	0	0.26	0.26	49	└	--	--	--	1.28	1.28
└	0.25	0	0.25	0.25	13	└	--	--	--	1.22	1.22
2018	0.96	0	0.96	0.96	--	2018	20.76	19.23	20.0	4.83	4.83
└	0.22	0	0.22	0.22	4	└	--	--	--	1.12	1.12
└	0.38	0	0.38	0.38	112	└	--	--	--	1.91	1.91
└	0.24	0	0.24	0.24	17	└	--	--	--	1.18	1.18
└	0.08	0	0.08	0.08	15	└	--	--	--	0.41	0.41
└	0.04	0	0.04	0.04	6	└	--	--	--	0.21	0.21
2017	0.10	0	0.10	0.10	176	2017	20.28	19.75	20.0	0.51	0.51

資料來源：Goodinfo!台灣股市資訊網（2022/9/30 股價 17.78 元）

表 6-19.「元大投資級公司債（00720B）」配息記錄

股利政策						殖利率統計（季配）					
股利所屬年度	股東股利（元／股）			股利合計	填息花費日數	股價年度	股價統計（元）			年均殖利率（%）	
	現金股利						最高	最低	年均	現金	合計
	盈餘	公積	合計								
2022	1.33	0	1.33	1.33	--	2022	44.01	34.40	37.3	3.57	NA
└						└					
└	0.49	0	0.49	0.49	5	└	--	--	--	1.31	1.31
└	0.43	0	0.43	0.43	73	└	--	--	--	1.15	1.15
└	0.41	0	0.41	0.41	--	└	--	--	--	1.10	1.10
2021	**1.65**	**0**	**1.65**	**1.65**	--	**2021**	**46.54**	**41.53**	**43.8**	**3.77**	**3.77**
└	0.41	0	0.41	0.41	8	└	--	--	--	0.94	0.94
└	0.41	0	0.41	0.41	3	└	--	--	--	0.94	0.94
└	0.42	0	0.42	0.42	42	└	--	--	--	0.96	0.96
└	0.41	0	0.41	0.41	--	└	--	--	--	0.94	0.94
2020	**1.80**	**0**	**1.80**	**1.80**	--	**2020**	**49.29**	**33.84**	**45.8**	**3.93**	**3.93**
└	0.43	0	0.43	0.43	13	└	--	--	--	0.94	0.94
└	0.43	0	0.43	0.43	4	└	--	--	--	0.94	0.94
└	0.48	0	0.48	0.48	32	└	--	--	--	1.05	1.05
└	0.46	0	0.46	0.46	16	└	--	--	--	1.00	1.00
2019	**1.49**	**0**	**1.49**	**1.49**	--	**2019**	**47.62**	**37.43**	**42.9**	**3.47**	**3.47**
└	0.48	0	0.48	0.48	8	└	--	--	--	1.12	1.12
└	0.45	0	0.45	0.45	10	└	--	--	--	1.05	1.05
└	0.30	0	0.30	0.30	5	└	--	--	--	0.70	0.70
└	0.26	0	0.26	0.26	2	└	--	--	--	0.61	0.61
2018	0.52	0	0.52	0.52	43	2018	39.82	36.66	38.1	1.36	1.36

資料來源：Goodinfo!台灣股市資訊網（2022/9/30 股價 33.30 元）

表 6-20.「元大 **AAA** 至 **A** 公司債（00751B）」配息記錄

股 利 政 策					殖 利 率 統 計（季配）					
股利所屬年度	股東股利（元／股）				填息花費日數	股價年度	股價統計（元）			年均殖利率（％）	
	現金股利			股利合計			最高	最低	年均	現金	合計
	盈餘	公積	合計								
2022	0.79	0	0.79	0.79	--	2022	44.21	34.98	38.2	2.07	NA
└		0				└	--	--	--		
└	0.42	0	0.42	0.42	6	└	--	--	--	1.10	1.10
└	0.37	0	0.37	0.37	1	└	--	--	--	0.97	0.97
2021	**1.42**	**0**	**1.42**	**1.42**	--	**2021**	**48.50**	**41.80**	**44.5**	**3.19**	**3.19**
└	0.35	0	0.35	0.35	--	└	--	--	--	0.79	0.79
└	0.35	0	0.35	0.35	3	└	--	--	--	0.79	0.79
└	0.36	0	0.36	0.36	2	└	--	--	--	0.81	0.81
└	0.36	0	0.36	0.36	6	└	--	--	--	0.81	0.81
2020	**1.46**	**0**	**1.46**	**1.46**	--	**2020**	**52.50**	**37.40**	**48.6**	**3.01**	**3.01**
└	0.36	0	0.36	0.36	6	└	--	--	--	0.73	0.73
└	0.38	0	0.38	0.38	6	└	--	--	--	0.77	0.77
└	0.36	0	0.36	0.36	2	└	--	--	--	0.75	0.75
└	0.36	0	0.36	0.36	1	└	--	--	--	0.75	0.75
2019	**1.37**	**0**	**1.37**	**1.37**	--	**2019**	**50.40**	**39.70**	**45.00**	**3.04**	**3.04**
└	0.38	0	0.38	0.38	11	└	--	--	--	0.84	0.84
└	0.40	0	0.40	0.40	2	└	--	--	--	0.89	0.89
└	0.59	0	0.59	0.59	8	└	--	--	--	1.31	1.31
2018	--	--	--	--	--	2018	40.51	38.25	39.2	--	--

資料來源：Goodinfo!台灣股市資訊網（2022/9/30 股價 33.88 元）

收租型 ETF：
30 檔成分股 DIY

01

「收租型 ETF」的邏輯觀 與 222 法則

　　被動收入（利息、股利）及副業收入，是增加收入的二大來源，上班族一旦累積儲存 6 個月的生活支出費（急救金）之後，就可開始進行投資，不管採用何種投資工具及方法，上班族的**投資四原則，是①風險最小化、②報酬最穩化、③費用最少化及④方法最簡化**；高報酬必然伴隨高風險，因此，①風險最小化是上班族投資之首要原則，其次是以②報酬最穩化為目標，每年有穩定的股利／利息收入，而非以「報酬最大化」為目標。

　　為了分散投資風險，ETF 至少有 30 檔的成分股，表 7-1 是資產規模大於 100 億元的前九大台股 ETF，排名第②、③、④、⑥及⑦名的 ETF，均有 30 檔成分股，排名第 8 之富邦公司治理（00692）的成分股高達 100 檔股票。除了成分股要多之外，成分股也不宜投資於相同產業，以免遇上週期性衰退時，相同產業的成分股也會同時下跌。

表 7-1 . 資產規模≧100 億元且受益人數≧10 萬人之九大 ETF

排名	ETF 名稱（代碼）	資產規模（億元）	受益人數（持有人數）	5 日均量（張）	成立日期	連續配息（合計元）	配息頻率	成分股	2022.9.30 股價
1	元大台灣 50（0050）	2,470.19	598,483	7,892.20	2003.06.25	18 年（43.4 元）	2 次／年	50 檔	103.45
②	元大高股息（0056）	1,364.71	738,875	15,788.00	2007.12.13	11 年（15.25 元）	1 次／年	30 檔	25.78
③	國泰永續高股息（00878）	1,029.99	667,729	40,786.80	2020.07.10	3 年（1.65 元）	4 次／年	30 檔	16.04
④	國泰台灣 5G＋（00881）	474.03	377,265	11,548.60	2020.12.01	2 年（1.13 元）	2 次／年	30 檔	12.74
5	富邦台 50（006208）	351.88	213,722	2,777.40	2012.06.22	11 年（16.5 元）	2 次／年	50 檔	59.35
⑥	富邦特選高股息（00900）	287.99	231,923	11,433.20	2021.12.14	≦1 年（1.2 元）	4 次／年	30 檔	9.97
⑦	中信關鍵半導體（00891）	181.59	156,645	9,358.60	2021.05.20	2 年（0.84 元）	4 次／年	30 檔	9.86
8	富邦公司治理（00692）	143.39	91,906	2,010.80	2017.05.04	6 年（7.04 元）	2 次／年	100 檔	25.86
9	元大台灣 ESG 永續（00850）	101.73	66,614	328.00	2019.08.15	2 年（1.95 元）	1 次／年	86 檔	27.92

注：元大高股息（0056）自 2022 年 12 月 16 日起，成分股增為 50 檔。
資料來源：各 ETF 之 2022 年 8 月報及 2022.9.19 玩股網資料

　　表 7-2 是九大 ETF 的前 10 大成分股，排名①、④、⑤、⑧及⑨的前 3 大成分股均為台積電、鴻海及聯發科三大權值股，合計權重約占台股市場的 32%，因此，此五檔 ETF 漲跌起伏的走勢會與台股指數大致相同，也就是說，當遇上熊市（下跌）期時，大家一起跌（圖 7-1），就失去了「資產配置、分散風險」的意義。所以，同時持有排名①、④、⑤、⑧、⑨的任二檔 ETF，並無太大差別，選擇股價最適合自己的任一檔即可。

表 7-2 . 九大台股 ETF 之前 10 大持股

排名	ETF 名稱（代碼）	前 10 大持股（占比%）
①	元大台灣 50（0050）	台積電（**46.98**）、鴻海（**4.99**）、聯發科（**3.90**）、台達電（2.14）、聯電（1.80）、中華電（1.77）、台塑（1.72）、中信金（1.60）、富邦金（1.51）、兆豐金（1.48）
2	元大高股息（**0056**）	陽明（5.13）、廣達（4.74）、長榮（4.51）、華碩（4.36）、仁寶（4.34）、聯詠（4.26）、光寶科（4.10）、微星（3.86）、聯發科（3.80）、和碩（3.63）
3	國泰永續高股息（**00878**）	可成（5.43）、台泥（5.12）、仁寶（4.85）、光寶科（4.52）、英業達（4.15）、廣達（4.05）、大聯大（4.00）、遠東新（3.75）、華碩（3.62）、兆豐金（3.45）
④	國泰台灣5G＋（00881）	台積電（**29.70**）、鴻海（**14.38**）、聯發科（**10.60**）、台達電（5.85）、聯電（5.04）、廣達（2.61）、台灣大（2.44）、大立光（2.28）、欣興（2.20）、矽力-KY（2.06）
⑤	富邦台 50（006208）	台積電（**47.16**）、鴻海（**5.06**）、聯發科（**3.86**）、台達電（2.21）、聯電（1.87）、中華電（1.79）、台塑（1.73）、中信金（1.66）、富邦金（1.57）、兆豐金（1.56）
6	富邦特選高股息（**00900**）	中鋼（4.93）、廣達（4.81）、富邦金（4.65）、瑞昱（4.62）、光寶科（4.47）、技嘉（4.44）、微星（4.40）、亞泥（4.37）、興富發（4.24）、新普（4.16）
7	中信關鍵半導體（00891）	聯發科（19.51）、台積電（19.43）、聯電（11.36）、日月光投控（6.70）、矽力-KY（4.31）、瑞昱（3.95）、聯詠（3.74）、環球晶（2.53）、力旺（2.39）、中美晶（2.13）
⑧	富邦公司治理（00692）	台積電（**38.47**）、鴻海（**4.71**）、聯發科（**3.24**）、中華電（2.95）、富邦金（2.20）、台塑（2.15）、國泰金（2.09）、南亞（2.05）、台達電（1.79）、中信金（1.53）
⑨	元大台灣 ESG 永續（00850）	台積電（**30.20**）、鴻海（**5.69**）、聯發科（**4.41**）、台達電（2.42）、聯電（2.08）、中華電（2.01）、台塑（1.95）、中信金（1.81）、富邦金（1.71）、兆豐金（1.67）

資料來源：各 ETF 之 2022 年 8 月報

圖 7-1. 前 3 大成分股相同之 ETF，近 1 年股價走勢圖

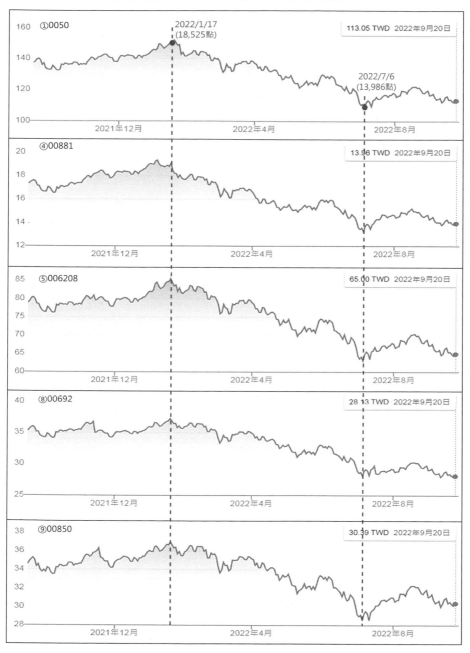

資料來源：Google 財經（2022.9.20 列印）

圖 7-2 是表 7-2 中之三檔以「高股息」為名的 ETF（②、③、⑥），因為成分股與選股邏輯均不同，雖然股價仍受大盤指數影響，但其股價漲跌起伏之走勢也有差異，特別是⑥00900 的股價走勢，自 2021 年 12 月上市以來，一路下跌。

圖 7-2. 前 3 大以高股息名之 ETF 的近 1 年股價走勢

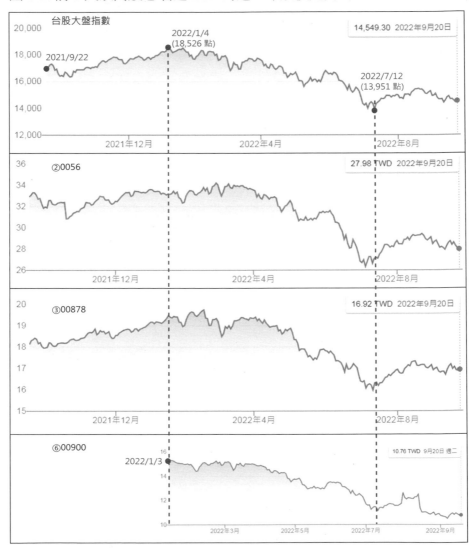

資料來源：Google 財經（2022.9.20 列印）

以高股息為名之 ETF 的成分股多不相同，也各有不同的選股標準，以表 7-1 中三檔高股息 ETF 為例：

②「元大高股息（0056）」，是以「預測未來 1 年的高現金殖利率股」為選股依據，成分股每年調整 2 次（6、12 月）。

③「國泰永續高股息（00878）」，是以「近 3 年平均年化殖利率股」為選股依據，成分股每年調整 4 次（3、6、9、12 月）。

⑥「富邦特選高股息（00900）」，是以「當年度之實際股利發放相關資訊」為選股依據，成分股每年調整 3 次（4、7、12 月）。

「富邦特選高股息（00900）」是一檔運氣不佳的高股息 ETF，於 2021 年 12 月底一上市，就遇上台股的（熊市）下跌期，股市指數從 2022 年 1 月的 18,526 點跌至 7 月的 13,951 點（圖 7-2），股價直直落，卻於 2022 年 8 月首次季配息時，配息 1.2 元（除息前 1 天收盤價 12.5 元，殖利率高達 9.6%），造成搶購熱潮，受益人數劇增，資產規模（287.99 億元）也搶進 ETF 排名第 6 名（表 7-1）。

此外，此檔 ETF 於 2021／12／6 才開始申購，但是，2021／12／22 上市時，就馬上換掉 24 檔（76.7%）成分股，並於 2022／7／18 再創下一次換掉 27 檔成分股（90%）的記錄，究竟「配息 1.2 元」，是因為更換成分股的策略成功，還是股息來自本金，姑且靜觀其後續發展。因為換股成本太高，一買一賣之間的證交稅及手續費，會吃掉 ETF 的部份淨值，所以，大多數的 ETF，每次約只換≦20%的成分股。

假設你想買任何一檔 ETF 來長期持有並等著領股利，例如只買一檔元大台灣 50（0050），雖然它含有 50 檔成分股可分散風險，但畢竟它只是一檔 ETF，而非 50 檔股票，當股市下跌時，元大台灣 50 也隨之下跌（圖 6-1），如果你不懂得波段操作賺價差，則可能長住套房。

ETF 是把 30 個以上的雞蛋（股票）放在同一個籃子裡，萬一籃子因地震（指數由 18,500 點跌至 13,500 點）而摔落到地上，覆巢之下無完卵，該檔 ETF 就照跌不誤（圖 7-1），若由自己 DIY，自組「收租型

ETF」成分股，就可能預防摔破一籃子雞蛋的風險（①風險最小化）。

　　本章精選出「14 檔官方 10 年安穩配息股」和「16 檔連續 10 年殖利率≧6%的收租股」，組成「收租型 ETF」（②報酬最穩化），上班族可以依自己的閒錢多寡，分 N 次買進「股價低於近 5 年均價平均值」（表 7-3）的個股，當持股滿 10 檔以上時（並非 30 檔全買），則自己 DIY 的「收租型 ETF」就水到渠成，不需支付基金／ETF 所需的經理費、管理費等，符合投資四原則的③費用最少化原則。

　　通常，殖利率≧6%即被視為高殖利率股，第 7 章隨後之 16 檔「連續 10 年殖利率≧6%」的股票，10 年來均符合高殖利率股條件，搭配本章 14 檔「官方 10 年安穩配息股」以分散風險。「收租型 ETF」的唯二買股條件（表 7-3）是「（3）首次買入價≦近 5 年均價平均值」和「（4）買跌不買漲，每跌 20%再加碼」，符合投資四原則④方法最簡化。

　　「收租型 ETF」以「14 檔官方 10 年安穩配息股」和「16 檔連續 10 年殖利率≧6%收租股」為選股範圍，此 30 檔成分股已過濾了大部份的風險疑慮，與市售的基金／ETF 比較，完全符合上班族的「投資四原則」，因此，其選股、買股、賣股的法則，簡化為表 7-3 的「收租型 ETF 222 法則」。

表 7-3.「收租型 ETF 222 法則」

法則	內 容 概 要
2 選	（1）14 檔官方 10 年安穩配息股。
	（2）16 檔連續 10 年殖利率≧6%。
2 買	（3）首次買入價≦近 5 年均價平均值。
	（4）買跌不買漲，每跌 20%再加碼。
2 賣	（5）停損點：連續 2 年殖利率≦2 年期定存利率時。
	（6）停利點：金融股漲≧50%，其他股倍漲時。

　　「2 選法則（1）」的殖利率較低，可供分散風險的資產配置用；「2 選法則（2）」的高殖利率股，可供每年穩定領息和兼等賺價差用；「2 買法則（3）」是降低高價買入而套牢的風險用，「近 5 年均價平均值」為首次買入價的上限，宜以「近 5 年均價最低值」為目標價；「2 買法則（4）」是攤平成本用；至於「2 賣法則（5）（6）」，則是停損點及停利點。股價漲跌 10%、20%是正常幅度，存股猶如馬拉松，下坡（價跌買）戒急，上坡（價漲賣）用忍，才能長期獲利安穩睡。

　　股市投資的理想是「低買高賣」，但是，沒有任何專家可準確預測股價，由一大群股市專家操作的政府勞動基金（含舊制勞退、新制勞退、勞工保險、就業保險、勞工職災保險及積欠墊償六大基金），2022 年已連續虧損 8 個月，1～9 月的投資績效為－9.87%（共虧損 5124.6 億元），所以，不必苛求「買在最低點」，「近 5 年均價最低值」的目標價，已是很難得的買入價，本章的 30 檔股票中，至 2022／9／30 達到此目標價的只有邁達特（表 7-17）及鎰勝（表 7-18），此兩檔股票是典型的收租定存股（低波動高股息）。

　　「收租型 ETF」的 30 檔成分股是供長期投資用，也是我們每年 2 次買賣股票必會重新檢討的股票；股素人與我（曾經）擁有其中的 19 檔股票，「曾經擁有」是指已倍漲賣出的股票，而「尚未買入」是因為我們以更嚴謹的「收租定存股 SOP」（詳見《拒當下流老人的退休理財計劃》第 7 章）來選股，尚未等到「便宜買價」。

　　我們僅在每年 1／1 及 7／1 前後 30 天，才會看股票資訊，以免按捺不住而追高殺低，或者漲個 10%、20%就賣出；當然，這也有缺點，就是有時候可能錯過「倍漲賣」或「低價買」的時機，不過，兩利相權取其優，1／1 及 7／1 前後 30 天是兩個買賣股票的時機點。

　　通常，在每年 11 月中旬之後，就可知道當年度前 3 季的 EPS 值，再加上上一年第 4 季的 EPS 值（表 7-8～7-23 註），以歷年的平均配息

率（表 7-4b 及表 7-8～），即可預估明年可領取的股利，故宜在每年 3 月底公告配息金額前，就進場買股。

至於每年 7 月開始，則進入除權息旺季，一般言之，高殖利率股一旦於每年 3 月底公告配息金額之後，到 7、8 月的除權息日之前，多會漲個 10%～20%，想賺取 20%左右價差的人，可在 7／1 前後 30 天，就可伺機賣股。不過，在賣出之前，宜先想一想能否可買到另一檔更合適的股票，否則就續抱等著領股利為宜，這就是「收租型 ETF 法則（6）停利點」的意涵。

收租型 ETF 的理念和投資不動產的收租公婆一樣，是以穩定的租金（股利）收入為目標；「收租型 ETF 222 法則」是供（≧5 年）長期投資、安穩領股息用，因為每年≧6%高殖利率的股票並不多；所以，不宜只為了 10%～20%的價差，就賣出股票，「倍漲賣出」才是我們的停利點（法則 2 賣（6））。「賺 20%價差就賣出」，像是打游擊戰，勝利之後需另闢戰場，然而，「沒有永遠不敗的戰役」，下一場可能是慘敗收場。

目前，我共持有 23 檔股票，8 年多來已達到「本金會增值、股利夠開銷」的目標，但是並沒有提早退休，反而在小孩上學之後，又繼續回到職場工作，樂於當個平凡的上班族，算是個微躺型的躺平族吧。

「股利夠開銷」並非賺很多，因為年開銷 100 萬元的人，每年需要 100 萬股利，而年開銷 50 萬元的人，只需要每年 50 萬股利；退休後的股素人，每月開銷不到 1 萬元，每月 2.2 萬元的勞保年金，已夠「健康活」，但是，人生難預料，他仍需有足夠的股利收入，來應付「不健康活」父母之兩位看護的開銷；因此，適當投資宜趁早，以備不時之需。

02

14 檔 10 年官方
安穩配息股

　　「台股殖利率」是談投資績效的比較基準值，表 7-4a 中之 7 檔官方金融股的近 10 年平均殖利率，均高於台股殖利率（3.81%），其他 7 檔官方企業股的平均殖利率（4.40%）較低，但仍優於台股殖利率。

表 7-4a. 官方安穩配息股：（7 家金融股+7 家企業股）殖利率（%）

項次	官股銀／官企業	2012	2013	2014	2015	2016	2017	2018	2019	2020	2021	平均	
1	兆豐金（2886）	5.02	4.63	5.69	6.05	6.23	6.20	6.54	5.82	5.25	5.11	5.65	
2	第一金（2892）	6.25	6.67	7.30	8.05	8.59	5.24	5.42	6.16	4.59	5.36	6.36	
3	合庫金（5880）	5.81	6.02	6.06	6.54	7.45	6.69	5.93	5.72	5.20	5.99	6.14	平均
4	華南金（2880）	6.10	5.85	6.97	7.35	7.50	5.62	6.16	5.49	2.76	5.00	5.88	5.76%
5	彰銀（2801）	5.00	4.68	4.92	5.49	5.61	4.94	4.77	3.94	2.38	3.55	4.53	
6	臺企銀（2834）	4.55	4.44	8.00	6.64	4.88	8.03	8.23	5.65	4.19	4.89	5.95	
7	中再保（2851）	3.97	8.89	7.59	4.35	3.50	6.54	4.86	4.97	6.57	6.77	5.80	
★	台股殖利率	4.12	3.26	3.55	4.60	4.35	3.95	4.77	3.82	2.99	2.66	3.81	基準值
8	中鋼（2002）	1.45	2.70	3.89	2.19	3.90	3.53	4.13	2.07	1.42	9.34	3.46	
9	台肥（1722）	3.69	2.80	3.77	4.37	4.88	5.20	5.24	4.70	4.55	4.67	4.39	
10	臺鹽（1737）	1.20	1.99	3.77	4.59	5.02	5.08	6.12	4.64	4.30	4.56	4.13	
11	關貿（6183）	5.10	4.18	3.96	4.58	4.67	5.28	5.00	4.96	4.05	4.14	4.59	平均
12	欣天然（9918）	4.11	3.67	3.26	3.72	3.65	3.76	3.50	3.99	4.60	4.23	3.85	4.40%
13	中華電（2412）	5.80	4.81	5.23	5.61	4.49	4.62	4.11	3.85	3.95	4.08	4.66	
14	台汽電（8926）	5.85	6.25	7.51	5.28	5.08	5.56	5.66	6.18	5.23	4.57	5.72	

註：殖利率之計算包含現金及配股。

官方金融股的資本額多在 1,000 億元以上（臺企銀為 775 億元），是穩健的資金避風港，與中華民國（在台灣）共存亡，既然敢錢存銀行，就宜考慮買殖利率為銀行定存利率 5 倍的官方金融股；長期持有官方金融股，至少在銀行定存利率未回升到 3%以上之前，有助於加速安穩累積資產。

官方企業股的是政府主導的公司，雖然其殖利率多低於官方金融股，但享有政府資源，有高配息率政策，例如，表 7-4b 中的中鋼，在2020 年 EPS 僅 0.05 元，2021 年卻配發 0.3 元現金股利，而台肥在2016 年 EPS 為－0.07 元時，2017 年仍配發 2.11 元現金股利；故官方企業股可供分散投資於不同產業的資金配置用。

表 7-4b. 官方安穩配息股：（7 家金融股+7 家企業股）配息率（%）

項次	官股銀／官企業	2012	2013	2014	2015	2016	2017	2018	2019	2020	2021	平均
1	兆豐金（2886）	60.6	56.6	57.6	63.8	86.1	79.4	82.1	79.8	85.9	87.3	73.9
2	第一金（2892）	87.5	95.2	88.8	90.3	96.6	78.7	78.6	87.1	76.3	78.9	85.8
3	合庫金（5880）	95.3	100	88.5	82.	90.5	89.7	84.7	86.5	84.7	86.1	88.8
4	華南金（2880）	96.3	90.1	87.9	88.0	89.6	87.2	85.8	85.5	79.0	86.2	87.6
5	彰銀（2801）	68.6	70.2	65.2	68.8	68.1	66.4	65.1	69.0	67.6	71.4	68.0
6	臺企銀（2834）	51.1	56.3	73.0	66.7	46.2	81.5	67.2	71.4	69.8	71.2	65.4
7	中再保（2851）	56.9	92.3	77.4	51.5	36.8	60.7	50.6	48.1	50.6	51.4	57.6
8	中鋼（2002）	130	85.7	70.0	102	81.7	80.7	63.3	87.7	600	77.1	137.8
9	台肥（1722）	62.6	77.2	70.3	84.7	NA	127	94.4	104	92.0	90.3	89.2
10	臺鹽（1737）	91.5	109	93.5	83.6	85.2	84.7	79.6	86.7	73.8	76.1	86.4
11	關貿（6183）	69.7	82.9	84.0	97.6	89.1	88.2	88.8	89.3	80.4	72.2	84.2
12	欣天然（9918）	68.5	99.2	107	87.0	92.0	85.1	90.6	91.8	87.0	88.5	89.7
13	中華電（2412）	102	88.4	97.5	99.4	95.8	95.7	97.8	99.9	99.9	100	97.6
14	台汽電（8926）	96.4	92.3	54.6	72.2	74.5	78.8	132	91.4	105	115	91.2

資料來源：Goodinfo!台灣股市資訊網。 註：配息率之計算包含現金及配股。

如表 7-4a 所示，14 檔官方安穩配息股，並不屬於高殖利率股票，但總殖利率平均仍有 5.08%（7 檔官方金融股 5.76%＋7 檔官方企業股4.4%），可供分散風險之資產配置用，有如低風險的政府債券之用

途。官方企業股是指官方投資占比 20%以上之已民營化的公司，目前的官方企業股有 20 幾檔，表 7-4b 的 7 檔是近 10 年平均配息率≧84.2%的官股，分別屬於不同的產業。

　　7 檔官方企業股之近 10 年殖利率平均值，除了中鋼（3.41%）略低於台股殖利率（3.81%）外，其他 6 檔的近 10 年殖利率平均值均高於台股殖利率；7 檔官方企業股，雖然殖利率較低，但其股價波動較大（表 7-6b），故較有機會等到（價差＋股利）獲利倍漲的機會；10 年獲利 1 倍相當於年化報酬率 7.2%（表 3-12）。此外，中鋼（2002）已歷經 10 年的不景氣循環期，自 2021 年起已回穩，因此，預估其殖利率也會回升。

　　表 7-5a 是官方金融股近 10 年之股利分配，表 7-5b 是官方企業股近 10 年的股利分配，均是年年有股利；表 7-6a 及表 7-6b 分別是 7 檔官方金融股與 7 檔官方企業股的近 10 年股價，除了中華電（2412）站上 100 元以上，其他的 13 檔均是一個銅板可買到的股票，表 7-6a 與表 7-6b 均列出近 5 年及近 10 年的**平均值**，可作為快速比較「買入價是否≦近 5 年均價平均值」用。「近 5 年的均價**最低值**」是買入的目標價。

表 7-5a . 官方金融股之股利分配（元/股）

股利所屬年度	兆豐金（2886）			第一金（2892）			合庫金（5880）			華南金（2880）			彰銀（2801）			臺企銀（2834）			中再保（2851）		
	現金	股票	合計	現金	股票	合計	現金	股票	合計	現金	股票	合計	現金	股票	合計	現金	股票	合計	現金	股票	合計
2021	1.40	0.25	1.65	1.00	0.20	1.20	1.00	0.30	1.30	0.78	0.34	1.12	0.50	0.10	0.60	0.10	0.37	0.47	1.80	0.00	1.80
2020	1.58	0.00	1.58	0.90	0.10	1.00	0.85	0.20	1.05	0.26	0.26	0.53	0.36	0.10	0.46	0.10	0.34	0.44	1.30	0.00	1.30
2019	1.70	0.00	1.70	1.05	0.30	1.35	0.85	0.30	1.15	0.56	0.56	1.12	0.40	0.40	0.80	0.20	0.50	0.70	0.90	0.00	0.90
2018	1.70	0.00	1.70	1.00	0.10	1.10	0.75	0.30	1.05	0.55	0.55	1.09	0.64	0.20	0.84	0.30	0.50	0.80	0.90	0.00	0.90
2017	1.50	0.00	1.50	0.90	0.10	1.00	0.75	0.30	1.05	0.50	0.45	0.95	0.45	0.40	0.85	0.27	0.40	0.67	1.00	0.50	1.50
2016	1.42	0.00	1.42	1.20	0.20	1.40	0.75	0.30	1.05	0.70	0.50	1.20	0.42	0.50	0.92	0.40		0.40	0.50	0.00	0.50
2015	1.50	0.00	1.50	0.95	0.45	1.40	0.30	0.70	1.00	0.63	0.62	1.25	0.35	0.60	0.95	0.10	0.50	0.60	0.70	0.00	0.70
2014	1.40	0.00	1.40	0.70	0.65	1.35	0.50	0.50	1.00	0.62	0.62	1.24	0.20	0.70	0.90		0.73	0.73	1.20	0.00	1.20
2013	1.11	0.00	1.11	0.50	0.70	1.20	0.50	0.50	1.00	0.70	0.30	1.00	0.60	0.20	0.80		0.40	0.40	1.20	0.00	1.20
2012	1.10	0.00	1.10	0.45	0.65	1.10	0.40	0.60	1.00	0.50	0.50	1.00	0.50	0.20	0.70		0.40	0.40	0.50	0.20	0.70
合計	14.41	0.25	14.7	8.65	3.45	12.1	6.65	4.00	10.7	5.80	4.70	10.5	4.02	3.90	7.92	1.17	4.44	5.61	10.0	0.70	10.7
平均	1.44	0.03	1.47	0.87	0.35	1.21	0.67	0.40	1.07	0.58	0.47	1.05	0.40	0.39	0.79	0.12	0.44	0.56	1.00	0.07	1.07

資料來源：Goodinfo!台灣股市資訊網。

表 7-5b . 官方企業股之股利分配（元/股）

股利所屬年度	中鋼（2002）			台肥（1722）			台鹽（1737）			關貿（6183）			欣天然（9918）			中華電（2412）			台汽電（8926）		
	現金	股票	合計	現金	股票	合計	現金	股票	合計	現金	股票	合計	現金	股票	合計	現金	股票	合計	現金	股票	合計
2021	3.10	0.0	3.10	2.8	0	2.8	1.50	0	1.50	2.05	0	2.05	1.7	0	1.7	4.61	0	4.61	1.75	0	1.75
2020	0.30	0	0.30	2.3	0	2.3	1.35	0	1.35	1.81	0	1.81	1.6	0	1.6	4.31	0	4.31	1.90	0	1.90
2019	0.50	0	0.50	2.2	0	2.2	1.50	0	1.50	1.75	0	1.75	1.35	0	1.35	4.23	0	4.23	1.70	0	1.70
2018	1.00	0	1.00	2.2	0	2.2	1.80	0	1.80	1.66	0	1.66	1.15	0	1.15	4.48	0	4.48	1.50	0	1.50
2017	0.88	0	0.88	2.1	0	2.1	1.50	0	1.50	1.5	0	1.5	1.2	0	1.2	4.8	0	4.8	1.30	0	1.30
2016	0.85	0	0.85	2.1	0	2.1	1.50	0	1.50	1.22	0	1.22	1.15	0	1.15	4.94	0	4.94	1.20	0	1.20
2015	0.50	0	0.50	2.1	0	2.1	1.12	0	1.12	1.2	0	1.2	1.2	0	1.2	5.49	0	5.49	1.30	0	1.30
2014	1.00	0	1.00	2.2	0	2.2	1.00	0	1.00	1.1	0	1.1	1.1	0	1.1	4.86	0	4.86	1.60	0	1.60
2013	0.70	0	0.70	2.2	0	2.2	0.50	0	0.50	1.07	0	1.07	1.2	0	1.2	4.53	0	4.53	1.20	0	1.20
2012	0.40	0.1	0.50	2.7	0	2.7	0.26	0	0.26	1.01	0	1.01	1.2	0	1.2	5.35	0	5.35	1.20	0	1.20
合計	9.23	0.3	9.53	21.8	0	21.8	12.03	0	12.03	14.37	0	14.37	12.85	0	12.88	47.60	0	47.60	14.65	0	14.65
平均	0.92	0.03	0.95	2.18	0	2.18	1.20	0	1.20	1.44	0	1.44	1.29	0	1.29	4.76	0	47.6	1.47	0	1.47
官方	經濟部 20.1%			農委會 24.1%			經濟部 38.9%			財政部 36.1%			退撫會 25.8%			交通部 35.3%			台電 27.7%		

資料來源：Goodinfo!台灣股市資訊網。官方持股占比來源：各官股網站資料（111.8）

表 7-6a. 官方金融股之歷年價格變化（股價為 2022/9/30 之收盤價）

股價年度	兆豐金（2886）			第一金（2892）			合庫金（5880）			華南金（2880）			彰銀（2801）			臺企銀（2834）			中再保（2851）		
	最高	最低	均價	最高	最低	均價	最高	最低	均價	最高	最低	均價	最高	最低	均價	最高	最低	均價	最高	最低	均價
2021	36.00	28.15	32.3	24.60	20.20	22.4	25.55	19.15	21.7	23.50	21.00	22.4	18.30	15.95	16.9	10.30	9.10	9.6	41.70	21.10	26.6
2020	33.80	26.20	30.1	24.80	17.20	21.8	21.95	15.85	20.2	22.50	16.05	19.2	23.60	16.80	19.3	12.80	8.56	10.5	22.90	15.35	19.8
2019	32.50	25.20	29.3	24.10	19.70	21.9	21.25	17.50	20.1	22.40	17.35	20.4	24.00	17.10	20.3	13.95	10.25	12.4	19.95	16.85	18.1
2018	27.80	23.70	26.0	21.40	19.70	20.3	19.00	16.15	17.7	18.80	16.55	17.7	19.20	16.35	17.6	11.35	8.30	9.7	21.90	16.30	18.5
2017	26.40	22.80	24.2	20.75	17.10	19.1	16.90	14.00	15.7	18.40	16.15	16.9	18.80	16.10	17.2	8.63	8.10	8.3	18.90	14.20	15.3
5年平均	31.30	25.21	28.4	23.13	18.68	21.1	20.93	16.53	19.1	21.12	17.42	19.3	20.78	16.46	18.3	11.41	8.86	10.1	25.07	16.76	19.7
2016	26.20	19.05	22.8	17.80	14.15	16.3	15.15	12.70	14.1	17.85	13.90	16.0	17.45	14.90	16.4	8.66	7.51	8.2	16.30	13.55	14.3
2015	28.50	20.90	24.8	19.85	14.85	17.4	16.80	12.55	15.3	19.45	14.40	17.0	19.30	13.50	17.3	10.35	7.55	9.0	18.00	13.65	16.1
2014	27.00	22.60	24.6	20.90	17.70	18.5	18.15	15.60	16.5	19.60	16.75	17.4	20.00	17.00	18.3	9.80	8.76	9.1	18.20	14.15	15.8
2013	25.90	22.00	24.0	19.40	16.80	18.0	17.60	15.50	16.6	17.90	15.95	17.1	18.70	15.50	17.1	9.73	8.43	9.0	14.40	12.75	13.5
2012	24.50	18.95	21.9	19.70	16.20	17.6	19.45	15.00	17.2	17.80	15.00	16.4	18.75	14.40	16.0	10.20	7.85	8.8	13.80	10.85	12.6
10年平均	28.86	22.96	26.00	21.33	17.31	19.33	19.18	15.42	17.51	19.82	16.31	18.09	19.81	15.76	17.64	10.58	8.44	9.47	20.61	14.88	17.06
股價	31.15 元			26.00 元			26.25 元			22.25 元			17.15 元			12.60 元			20.20 元		

資料來源：Goodinfo!台灣股市資訊網。
註：「近 5 年均價平均值」是首次買入價的上限，「近 5 年均價最低值」才是目標買價。

表 7-6b. 官方企業股之歷年價格變化（股價為 2022/9/30 之收盤價）

股價年度	中鋼（2002）			台肥（1722）			台鹽（1737）			關貿（6183）			欣天然（9918）			中華電（2412）			台汽電（8926）		
	最高	最低	均價	最高	最低	均價	最高	最低	均價	最高	最低	均價	最高	最低	均價	最高	最低	均價	最高	最低	均價
2021	46.75	22.95	33.2	73.2	49.95	60.0	35.85	30.70	32.9	52.30	46.20	49.5	55.40	35.75	40.2	118.5	108.0	113	40.85	35.95	38.3
2020	25.60	18.35	21.2	59.8	39.75	50.5	33.50	26.30	31.4	59.00	34.40	44.7	38.50	30.05	34.8	117.0	103.0	109	45.00	25.85	36.3
2019	25.50	22.80	24.2	51.7	42.70	46.8	35.90	29.60	32.3	38.00	32.40	35.3	35.05	31.80	33.8	114.0	106.0	110	31.00	24.95	27.5
2018	25.55	23.20	24.2	48.6	37.65	42.0	32.45	26.70	29.4	36.70	30.95	33.2	36.60	33.20	32.9	115.0	104.5	109	30.80	24.60	26.5
2017	26.40	23.65	24.9	43.9	37.45	40.4	32.15	27.25	29.5	32.00	25.70	28.4	33.50	30.80	31.9	111.0	99.5	104	27.50	22.15	23.4
5年平均	29.96	22.19	25.54	55.44	41.50	47.94	33.97	28.11	31.10	43.60	33.93	38.22	39.81	31.92	34.72	115.1	104.2	109	35.03	26.70	30.40
2016	25.90	17.05	21.8	48.9	39.80	43.0	36.40	26.05	29.9	27.80	24.40	26.1	34.20	29.95	31.5	125.5	97.9	110	25.50	21.95	23.6
2015	26.75	16.75	22.8	58.2	35.70	48.1	30.25	17.65	24.4	28.95	22.20	26.2	37.40	28.20	32.3	101.0	92.1	97.8	30.50	19.90	24.6
2014	27.00	24.60	25.7	67.8	49.30	58.3	30.95	23.00	26.5	32.30	25.05	27.8	38.90	31.25	33.7	96.9	89.8	93.0	27.10	17.35	21.3
2013	28.40	23.00	25.9	78.4	66.00	71.5	32.50	20.25	25.1	34.40	22.10	25.6	34.85	30.15	32.7	102.0	90.0	94.1	21.10	17.10	19.2
2012	30.90	24.00	27.6	84.7	63.40	73.2	26.00	19.05	21.7	25.50	16.95	19.8	32.60	26.55	29.2	101.0	87.5	92.2	25.70	18.05	20.5
10年平均	28.88	21.64	25.15	61.52	46.17	53.38	32.60	24.66	28.31	36.70	28.04	31.66	37.70	30.57	33.30	110.2	97.8	103.2	30.51	22.79	26.12
股價	26.70元			55.10元			32.00元			68.70元			42.55元			114.00元			34.35元		

資料來源：Goodinfo!台灣股市資訊網。

註：「近 5 年均價平均值」是首次買入價的上限，「近 5 年均價最低值」才是目標買價。

03

16 檔 10 年殖利率 ≧6%收租股

　　全台上市櫃的股票約 2,000 家，如果單以 2022 年的配息數據來看，其中殖利率≧6%的股票約有 480 檔。本單元找出 16 檔之連續 10 年殖利率≧6%的股票，這是相當不容易的記錄，這 16 檔股票均是資本額在 20 億元以下的小公司，每日交易量也不高，不會被市售的 ETF 納入成分股。

　　其中有一檔資本額僅 3.4 億元的云光（3633）是興櫃股票，成立於 1999 年 11 月，已在興櫃市場交易 14 年（2008 年 8 月興櫃），每年均獲利配息，但不知為何，仍未上櫃或上市，連續 10 年的殖利率均在 7.21%以上，且 10 年的平均殖利率高達 10.34%（表 7-15）；缺點是流動性低，每日成交量多為個位數，董監事持股高達 37.3%，想買也不容易（難買、難賣）。一般言之，興櫃股票的風險高於上櫃股票及上市股票，想在興櫃股票中挖寶投資，務必事先仔細評估。

> 　　興櫃股票：依「上市櫃首次公開發行（IPO）」規定，新股上市櫃掛牌之前，需在興櫃交易至少半年，期滿後，還得確認符合資格條件後，才能轉為上市櫃股票。簡言之，興櫃期就像是上市櫃股的「試用期」，興櫃股沒有公司規模、資本額、設定年限、漲跌幅等限制，也未必一定可轉為上市櫃股，而且，興櫃股的財報「透明度」也較差，例如每年僅公布 2 次財報等；所以，投資風險較高。
>
> 　　通常，興櫃股票多在 3 年之內上市櫃或退出，云光（3633）是興櫃 14 年之每年獲利的低調股票；高鐵(2633)也在興櫃 13 年之後，才於 2016 年 10 月轉為上市公司，不同的是，高鐵在興櫃時期，多在虧損中，從未配息。

　　理論上，資本額低之股票的風險較高，這 16 檔股票，雖比不上資本額上千億的官方金融股，或是有政府撐腰的官方企業股；然而，如表 7-7 所示，連續 10 年殖利率≧6%，且近 10 年平均殖利率多在 7%以上，甚至高達 10%，相當不容易，想買這 16 檔股票，就算是承擔風險的一部份吧。投資必有風險，過去的績效並不表示未來有相同的績效，投資應量力為之，自己承擔風險！

　　表 7-7 中的 16 檔連續 10 年高殖利率股票，另一共通點是配息率（＝配息 ÷ EPS）均≧75%，表示公司賺錢時，願與小股東分享；「配息率≧70%」是我們訂在「收租定存股 SOP」的條件之一，只是，在這 16 檔連續 10 年殖利率≧6%的股票，「配息率≧70%」已成為「自然因素」，故不必再列為選買條件。

表 7-7．16 檔收租股之近 10 年殖利率（%）總表（股價為 2022/9/30 之收盤價）

項次	收租股	2013	2014	2015	2016	2017	2018	2019	2020	2021	2022	平均	股價
1	新巨（2420）	7.14	6.33	8.22	6.45	8.26	7.95	7.86	6.00	6.46	7.08	7.18	38.90
2	互盛電（2433）	6.53	8.81	7.16	7.90	6.39	7.92	7.30	7.45	6.93	6.91	7.33	47.00
3	敦陽科（2480）	7.61	6.78	7.40	7.73	6.57	6.80	6.61	7.11	6.17	6.47	6.93	81.40
4	揚博（2493）	8.88	7.21	11.20	9.11	8.54	6.80	8.89	7.94	6.59	6.70	8.19	40.95
5	根基（2546）	6.55	6.05	9.39	6.40	8.16	8.84	8.78	7.04	7.47	6.87	7.56	48.85
⑥	順達（3211）	7.01	6.21	8.13	7.90	7.21	6.02	6.67	6.66	6.31	⑰17.20	7.93	72.60
7	安馳（3528）	8.09	6.31	7.34	8.28	7.45	7.26	6.71	6.38	6.09	7.48	7.14	49.95
8	云光（3633）	10.60	8.58	11.10	12.20	12.30	11.50	11.00	11.60	7.27	7.21	10.34	40.70
9	國眾（5410）	7.58	6.38	8.88	9.53	7.34	7.46	7.10	7.33	7.32	7.26	7.62	25.65
10	邁達特（6112）	9.74	8.51	6.63	7.47	6.80	7.77	7.32	7.74	6.08	6.80	7.49	31.70
11	鎰勝（6115）	7.30	7.89	9.17	8.79	8.80	6.93	7.11	7.08	6.48	6.60	7.62	41.15
12	豐藝（6189）	7.78	8.37	9.68	9.22	7.71	6.34	8.02	6.74	6.76	8.79	7.94	36.50
13	亞弘電（6201）	6.62	8.18	7.08	6.87	9.46	6.90	7.89	7.25	6.62	7.06	7.39	40.00
14	普萊德（6263）	7.27	6.13	7.35	8.22	7.13	7.19	6.76	7.13	6.11	6.27	6.96	74.30
15	迅德（6292）	9.12	9.95	9.75	7.18	9.57	7.64	7.28	9.96	6.70	8.00	8.52	37.65
16	永信建（5508）	15.20	14.30	17.10	9.01	6.25	8.52	8.58	5.13	6.39	11.90	10.24	64.30

注：項次 6 順達 2022 年殖利率 17.2%內含一次性獲利

　　「高配息率」應是這 16 家公司的股利政策，因此，即使某年 EPS 稍降，也會動用「保留盈餘」或「法定盈餘公積」來配息、配股，如表 7-10、表 7-17、表 7-18 及表 7-19 所示，這 4 檔股票均有動用「公積」來配息的記錄，而表 7-10、表 7-11、表 7-12、表 7-17、表 7-18、表 7-20 及表 7-22，亦有以「保留盈餘」來配息的紀錄（配息率 ≧100%），可見這些公司維持「高殖利率政策」的誠意。所以，除非公司經營者換人，否則，高配息率政策多不會改變。

　　電信三雄也是許多存股族的標的股，因為相互較勁之故，遠傳（4904）及台灣大（3045）均以殖利率高於中華電為目標，遠傳及台灣大，均分別連續 11 年及 5 年的配息率（股利 ÷ EPS）大於 100%，就是動用「保留盈餘、公積」來維持高殖利率的典型例子，這對小股東而言並非壞事，因為股利的法定來源有三：（1）去年度盈餘、

（2）保留盈餘和（3）資本公積；如表 7-24 所示，遠傳與台灣大近 5 年的配息率均大於 100%，才使得他們的殖利率均高於中華電。

本節是引用「Goodinfo!台灣股市資訊網」的公開數據，其中，年均殖利率是以（發放年度）股利 ÷（股價年度）年均計算，例如表 7-8 之新巨（2420），2022 年的年均殖利率為 7.08%（＝3 ÷ 42.4）；如果買入價為 36.96 元（近 5 年年均**平均值**），則買入殖利率為 8.12%（＝3 ÷ 36.96），如果能以 2020 年的年均價 33.3 元（近 5 年年均**最低價**）買入，則殖利率高達 9.0%（＝3 ÷ 33.3）。

所以，想要有高殖利率的被動股利收入，股票的首次買入價很重要，如果有長期持股、安穩領股利的決心，則「近 5 年年均**平均值**」是首次買入價的上限，「近 5 年年均**最低價**」才是目標買價，但是可遇不可求，例如，邁達特（表 7-17）及鎰勝（表 7-18），均已降至「近 5 年年均**最低價**」。

此外，表 7-7 的永信建（5508），近 10 年來僅在 2020 年的殖利率（5.13%）低於 6%，但是，近 10 年的平均殖利率高達 10.24%，故亦列入參考；像這種近 10 年來殖利率僅有 1 年的殖利率低於 6%，其他 9 年殖利率均高於 6% 的股票約有 20 多檔。所以，不必因某年殖利率突降，就立即賣股，「收租型 ETF 2 賣法則（5）」，是「連續 2 年殖利率≦2 年期定存利率時，才考慮停損」，而非僅 1 年殖利率偏低時就停損，就是給予 1 年的緩衝期。

我們的做法與以往的績效，並不表示跟著做，也會有相同的績效，投資除了選對工具與方法之外，必須遵守紀律與原則，才能降低投資的風險；同時，沒有「永遠的高殖利率股」，必須至少每年檢討一次，需如坊間的 ETF 股票一樣，每隔一段時間需適時汰換成分股。最後，再度叮嚀您：**投資必有風險，您買到的股票是人家不要的（你丟我撿的金錢遊戲）**，讀者須自負虧損之風險。

表 7-8. 新巨（2420）歷年股利政策（上市/2022/09 資本額 15.3 億元）

股利發放年度	股東股利（元／股）			股價年度	殖利率統計							股利所屬期間	配息率統計			
	現金股利		A股利合計		股價統計（元）B			年均殖利率（%）=A÷B					EPS（元）	配息率（%）=股利÷EPS		
	盈餘	合計			最高	最低	年均	現金	股票	合計				配息	配股	合計
2022	3.00	3.00	3.00	2022	45.25	39.55	42.4	7.08	0	7.08		2021	3.82	78.5	0	78.5
2021	2.55	2.55	2.55	2021	48.65	31.75	39.5	6.46	0	6.46		2020	2.90	87.9	0	87.9
2020	2.00	2.00	2.00	2020	36.90	25.80	33.3	6.00	0	6.00		2019	3.19	62.7	0	62.7
2019	2.80	2.80	2.80	2019	39.00	31.15	35.6	7.86	0	7.86		2018	3.26	85.9	0	85.9
2018	2.70	2.70	2.70	2018	37.30	28.65	34.0	7.95	0	7.95		2017	3.02	89.4	0	89.4
2017	3.00	3.00	3.00	2017	40.90	33.65	36.3	8.26	0	8.26		2016	3.71	80.9	0	80.9
2016	2.50	2.50	2.50	2016	49.00	31.80	38.7	6.45	0	6.45		2015	4.26	58.7	0	58.7
2015	3.50	3.50	3.50	2015	53.20	29.45	42.6	8.22	0	8.22		2014	3.84	91.1	0	91.1
2014	2.80	2.80	2.80	2014	60.60	29.65	44.2	6.33	0	6.33		2013	3.27	85.6	0	85.6
2013	2.00	2.00	2.00	2013	38.45	20.90	28.0	7.14	0	7.14		2012	2.20	91.0	0	91.0
累計	26.85	26.85	26.85	平均	44.93	30.24	37.5	7.18	0	7.18		平均	3.35	81.2	0	81.2

※電子零件業，成立於 1983 年 4 月，連續 30 年配息 61.78 元。2022.9.30 股價 38.9 元。
資料來源：Goodinfo!台灣股市資訊網。（近 5 年均價平均值 36.96 元）
註：近 4 季 EPS（元）：2021Q4：1.00，2022Q1：0.93，Q2：1.24，Q3：1.33，合計 4.50 元。

表 7-9. 互盛電（2433）歷年股利政策（上市/2022/09 資本額 14.4 億元）

股利發放年度	股東股利（元／股）			股價年度	殖利率統計							股利所屬期間	配息率統計			
	現金股利		A股利合計		股價統計（元）B			年均殖利率（%）=A÷B					EPS（元）	配息率（%）=股利÷EPS		
	盈餘	合計			最高	最低	年均	現金	股票	合計				配息	配股	合計
2022	3.5	3.5	3.5	2022	53.10	47.80	50.6	6.91	0	6.91		2021	3.80	92.1	0	92.1
2021	3.6	3.6	3.6	2021	55.00	49.50	51.9	6.93	0	6.93		2020	3.93	91.6	0	91.6
2020	3.8	3.8	3.8	2020	56.40	41.60	51.0	7.45	0	7.45		2019	4.24	89.6	0	89.6
2019	3.5	3.5	3.5	2019	57.30	41.60	47.9	7.30	0	7.30		2018	3.66	95.6	0	95.6
2018	3.5	3.5	3.5	2018	48.50	38.40	44.2	7.92	0	7.92		2017	3.85	90.9	0	90.9
2017	2.7	2.7	2.7	2017	44.75	39.65	42.2	6.39	0	6.39		2016	2.98	90.6	0	90.6
2016	3.3	3.3	3.3	2016	47.65	37.00	41.7	7.90	0	7.90		2015	3.67	89.9	0	89.9
2015	3.2	3.2	3.2	2015	47.20	40.05	44.7	7.16	0	7.16		2014	3.40	94.1	0	94.1
2014	4.0	4.0	4.0	2014	53.50	38.00	45.4	8.81	0	8.81		2013	5.55	72.1	0	72.1
2013	2.5	2.5	2.5	2013	53.70	28.25	38.3	6.53	0	6.53		2012	3.13	79.9	0	79.9
累計	33.6	33.6	33.6	平均	51.71	40.19	45.8	7.33	0	7.33		平均	3.82	88.6	0	88.6

※其他電子業，成立於 1984 年 8 月，連續 19 年配息 49.2 元。2022.9.30 股價 47.0 元。
資料來源：Goodinfo!台灣股市資訊網。（近 5 年均價平均值 49.12 元）
註：近 4 季 EPS（元）：2021Q4：0.71，2022Q1：0.63，Q2：0.64，Q3：1.89，合計 3.87 元。

表 7-10. 敦陽科（2480）歷年股利政策（上市/2022/09 資本額 10.6 億元）

股利發放年度	股東股利（元/股）				殖利率統計								配息率統計				
	現金股利			A股利合計	股價年度	股價統計（元）B			年均殖利率（%）=A÷B			股利所屬期間	EPS（元）	配息率（%）=股利÷EPS			
	盈餘	公積	合計			最高	最低	年均	現金	股票	合計			配息	配股	合計	
2022	5.62	0	5.62	5.62	2022	101.50	72.80	86.9	6.47	0	6.47	2021	6.00	93.7	0	93.7	
2021	4.30	0	4.30	4.30	2021	73.70	65.50	69.7	6.17	0	6.17	2020	4.68	91.9	0	91.9	
2020	4.45	0	4.45	4.45	2020	75.90	47.45	62.6	7.11	0	7.11	2019	4.20	106	0	106	
2019	3.00	0.42	3.42	3.42	2019	62.80	38.80	51.8	6.61	0	6.61	2018	3.80	90.0	0	90.0	
2018	2.62	0	2.62	2.62	2018	43.40	34.35	38.5	6.80	0	6.80	2017	2.56	102	0	102	
2017	1.94	0.16	2.10	2.10	2017	36.40	27.35	31.9	6.57	0	6.57	2016	2.25	93.3	0	93.3	
2016	1.80	0.20	2.00	2.00	2016	29.10	23.45	25.9	7.73	0	7.73	2015	2.02	99.0	0	99.0	
2015	2.00	0	2.00	2.00	2015	30.90	20.15	27.0	7.40	0	7.40	2014	2.01	99.5	0	99.5	
2014	2.00	0	2.00	2.00	2014	34.90	26.70	29.5	6.78	0	6.78	2013	2.01	99.5	0	99.5	
2013	2.00	0	2.00	2.00	2013	32.95	23.80	26.3	7.61	0	7.61	2012	1.94	103	0	103	
累計	29.73	0.78	30.51	30.51	平均	52.16	38.04	45.0	6.93	0	6.93	平均	3.15	97.8	0	97.8	

※資訊服務業，成立於 1993 年 3 月，**連續 25 年配息 72.96 元**。2022.9.30 股價 81.8 元。
資料來源：Goodinfo!台灣股市資訊網。（近 5 年均價平均值 **61.90 元**）
註：近 4 季 EPS（元）：2021Q4：2.09，2022Q1：1.71，Q2：1.61，Q3：1.71，合計 7.12 元。

表 7-11. 揚博（2493）歷年股利政策（上市/2022/09 資本額 11.4 億元）

股利發放年度	股東股利（元/股）		A股利合計	股價年度	殖利率統計			年均殖利率（%）=A÷B			股利所屬期間	EPS（元）	配息率（%）=股利÷EPS			
	現金股利				股價統計（元）B											
	盈餘	合計			最高	最低	年均	現金	股票	合計			配息	配股	合計	
2022	2.75	2.75	2.75	2022	45.50	37.55	41.0	6.70	0	6.70	2021	3.00	91.7	0	91.7	
2021	2.50	2.50	2.50	2021	42.70	33.25	37.9	6.59	0	6.59	2020	2.70	92.6	0	92.6	
2020	2.50	2.50	2.50	2020	37.55	21.30	31.5	7.94	0	7.94	2019	2.00	125	0	125	
2019	2.50	2.50	2.50	2019	32.40	24.20	28.1	8.89	0	8.89	2018	3.00	83.3	0	83.3	
2018	1.75	1.75	1.75	2018	27.85	23.50	25.8	6.80	0	6.80	2017	2.16	81.0	0	81.0	
2017	2.30	2.30	2.30	2017	30.60	24.45	26.9	8.54	0	8.54	2016	2.85	80.7	0	80.7	
2016	2.30	2.30	2.30	2016	27.45	19.50	25.3	9.11	0	9.11	2015	2.51	91.6	0	91.6	
2015	2.80	2.80	2.80	2015	32.90	15.00	24.9	11.20	0	11.20	2014	3.28	85.4	0	85.4	
2014	2.00	2.00	2.00	2014	32.30	23.55	27.8	7.21	0	7.21	2013	2.27	88.1	0	88.1	
2013	2.30	2.30	2.30	2013	29.20	22.50	25.9	8.88	0	8.88	2012	3.04	75.6	0	75.6	
累計	23.7	23.7	23.7	平均	33.85	24.48	29.5	8.19	0	8.19	平均	2.68	89.5	0	89.5	

※電子零件業，成立於 1980 年 11 月，**連續 12 年配息 28.1 元**。2022.9.30 股價 40.2 元。
資料來源：Goodinfo!台灣股市資訊網。（近 5 年均價平均值 **32.86 元**）
註：近 4 季 EPS（元）：2021Q4：0.98，2022Q1：1.30，Q2：1.20，Q3：1.36，合計 4.84 元。

表 7-12. 根基（2546）歷年股利政策（上市/2022/09 資本額 11.7 億元）

股利發放年度	股東股利（元／股）					殖利率統計							配息率統計				
	現金股利		股票股利		A股利合計	股價年度	股價統計（元）B			年均殖利率（%）=A÷B			股利所屬期間	EPS（元）	配息率（%）=股利÷EPS		
	盈餘	合計	盈餘	合計			最高	最低	年均	現金	股票	合計			配息	配股	合計
2022	2.60	2.60	1.0	1.0	3.60	2022	60.00	48.85	52.4	4.96	1.91	6.87	2021	6.98	37.2	14.3	51.6
2021	3.60	3.60	0	0	3.60	2021	54.00	44.20	48.2	7.47	0	7.47	2020	5.91	60.9	0	60.9
2020	3.00	3.00	0	0	3.00	2020	53.80	30.50	42.6	7.04	0	7.04	2019	3.79	79.2	0	79.2
2019	3.00	3.00	0	0	3.00	2019	39.50	27.30	34.2	8.78	0	8.78	2018	3.84	78.1	0	78.1
2018	2.16	2.16	0	0	2.16	2018	27.40	20.90	24.4	8.84	0	8.84	2017	2.79	77.4	0	77.4
2017	1.50	1.50	0	0	1.50	2017	20.95	15.85	18.4	8.16	0	8.16	2016	1.93	77.7	0	77.7
2016	1.00	1.00	0	0	1.00	2016	17.40	14.20	15.6	6.40	0	6.40	2015	1.27	78.7	0	78.7
2015	1.50	1.50	0	0	1.50	2015	18.70	12.20	16.0	9.39	0	9.39	2014	1.68	89.3	0	89.3
2014	1.00	1.00	0	0	1.00	2014	18.15	14.55	16.5	6.05	0	6.05	2013	1.68	59.5	0	59.5
2013	1.00	1.00	0	0	1.00	2013	18.80	12.60	15.3	6.55	0	6.55	2012	0.93	108	0	108
累計	20.36	20.36	1.0	1.0	21.36	平均	32.87	24.12	28.4	7.36	0.19	7.56	平均	3.08	74.6	1.43	76.0

※建材營造業，成立於 1982 年 4 月，**連續 16 年配息 29.12 元**。2022.9.30 股價 49.35 元。
資料來源：Goodinfo!台灣股市資訊網。（近 5 年均價平均值 **40.36 元**）
註：近 4 季 EPS（元）：2021Q4：1.90，2022Q1：1.37，Q2：1.39，Q3：2.30，合計 6.96 元。

表 7-13. 順達（3211）歷年股利政策（上櫃/2022/09 資本額 15 億元）

股利發放年度	股東股利（元／股）			殖利率統計							配息率統計				
	現金股利		A股利合計	股價年度	股價統計（元）B			年均殖利率（%）=A÷B			股利所屬期間	EPS（元）	配息率（%）=股利÷EPS		
	盈餘	合計			最高	最低	年均	現金	股票	合計			配息	配股	合計
2022	15.03	15.03	15.03	2022	122.5	65.10	87.4	17.20	0	17.20	2021	22.42	67.0	0	67.0
2021	6.50	6.50	6.50	2021	138.5	84.60	103.0	6.31	0	6.31	2020	7.02	92.6	0	92.6
2020	5.00	5.00	5.00	2020	88.7	56.60	75.1	6.66	0	6.66	2019	5.61	89.1	0	89.1
2019	3.50	3.50	3.50	2019	68.0	43.80	52.5	6.67	0	6.67	2018	4.35	80.5	0	80.5
2018	2.50	2.50	2.50	2018	49.8	36.85	41.5	6.02	0	6.02	2017	2.81	89.0	0	89.0
2017	3.00	3.00	3.00	2017	54.1	36.30	41.6	7.21	0	7.21	2016	3.21	93.5	0	93.5
2016	3.50	3.50	3.50	2016	52.6	35.05	44.3	7.90	0	7.90	2015	4.64	75.4	0	75.4
2015	5.00	5.00	5.00	2015	81.0	41.00	61.5	8.13	0	8.13	2014	6.09	82.1	0	82.1
2014	5.00	5.00	5.00	2014	92.5	71.00	80.5	6.21	0	6.21	2013	5.50	90.9	0	90.9
2013	6.50	6.50	6.50	2013	116.5	70.50	92.7	7.01	0	7.01	2012	10.24	63.5	0	63.5
累計	55.53	55.53	55.53	平均	86.4	54.08	68.0	7.93	0	7.93	平均	7.19	82.4	0	82.4

※電腦週邊設備業，成立於 1998 年 7 月，**連續 21 年配息 115.25 元**。2022.9.30 股價 70.6 元。
資料來源：Goodinfo!台灣股市資訊網。（近 5 年均價平均值 **71.90 元**）
註：近 4 季 EPS（元）：2021Q4：17.73，2022Q1：0.57，Q2：2.34，Q3：1.10，合計 21.74 元。

表 7-14. 安馳（3528）歷年股利政策（上市/2022/09 資本額 6.61 億元）

| 股利發放年度 | 股東股利（元／股） | | | | | 殖利率統計 | | | | | | | | 配息率統計 | | | |
| | 現金股利 | | 股票股利 | | A股利合計 | 股價年度 | 股價統計（元）B | | | 年均殖利率（%）=A÷B | | | 股利所屬期間 | EPS（元） | 配息率（%）=股利÷EPS | | |
	盈餘	合計	盈餘	合計			最高	最低	年均	現金	股票	合計			配息	配股	合計
2022	3.8	3.8	0	0	3.8	2022	53.80	46.30	50.8	7.48	0	7.48	2021	4.57	83.2	0	83.2
2021	2.9	2.9	0	0	2.9	2021	59.40	40.40	47.7	6.09	0	6.09	2020	3.18	91.2	0	91.2
2020	2.5	2.5	0	0	2.5	2020	45.80	31.70	39.2	6.38	0	6.38	2019	2.77	90.3	0	90.3
2019	2.5	2.5	0	0	2.5	2019	40.50	31.50	37.2	6.71	0	6.71	2018	2.71	92.3	0	92.3
2018	2.3	2.3	0.2	0.2	2.5	2018	37.55	30.80	34.4	6.68	0.58	7.26	2017	2.57	89.5	7.78	97.3
2017	2.4	2.4	0.1	0.1	2.5	2017	38.90	28.75	33.5	7.15	0.30	7.45	2016	2.64	90.9	3.79	94.7
2016	2.3	2.3	0.2	0.2	2.5	2016	34.55	26.05	30.2	7.61	0.66	8.28	2015	3.41	67.4	5.87	73.3
2015	2.2	2.2	0.3	0.3	2.5	2015	46.30	23.75	34.1	6.46	0.88	7.34	2014	3.19	69.0	9.40	78.4
2014	2.0	2.0	0.3	0.3	2.3	2014	42.90	30.30	36.4	5.49	0.82	6.31	2013	2.79	71.7	10.80	82.4
2013	1.8	1.8	0.5	0.5	2.3	2013	31.50	26.00	28.4	6.33	1.76	8.09	2012	2.84	63.3	17.60	80.9
累計	24.7	24.7	1.6	1.6	26.3	平均	43.12	31.56	37.2	6.64	0.50	7.14	平均	3.07	80.9	5.52	86.4

※電子通路業，成立於 2000 年 12 月，連續 **16 年配息 41.06 元**。2022.9.30 股價 50.0 元。
資料來源：Goodinfo!台灣股市資訊網。（近 5 年均價平均值 **41.86 元**）
註：近 4 季 EPS（元）：2021Q4：1.17，2022Q1：1.26，Q2：1.76，Q3：0.79，合計 4.98 元。

表 7-15. 云光（3633）歷年股利政策（興櫃/2022/09 資本額 3.4 億元）

| 股利發放年度 | 股東股利（元／股） | | | 股價年度 | 殖利率統計 | | | | | | | 股利所屬期間 | EPS（元） | 配息率統計 | | |
| | 現金股利 | | A股利合計 | | 股價統計（元）B | | | 年均殖利率（%）=A÷B | | | | | | 配息率（%）=股利÷EPS | | |
	盈餘	合計			最高	最低	年均	現金	股票	合計				配息	配股	合計
2022	3.0	3.0	3.0	2022	47.00	37.30	41.6	7.21	0	7.21	2021	3.18	94.3	0	94.3
2021	3.0	3.0	3.0	2021	49.20	37.05	41.3	7.27	0	7.27	2020	3.49	86.0	0	86.0
2020	4.5	4.5	4.5	2020	44.45	31.88	38.7	11.60	0	11.60	2019	5.24	85.9	0	85.9
2019	4.5	4.5	4.5	2019	44.65	38.86	40.8	11.00	0	11.00	2018	5.85	76.9	0	76.9
2018	5.0	5.0	5.0	2018	51.57	38.10	43.4	11.50	0	11.50	2017	6.76	74.0	0	74.0
2017	4.5	4.5	4.5	2017	40.00	29.55	36.5	12.30	0	12.30	2016	6.41	70.2	0	70.2
2016	4.0	4.0	4.0	2016	40.00	28.51	32.8	12.20	0	12.20	2015	5.77	69.3	0	69.3
2015	4.5	4.5	4.5	2015	50.30	29.62	40.4	11.10	0	11.10	2014	6.83	65.9	0	65.9
2014	3.5	3.5	3.5	2014	168.63	34.85	40.8	8.58	0	8.58	2013	5.57	62.8	0	62.8
2013	3.0	3.0	3.0	2013	41.04	17.73	28.2	10.60	0	10.60	2012	4.26	70.5	0	70.5
累計	39.5	39.5	39.5	平均	57.68	32.35	38.5	10.34	0	10.34	平均	5.34	75.6	0	75.6

※光電業，成立於 1997 年 11 月，連續 **12 年配息 43.5 元**。2022.9.30 股價 40.6 元。
資料來源：Goodinfo!台灣股市資訊網。（近 5 年均價平均值 **41.16 元**）
註：近 4 季 EPS（元）：2021Q4：1.93，2022Q2 EPS：2.96 元，合計 4.89 元。

表 7-16. 國眾（5410）歷年股利政策（上櫃/2022/09 資本額 8.81 億元）

股利發放年度	股東股利（元／股）					殖利率統計							配息率統計				
	現金股利		股票股利		A股利合計	股價年度	股價統計（元）B			年均殖利率（%）=A÷B			股利所屬期間	EPS（元）	配息率（%）=股利÷EPS		
	盈餘	合計	盈餘	合計			最高	最低	年均	現金	股票	合計			配息	配股	合計
2022	1.85	1.85	0	0	1.85	2022	27.20	23.75	25.4	7.26	0	7.26	2021	2.14	86.2	0	86.2
2021	1.69	1.69	0	0	1.69	2021	28.40	20.30	23.1	7.32	0	7.32	2020	2.01	84.2	0	84.2
2020	1.50	1.50	0	0	1.50	2020	24.20	15.05	20.5	7.33	0	7.33	2019	1.94	77.3	0	77.3
2019	1.30	1.30	0	0	1.30	2019	20.65	15.15	18.3	7.10	0	7.10	2018	1.58	82.3	0	82.3
2018	1.23	1.23	0	0	1.23	2018	22.85	13.25	16.5	7.46	0	7.46	2017	1.40	87.9	0	87.9
2017	1.00	1.00	0	0	1.00	2017	14.80	12.95	13.6	7.34	0	7.34	2016	1.32	75.8	0	75.8
2016	1.22	1.22	0	0	1.22	2016	14.85	10.50	12.8	9.53	0	9.53	2015	1.39	87.8	0	87.8
2015	1.08	1.08	0	0	1.08	2015	13.80	9.18	12.2	8.88	0	8.88	2014	1.18	91.5	0	91.5
2014	0.83	0.83	0	0	0.83	2014	14.95	11.80	13.0	6.38	0	6.38	2013	0.97	85.6	0	85.6
2013	0.65	0.65	0.35	0.35	1.00	2013	16.90	11.05	13.2	4.93	2.65	7.58	2012	1.11	58.6	31.6	90.2
累計	12.35	12.35	0.35	0.35	12.7	平均	19.86	14.30	16.9	7.35	0.27	7.62	平均	1.50	81.7	3.16	84.9

※資訊服務業，成立於 1985 年 9 月，連續 13 年配息 14.81 元。2022.9.30 股價 24.9 元。
資料來源：Goodinfo!台灣股市資訊網。（近 5 年均價平均值 20.76 元）
註：近 4 季 EPS（元）：2021Q4：0.47，2022Q1：0.45，Q2：0.45，Q3：1.39，合計 2.76 元。

表 7-17. 邁達特（6112）歷年股利政策（原名聚碩）（上市 2022／09 資本額 18.8 億元）

股利發放年度	股東股利（元／股）						A股利合計	股價年度	股價統計（元）B			年均殖利率（%）=A÷B			股利所屬期間	EPS（元）	配息率（%）=股利÷EPS		
	現金股利			股票股利					最高	最低	年均	現金	股票	合計			配息	配股	合計
	盈餘	公積	合計	盈餘	公積	合計													
2022	2.5	0	2.5	0	0	0	2.5	2022	40.00	32.40	36.8	6.80	0	6.80	2021	3.07	81.4	0	81.4
2021	2.5	0	2.5	0	0	0	2.5	2021	46.00	37.10	41.1	6.08	0	6.08	2020	2.91	85.9	0	85.9
2020	2.0	1.0	3.0	0	0	0	3.0	2020	47.20	28.85	38.7	7.74	0	7.74	2019	2.58	116	0	116
2019	1.5	0	1.5	0.5	0.5	1.0	2.5	2019	37.40	29.30	34.1	4.39	2.93	7.32	2018	2.86	52.4	35.0	87.4
2018	1.5	0	1.5	0.5	0.5	1.0	2.5	2018	37.50	27.55	32.2	4.66	3.11	7.77	2017	2.80	53.6	35.7	89.3
2017	1.5	0	1.5	0.5	0	0.5	2.0	2017	31.85	26.65	29.4	5.10	1.70	6.80	2016	2.48	60.5	20.2	80.6
2016	1.5	0	1.5	0.5	0	0.5	2.0	2016	29.80	24.50	26.8	5.61	1.87	7.47	2015	2.45	61.2	20.4	81.6
2015	2.0	0	2.0	0	0	0	2.0	2015	37.80	22.60	30.2	6.63	0	6.63	2014	2.50	80.0	0	80.0
2014	2.0	0	2.0	0.5	0.5	1.0	3.0	2014	40.60	30.90	35.3	5.67	2.84	8.51	2013	2.52	79.4	39.7	119
2013	2.0	0.5	2.5	0	0.5	0.5	3.0	2013	34.50	27.50	30.8	8.11	1.62	9.74	2012	2.57	97.2	19.4	117
累計	19.0	1.5	20.5	2.5	2.0	4.5	25.0	平均	38.27	28.74	33.5	6.08	1.41	7.49	平均	2.67	76.8	17.0	93.8

※資訊服務業，成立於 1998 年 4 月，連續 24 年配息 49.39 元。2022.9.30 股價 31.9 元。
資料來源：Goodinfo!台灣股市資訊網。（近 5 年均價平均值 36.58 元）
註：近 4 季 EPS（元）：2021Q4：0.70，2022Q1：0.45，Q2：0.52，Q3：0.73，合計 2.40 元。

表 7-18. 鎰勝（6115）歷年股利政策（上市/2022/09 資本額 18.8 億元）

股利發放年度	股東股利（元／股）				股價年度	殖利率統計							配息率統計			
	現金股利			A 股利合計		股價統計（元）B			年均殖利率（%）=A÷B			股利所屬期間	EPS（元）	配息率（%）=股利÷EPS		
	盈餘	公積	合計			最高	最低	年均	現金	股票	合計			配息	配股	合計
2022	2.80	0.00	2.80	2.80	2022	43.80	40.35	42.4	6.60	0	6.60	2021	2.70	104	0	104
2021	2.32	0.48	2.80	2.80	2021	46.40	41.05	43.2	6.48	0	6.48	2020	2.58	109	0	109
2020	2.77	0.23	3.00	3.00	2020	45.75	36.00	42.4	7.08	0	7.08	2019	3.06	98.0	0	98.0
2019	2.50	0.50	3.00	3.00	2019	43.95	39.65	42.2	7.11	0	7.11	2018	2.81	107	0	107
2018	2.20	0.80	3.00	3.00	2018	47.95	39.40	43.3	6.93	0	6.93	2017	2.44	123	0	123
2017	4.00	0.00	4.00	4.00	2017	52.30	43.00	45.5	8.80	0	8.80	2016	4.08	98.0	0	98.0
2016	3.09	0.40	3.49	3.49	2016	47.50	32.50	39.7	8.79	0	8.79	2015	3.39	103	0	103
2015	3.09	0.40	3.49	3.49	2015	46.50	26.00	38.1	9.17	0	9.17	2014	3.50	99.7	0	99.7
2014	3.44	0.00	3.44	3.44	2014	48.50	40.60	43.7	7.89	0	7.89	2013	3.84	89.7	0	89.7
2013	3.14	0.00	3.14	3.14	2013	46.30	40.00	43.0	7.30	0	7.30	2012	3.91	80.2	0	80.2
累計	29.35	2.81	32.16	32.16	平均	46.90	37.86	42.4	7.62	0	7.62	平均	3.23	101.2	0	101.2

※電子零件業，成立於 1986 年 11 月，連續 **24** 年配息 **76.84** 元。2022.9.30 股價 41.1 元。
資料來源：Goodinfo!台灣股市資訊網。（近 5 年均價平均值 **42.70 元**）
註：近 4 季 EPS（元）：2021Q4：0.74，2022Q1：0.77，Q2：2.34，Q3：1.12，合計 4.30 元。

表 7-19. 豐藝（6189）歷年股利政策（上市/2022/09 資本額 20 億元）

股利發放年度	股東股利（元／股）				股價年度	殖利率統計							配息率統計			
	現金股利			A 股利合計		股價統計（元）B			年均殖利率（%）=A÷B			股利所屬期間	EPS（元）	配息率（%）=股利÷EPS		
	盈餘	公積	合計			最高	最低	年均	現金	股票	合計			配息	配股	合計
2022	3.68	0.00	3.68	3.68	2022	46.10	37.10	41.8	8.79	0	8.79	2021	4.31	85.3	0	85.3
2021	2.67	0.00	2.67	2.67	2021	43.70	34.25	39.5	6.76	0	6.76	2020	2.99	89.3	0	89.3
2020	2.28	0.00	2.28	2.28	2020	38.30	25.80	33.8	6.74	0	6.74	2019	2.62	87.0	0	87.0
2019	2.63	0.00	2.63	2.63	2019	36.40	28.25	32.8	8.02	0	8.02	2018	2.92	90.1	0	90.1
2018	1.74	0.06	1.80	1.80	2018	30.00	26.85	28.4	6.34	0	6.34	2017	1.96	91.8	0	91.8
2017	2.23	0.07	2.30	2.30	2017	33.50	27.55	29.8	7.71	0	7.71	2016	2.50	92.0	0	92.0
2016	2.91	0.09	3.00	3.00	2016	36.05	29.05	32.5	9.22	0	9.22	2015	3.22	93.2	0	93.2
2015	3.11	0.09	3.20	3.20	2015	39.60	23.45	33.0	9.68	0	9.68	2014	3.48	92.0	0	92.0
2014	2.90	0.10	3.00	3.00	2014	41.00	32.00	35.9	8.37	0	8.37	2013	3.23	92.9	0	92.9
2013	2.20	0.00	2.20	2.20	2013	33.10	24.00	28.3	7.78	0	7.78	2012	2.58	85.3	0	85.3
累計	26.35	0.41	26.76	26.76	平均	37.78	28.83	33.6	7.94	0	7.94	平均	2.98	89.9	0	89.9

※電子通路業，成立於 1986 年 5 月，連續 **23** 年配息 **64.11** 元。2022.9.30 股價 36.0 元。
資料來源：Goodinfo!台灣股市資訊網。（近 5 年均價平均值 **35.26 元**）
註：近 4 季 EPS（元）：2021Q4：0.78，2022Q1：1.56，Q2：1.26，Q3：0.97，合計 4.57 元。

表 7-20. 亞弘電（6201）歷年股利政策（上市/2022/09 資本額 8.92 億元）

股利發放年度	股東股利（元／股）			股價年度	殖利率統計						股利所屬期間	配息率統計			
	現金股利		A股利合計		股價統計（元）B			年均殖利率（%）=A÷B				EPS（元）	配息率（%）=股利÷EPS		
	盈餘	合計			最高	最低	年均	現金	股票	合計			配息	配股	合計
2022	3.0	3.0	3.0	2022	45.20	38.90	42.5	7.06	0	7.06	2021	3.38	88.8	0	88.8
2021	3.0	3.0	3.0	2021	57.00	37.90	45.3	6.62	0	6.62	2020	3.35	89.6	0	89.6
2020	2.5	2.5	2.5	2020	39.40	28.70	34.5	7.25	0	7.25	2019	2.69	92.9	0	92.9
2019	2.7	2.7	2.7	2019	37.20	29.00	34.2	7.89	0	7.89	2018	2.95	91.5	0	91.5
2018	2.1	2.1	2.1	2018	32.35	28.70	30.4	6.90	0	6.90	2017	2.3	91.3	0	91.3
2017	3.0	3.0	3.0	2017	36.20	28.80	31.7	9.46	0	9.46	2016	3.39	88.5	0	88.5
2016	2.0	2.0	2.0	2016	37.60	24.60	29.1	6.87	0	6.87	2015	2.24	89.3	0	89.3
2015	1.8	1.8	1.8	2015	27.30	22.50	25.4	7.08	0	7.08	2014	1.74	103	0	103
2014	2.0	2.0	2.0	2014	27.35	23.45	24.5	8.18	0	8.18	2013	1.15	174	0	174
2013	1.8	1.8	1.8	2013	30.60	22.60	27.2	6.62	0	6.62	2012	1.98	90.8	0	90.8
累計	23.9	23.9	23.9	平均	37.02	28.52	32.5	7.39	0	7.39	平均	2.52	100	0	100

※其他電子業，成立於 1981 年 11 月，連續 23 年配息 54.96 元。2022.9.30 股價 39.4 元。
資料來源：Goodinfo!台灣股市資訊網。（近 5 年均價平均值 37.38 元）
註：近 4 季 EPS（元）：2021Q4：0.64，2022Q1：0.90，Q2：0.78，Q3：1.10，合計 3.42 元。

表 7-21. 普萊德（6263）歷年股利政策（上櫃/2022/09 資本額 6.25 億元）

股利發放年度	股東股利（元／股）					股價年度	殖利率統計						股利所屬期間	配息率統計			
	現金股利		股票股利		A股利合計		股價統計（元）B			年均殖利率（%）=A÷B				EPS（元）	配息率（%）=股利÷EPS		
	盈餘	合計	盈餘	合計			最高	最低	年均	現金	股票	合計			配息	配股	合計
2022	4.7	4.7	0	0	4.7	2022	81.5	68.40	74.9	6.27	0	6.27	2021	5.14	91.4	0	91.4
2021	4.0	4.0	0	0	4.0	2021	69.7	60.90	65.4	6.11	0	6.11	2020	4.33	92.4	0	92.4
2020	4.5	4.5	0	0	4.5	2020	70.9	51.00	63.1	7.13	0	7.13	2019	5.01	89.8	0	89.8
2019	4.3	4.3	0	0	4.3	2019	67.6	56.50	63.6	6.76	0	6.76	2018	4.82	89.2	0	89.2
2018	4.3	4.3	0	0	4.3	2018	71.0	52.50	59.8	7.19	0	7.19	2017	4.90	87.8	0	87.8
2017	3.9	3.9	0	0	3.9	2017	64.0	46.15	54.7	7.13	0	7.13	2016	4.38	89.0	0	89.0
2016	3.8	3.8	0	0	3.8	2016	52.5	38.00	46.2	8.22	0	8.22	2015	4.26	89.2	0	89.2
2015	3.3	3.3	0.2	0.2	3.5	2015	66.1	35.95	47.6	6.93	0.42	7.35	2014	4.00	82.5	5	87.5
2014	2.6	2.6	0.2	0.2	2.8	2014	56.6	37.90	45.7	5.70	0.44	6.13	2013	3.20	81.2	6.25	87.5
2013	2.1	2.1	0.2	0.2	2.3	2013	40.0	25.60	31.6	6.64	0.63	7.27	2012	2.62	80.1	7.63	87.7
累計	37.5	37.5	0.6	0.6	38.1	平均	63.99	47.29	55.3	6.81	0.15	6.96	平均	4.27	87.3	1.89	89.2

※通信網路業，成立於 1993 年 1 月，連續 22 年配息 78.2 元。2022.9.30 股價 73.6 元。
資料來源：Goodinfo!台灣股市資訊網。（近 5 年均價平均值 65.36 元）
註：近 4 季 EPS（元）：2021Q4：1.52，2022Q1：1.25，Q2：1.76，Q3：1.77，合計 6.30 元。

表 7-22. 迅德（6292）歷年股利政策（上櫃/2022/09 資本額 4.69 億元）

股利發放年度	股東股利（元／股）			殖利率統計								配息率統計				
	現金股利		A股利合計	股價年度	股價統計（元）B			年均殖利率（%）=A÷B			股利所屬期間	EPS（元）	配息率（%）=股利÷EPS			
	盈餘	合計			最高	最低	年均	現金	股票	合計			配息	配股	合計	
2022	3.60	3.60	3.60	2022	50.40	36.65	45.0	8.00	0	8.00	2021	5.01	71.9	0	71.9	
2021	2.70	2.70	2.70	2021	49.00	35.40	40.3	6.70	0	6.70	2020	3.10	87.1	0	87.1	
2020	3.52	3.52	3.52	2020	46.00	30.65	35.4	9.96	0	9.96	2019	4.28	82.3	0	82.3	
2019	2.30	2.30	2.30	2019	35.95	29.05	31.6	7.28	0	7.28	2018	1.92	120	0	120	
2018	2.30	2.30	2.30	2018	33.00	26.80	30.1	7.64	0	7.64	2017	2.58	89.1	0	89.1	
2017	3.20	3.20	3.20	2017	38.45	28.85	33.4	9.57	0	9.57	2016	3.35	95.5	0	95.5	
2016	2.00	2.00	2.00	2016	30.60	25.10	27.8	7.18	0	7.18	2015	2.06	97.1	0	97.1	
2015	3.00	3.00	3.00	2015	37.45	24.10	30.8	9.75	0	9.75	2014	3.31	90.6	0	90.6	
2014	3.20	3.20	3.20	2014	39.45	27.30	32.2	9.95	0	9.95	2013	2.72	118	0	118	
2013	2.50	2.50	2.50	2013	35.30	22.25	27.4	9.12	0	9.12	2012	2.83	88.5	0	88.5	
累計	28.32	28.32	28.32	平均	39.56	28.62	33.4	8.52	0	8.52	平均	3.12	94.0	0	94.0	

※電子零件業，成立於 1986 年 5 月，**連續 21 年配息 44.82 元**。2022.9.30 股價 36.55 元。
資料來源：Goodinfo!台灣股市資訊網。（近 5 年均價平均值 **36.48 元**）
註：近 4 季 EPS（元）：2021Q4：1.04，2022Q1：1.72，Q2：-1.07，Q3：1.69，合計 3.38 元。

表 7-23. 永信建（5508）歷年股利政策（上櫃/2022/09 資本額 21.7 億元）

股利發放年度	股東股利（元／股）					殖利率統計							配息率統計				
	現金股利		股票股利		A股利合計	股價年度	股價統計（元）B			年均殖利率（%）=A÷B			股利所屬期間	EPS（元）	配息率（%）=股利÷EPS		
	盈餘	合計	盈餘	合計			最高	最低	年均	現金	股票	合計			配息	配股	合計
2022	8.01	8.01	0	0	8.01	2022	78.60	50.70	67.1	11.90	0	11.90	2021	8.90	90.0	0	90.0
2021	3.34	3.34	0	0	3.34	2021	68.60	39.00	52.3	6.39	0	6.39	2020	3.71	90.0	0	90.0
2020	1.80	1.80	0	0	1.80	2020	45.45	25.40	35.1	5.13	0	5.13	2019	2.00	90.0	0	90.0
2019	2.86	2.86	0	0	2.86	2019	35.45	31.20	33.3	8.58	0	8.58	2018	3.18	89.9	0	89.9
2018	2.72	2.72	0	0	2.72	2018	34.55	29.55	32.0	8.52	0	8.52	2017	3.03	89.8	0	89.8
2017	1.81	1.81	0	0	1.81	2017	34.80	22.50	28.9	6.25	0	6.25	2016	2.01	89.9	0	89.9
2016	2.37	2.37	0	0	2.37	2016	32.80	21.35	26.3	9.01	0	9.01	2015	2.63	90.1	0	90.1
2015	6.11	6.11	2.0	2.0	8.11	2015	66.50	26.95	47.4	12.90	4.22	17.10	2014	9.00	67.9	22.2	90.1
2014	10.08	10.08	0	0	10.08	2014	82.10	59.80	70.4	14.30	0	14.30	2013	11.20	90.0	0	90.0
2013	10.77	10.77	0	0	10.77	2013	87.20	51.70	70.8	15.20	0	15.20	2012	12.01	89.7	0	89.7
累計	49.87	49.87	2.0	2.0	51.87	平均	56.61	35.82	46.4	9.82	0.42	10.24	平均	5.77	87.7	2.22	90.0

※建材營造業，成立於 1987 年 4 月，**連續 18 年配息 92.25 元**。2022.9.30 股價 64.2 元。
資料來源：Goodinfo!台灣股市資訊網。（近 5 年均價平均值 **43.96 元**）
註：近 4 季 EPS（元）：2021Q4：3.85，2022Q1：1.89，Q2：0.79，Q3：2.94，合計 9.47 元。

表 7-24. 近 5 年配息率≧100%之遠傳與台灣大的股利政策

	股利發放年度	股東股利（元／股）				股價年度	殖利率統計					配息率統計			
		現金股利			A股利合計		股價統計（元）B			年均殖利率（%）=A÷B		股利所屬期間	EPS（元）	配息率（%）=股利÷EPS	
		盈餘	公積	合計			最高	最低	年均	現金	合計			配息	合計
遠傳（4904）	2022	2.35	0.90	3.25	3.25	2022	88.6	63.3	75.1	4.33	4.33	2021	2.80	116	116
	2021	2.23	1.02	3.25	3.25	2021	66.8	59.8	62.9	5.17	5.17	2020	2.56	127	127
	2020	3.21	0.04	3.25	3.25	2020	72.6	58.2	64.2	5.06	5.06	2019	2.68	121	121
	2019	3.75	0	3.75	3.75	2019	79.0	70.8	73.8	5.08	5.08	2018	2.88	130	130
	2018	3.04	0.71	3.75	3.75	2018	79.4	69.8	74.5	5.03	5.03	2017	3.33	113	113
	連續 23 年配發股利 72.25 元。2022／11／15 股價 68.0 元。近 5 年均價平均值 70.1 元														
台灣大（3045）	2022	3.74	0.56	4.30	4.30	2022	110.5	92.1	103.0	4.16	4.16	2021	3.90	110	110
	2021	3.38	0.92	4.30	4.30	2021	109.5	95.5	99.8	4.31	4.31	2020	4.01	107	107
	2020	4.18	0.57	4.75	4.75	2020	116.5	95.0	104.0	4.58	4.58	2019	4.51	105	105
	2019	5.55	0	5.55	5.55	2019	123.0	106.0	113.0	4.91	4.91	2018	5.01	111	111
	2018	5.00	0.60	5.60	5.60	2018	112.0	104.5	108.0	5.17	5.17	2017	5.21	107	107
	連續 24 年配發股利 99.03 元。2022／11／15 股價 94.0 元。近 5 年均價平均值 105.56 元														
中華電（2412）	2022	4.61	0	4.61	4.61	2022	132.5	109.0	123	3.75	3.75	2021	4.61	100	100
	2021	4.31	0	4.31	4.31	2021	118.5	108.0	113	3.82	3.82	2020	4.31	99.9	99.9
	2020	4.23	0	4.23	4.23	2020	117.0	103.0	109	3.87	3.87	2019	4.23	99.9	99.9
	2019	4.48	0	4.48	4.48	2019	114.0	106.0	110	4.06	4.06	2018	4.58	97.8	97.8
	2018	4.80	0	4.80	4.80	2018	115.0	104.5	109	4.40	4.40	2017	5.01	95.7	95.7
	連續 25 年配發股利 119.2 元。2022／11／15 股價 109 元。近 5 年均價平均值 112.8 元														

資料來源：Goodinfo!台灣股市資訊網。近 5 年均只配發現金股利。

台灣廣廈 國際出版集團
Taiwan Mansion International Group

國家圖書館出版品預行編目（CIP）資料

薪水奴財務自由之路：35 歲躺平樂活並不難，一般上班族也可
做得到。股素人（何宗岳）、卡小孜
-- 初版. -- 新北市：財經傳訊, 2022.11
面；　公分. --（view;57）
ISBN 978-626-71970-4-2（平裝）
1.投資　2.個人理財

563　　　　　　　　　　　　　　　　　　111016248

財經傳訊
TIME & MONEY

薪水奴財務自由之路：
35 歲躺平樂活並不難，一般上班族也可做得到。

作　　　者／股素人（何宗岳）、　　編輯中心／第五編輯室
　　　　　　　卡小孜　　　　　　　　編 輯 長／方宗廉
　　　　　　　　　　　　　　　　　　封面設計／張天薪
　　　　　　　　　　　　　　　　　　製版・印刷・裝訂／東豪・紘億・弼聖・秉成

行企研發中心總監／陳冠蒨　　　　　　線上學習中心總監／陳冠蒨
媒體公關組／陳柔彣　　　　　　　　　產品企劃組／顏佑婷
綜合業務組／何欣穎

發 行 人／江媛珍
法 律 顧 問／第一國際法律事務所 余淑杏律師・北辰著作權事務所 蕭雄淋律師
出　　　版／台灣廣廈有聲圖書有限公司
　　　　　　　地址：新北市 235 中和區中山路二段 359 巷 7 號 2 樓
　　　　　　　電話：（886）2-2225-5777・傳真：（886）2-2225-8052

代理印務・全球總經銷／知遠文化事業有限公司
　　　　　　　地址：新北市 222 深坑區北深路三段 155 巷 25 號 5 樓
　　　　　　　電話：（886）2-2664-8800・傳真：（886）2-2664-8801
郵 政 劃 撥／劃撥帳號：18836722
　　　　　　　劃撥戶名：知遠文化事業有限公司（※ 單次購書金額未達 500 元，請另付 60 元郵資。）

■ 出版日期：2022 年 11 月
ISBN：978-626-71970-4-2

12/2 成